Tourenübersicht

Der Süden

1. Durch das Hügelland im Süden Limburgs
2. Im Tal der Maas
3. Rosengarten und Rosenfelder bei Arcen
4. Heide- und Waldgebiete um Valkenswaard
5. Die Moorgebiete bei Oisterwijk
6. Durch die Loonser Dünen
7. Bergen op Zoom – Hafenstadt an der Oosterschelde

Der Westen

8. Auf der Halbinsel Walcheren
9. Das Feuchtgebiet De Biesbosch
10. Zu den Festungsstädten Gorinchem und Woudrichem
11. Zu den Mühlen von Kinderdijk
12. Durch die Dünen nach Scheveningen
13. Im Wassersportgebiet Kaager Plassen – Braassemermeer
14. Durch die Blumenfelder um Lisse
15. Polderlandschaft südlich von Amsterdam
16. Malerische Städtchen in Noord-Holland
17. Zwischen den Hafenstädten Medemblik und Hoorn
18. Enkhuizen – historische Stadt am IJsselmeer
19. Durch die Dünen bei Alkmaar
20. Die Watteninsel Texel

Die Mitte

21. Im reizvollen Vechttal
22. Im Waldgebiet Vuursche
23. Durch den Obstgarten der Niederlande
24. Der Nationalpark De Hoge Veluwe
25. Im Naherholungsgebiet von Arnhem
26. Alte Kulturlandschaft Achterhoek
27. Auf Schlössertour in Achterhoek
28. Von Hansestadt zu Hansestadt
29. Durch das IJsseltal und die Veluwe-Wälder
30. Durch die Hügel und Wälder von Salland
31. Das Wassersportgebiet De Wieden

Der Norden

32. Heidegebiete in Drenthe
33. »Eschdörfer« auf dem Drenthe-Plateau
34. Durch das friesische Seengebiet
35. Durch friesische Terpdörfer
36. Im Lauwersland

Mehrtägige Touren

37. Durch Noord-Brabant
38. Abwechslungsreicher Nordwesten
39. Rund um Markermeer und IJsselmeer
40. Durch die Region Twente

Ute und Peter Freier

Radtouren in Holland

40 Radtouren in allen Provinzen des Landes,
davon vier mehrtägige Rundtouren

Mit 93 Farbfotos, 39 Kartenskizzen
und einer Übersichtskarte

Bruckmann

Einband-Vorderseite:
Tulpenblüte im Westen der Niederlande (Tour 14).

Einband-Rückseite:
Windmühle am Stadtrand von Edam (Tour 16).

Seite 2/3:
Windmühlen bei Kinderdijk (Tour 11).

Eine Produktion des
Bruckmann-Teams, München

Umschlaggestaltung: Uwe Richter
Lektorat: Dr. Sabine Klinkert
Layout und Herstellung: Ina Hesse

Bildnachweis:
Alle Fotos stammen von Ute und Peter Freier, Neuffen.
Die Kartenskizzen zu den Touren und die Übersichtskarte wurden vom Ingenieurbüro für Kartographie Heidi Schmalfuß, München, erstellt. Die Grafiken für die »Allgemeine Radkunde« fertigte Georg Sojer, Ruhpolding, an.

Alle Angaben dieses Werkes wurden von den Autoren sorgfältig recherchiert und auf den aktuellen Stand gebracht sowie vom Verlag auf Stimmigkeit geprüft. Für die Richtigkeit der Angaben kann jedoch keine Haftung übernommen werden. Für Hinweise und Anregungen sind wir jederzeit dankbar. Bitte richten Sie diese an den Bruckmann Verlag, Lektorat, Nymphenburger Straße 86, 80636 München.

Gedruckt auf chlorarm gebleichtem Papier

Die Deutsche Bibliothek –
CIP-Einheitsaufnahme

Freier, Ute:
Radtouren in Holland : 40 Radtouren in allen Provinzen des Landes, davon vier mehrtägige Rundtouren / Ute und Peter Freier. – München : Bruckmann, 1997
(Erlebnis Rad)
ISBN 3-7654-2838-8
NE: Freier, Peter:

© 1997 F. Bruckmann KG, München
Alle Rechte vorbehalten
Gesamtherstellung: Bruckmann, München
Druck: Gerber + Bruckmann, München
Printed in Germany
ISBN 3-7654-2838-8

Inhalt

Vorwort	**9**
Einleitung	**10**
Entstehung der Landschaft	10
Besiedlung und Veränderung	12
Kampf gegen das Wasser	14
Landnutzung und Landgewinnung	15
Städte	15
Dörfer	17
Bauernhöfe	17
Mühlen	18
Der Süden	**19**
1 Durch das Hügelland im Süden Limburgs *Valkenburg – Schin op Geul – Wijlre – Gulpen – Sibbe – Berg – Houthem – Valkenburg*	20
2 Im Tal der Maas *Roermond – Oolderhuuske – Horn – Buggenum – Neer – Kessel – Beesel – Asselt – Roermond*	23

3 Rosengarten und Rosenfelder
bei Arcen 28
*Arcen – Hanik – Schandelo –
Velden – Grubbenvorst – Wielder –
Broekhuizen – Arcen*

4 Heide- und Waldgebiete um
Valkenswaard 31
*Valkenswaard – Zeelberg –
Strijp – (Kloster) Achelse Kluis –
Schaft – Valkenswaard*

5 Die Moorgebiete bei Oisterwijk 34
*Oisterwijk – Stokske – Heukelom –
Oisterwijk – Haaren – Waldcafé
Hermitage – Oisterwijk*

6 Durch die Loonser Dünen 37
*Parkplatz Duinlust – Afwaterings-
kanaal 's-Hertogenbosch-Drongelen –
Vught – Strandbad De IJzeren Man –
Café De Rustende Jager – Duinlust*

7 Bergen op Zoom – Hafenstadt an
der Oosterschelde 39
*Bergen op Zoom – Wouwse Plantage –
Huijbergen – Hoogerheide – Binnenschelde – Bergen op Zoom*

Der Westen 43

8 Auf der Halbinsel Walcheren 44
*Middelburg – Veere – Vrouwen-
polder – Oostkapelle – Domburg –
Klein-Mariekerke – Middelburg*

9 Das Feuchtgebiet De Biesbosch 49
*Besucherzentrum Hollandse Bies-
bosch – Kop van 't Land – De Viersprong – Bowlust – Besucherzentrum
Biesbosch*

10 Zu den Festungsstädten
Gorinchem und Woudrichem 52
*Hardinxveld-Giessendam – Hoornaar –
Arkel – Gorinchem – Woudrichem –
Werkendam – Hardinxveld-Giessendam*

11 Zu den Mühlen von Kinderdijk 57
*Alblasserdam – Nieuw-Lekkerland –
Streefkerk – Groot Ammers – Bleskens-
graaf – Oud-Alblas – Alblasserdam*

12 Durch die Dünen nach
Scheveningen 60
*Katwijk aan Zee – Wassenaar –
Besucherzentrum Meijendel –
Scheveningen – Katwijk aan Zee*

13	Im Wassersportgebiet Kaager Plassen – Braassemermeer *Sassenheim – Buitenkaag – Oude-Wetering – Roelofarendsveen – Leiden – Warmond – Sassenheim*	65	
14	Durch die Blumenfelder um Lisse *Noordwijk aan Zee – Noordwijkerhout – Lisse – Blumenpark Keukenhof – De Zilk – Noordwijk aan Zee*	70	
15	Polderlandschaft südlich von Amsterdam *Abcoude – Stokkelaarsbrug – Waver – Nes aan de Amstel – Ouderkerk aan de Amstel – Voetangelbrug – Abcoude*	74	
16	Malerische Städtchen in Noord-Holland *Purmerend – Edam – Volendam – Marken – Monnickendam – Ilpendam – Purmerend*	76	
17	Zwischen den Hafenstädten Medemblik und Hoorn *Hoorn – Wognum – Nibbixwoud – Hauwert – Medemblik – Twisk – Sijbekarspel – Wognum – Hoorn*	82	
18	Enkhuizen – historische Stadt am IJsselmeer *Enkhuizen – Tersluis – Venhuizen – Hem – Hoogkarspel – Freizeitgelände Streekbos – Enkhuizen*	86	
19	Durch die Dünen bei Alkmaar *Bergen – Alkmaar – Noord-Hollands Duinreservaat – Bergen aan Zee – Schoorl – Bergen*	90	
20	Die Watteninsel Texel *Fähranlegestelle 't Horntje – Oudeschild – De Waal – Informationszentrum Ecomare – Den Hoorn – 't Horntje*	94	

Die Mitte — 99

21	Im reizvollen Vechttal *Maarssen – Wasserschloß De Haar – Portengen(sebrug) – Loenersloot – Loenen – Breukelen – Maarssen*	102	
22	Im Waldgebiet Vuursche *Baarn – Palais Soestdijk – Eijckenstein – Lage Vuursche – Schloß Groeneveld – Baarn*	105	

23	Durch den Obstgarten der Niederlande *Doorn – Werkhoven – Cothen – Wijk bij Duurstede – Langbroek – Doorn*	108
24	Der Nationalpark De Hoge Veluwe *Parkeingang Otterlo – Jagdschloß St. Hubertus – Rijksmuseum Kröller-Müller – Besucherzentrum – Parkeingang Otterlo*	111
25	Im Naherholungsgebiet von Arnhem *Arnhem – Schloß Rosendael – Heidelandschaft Rozendaalse Veld – Freilichtmuseum – Schloß Zijpendaal – Arnhem*	114
26	Alte Kulturlandschaft Achterhoek *Winterswijk – Ratum – Kotten – Woold – Winterswijk*	116
27	Auf Schlössertour in Achterhoek *Vorden – Hackfort – Den Bramel – Wildenborch – Huize Onstein – Linde – Vorden*	119
28	Von Hansestadt zu Hansestadt *Zutphen – Voorst – Deventer – Epse – Gorssel – Zutphen*	122
29	Durch das IJsseltal und die Veluwe-Wälder *Hattem – Wapenveld – Vorchten – Veessen – Heerde – Hattem*	125
30	Durch die Hügel und Wälder von Salland *Ommen – Junne – Diffelen – Mariënberg – Beerze – Beerzerhaar – Ommen*	128
31	Das Wassersportgebiet De Wieden *Giethoorn – Belt-Schutsloot – Barsbeek – Sint-Jansklooster – Blokzijl – Jonen – Giethoorn*	131

Der Norden   136

32	Heidegebiete in Drenthe *Havelte – Wapserveen – Dwingeloo – Nationalpark Dwingelerveld – Ruinen – Havelte*	138
33	»Eschdörfer« auf dem Drenthe-Plateau *Beilen – Westerbork – Museumsdorf Orvelte – Aalden – Meppen – Mantinge – Beilen*	141
34	Durch das friesische Seengebiet *Sneek – Goënga – Gauw – Raerd – Jirnsum – Terzoolstersluis – Sneek*	144
35	Durch friesische Terpdörfer *Workum – Ferwoude – Exmorra – Makkum – Gaast – Workum*	148
36	Im Lauwersland *Zoutkamp – Vierhuizen – Lauwersoog – Fischerhafen Lauwersoog – Ulrum – Zoutkamp*	152

Mehrtägige Touren	155
37 Durch Noord-Brabant Oisterwijk – Woudrichem – De Biesbosch – Schoonhoven – Gorinchem – Geertruidenberg – Drimmelen – Chaam – Oisterwijk	155
38 Abwechslungsreicher Nordwesten Zutphen – Oosterbeek – Utrecht – Leiden – Den Haag – Noordwijk – Bergen aan Zee – Den Oever – Makkum – Stavoren – Blokzijl – Giethoorn – Zwolle – Hattem – Deventer – Zutphen	161
39 Rund um Markermeer und IJsselmeer Naarden – Volendam – Edam – Hoorn – Enkhuizen – Stavoren – Blokzijl – Kampen – Elburg – Hierden – Harderwijk – Naarden	171
40 Durch die Region Twente Ommen – Ootmarsum – Enschede – Boekelo – Nijverdal – Hellendoorn – Ommen	176

Allgemeine Radkunde von Rudolf von Bitter	181
Das richtige Rad	181
Pflege und Reparaturen	181
Fahrtechniken	185
Gepäck/Zubehör	185

Anhang	189
Anreisemöglichkeiten	186
Kartenmaterial und Radführer	186
Klima und Reisezeit	187
Auskunftsstellen	187
Benutzung öffentlicher Verkehrsmittel	187
Radverleih vor Ort	188
Verkehrsbestimmungen in den Niederlanden	188
Unterkünfte	188
Verpflegung unterwegs	189
Fernradwege	190
Radwandern ohne Gepäck	190
Kleiner Sprachführer für Radfahrer	190
Weitere Tagesrundtouren	190
Register	191

Vorwort

»Lekker fietsen« könne man in Holland, das versprach ein Werbespruch in einer der Broschüren, doch wußten wir zunächst mit diesem Ausdruck wenig anzufangen. In Kürze jedoch lernten wir, daß »fietsen« zwar einfach nur Fahren mit dem Rad bedeutet, daß aber dieses Wort bereits das schon suggeriert, was Radfahren in den Niederlanden tatsächlich ist: leichtes, schnelles, angenehmes Dahinrollen – »lekker fietsen« eben.

Ein dichtes Netz von Radwegen, hervorragende Ausschilderungen, sichere Radwege auch in den Städten, Übergänge sowie Ampeln für Radfahrer an stark befahrenen Straßen – all das ermöglicht dieses Vergnügen. Was es letztendlich vollkommen macht, das ist natürlich die Tatsache, daß mühevolle Steigungen so gut wie nie bewältigt werden müssen.

So radelt man mühe- und sorglos dahin, gelegentlich nur behelligt von anderen Mitgliedern der großen Familie »fietser«, nämlich den je nach PS- und Phonzahl als »brom-« oder »schnorfietser« bezeichneten Motorrad- und Mopedfahrern: auf Deichen entlang dem Meer, entlang belebten Wasserstraßen, Auge in Auge mit den Freizeitkapitänen; auf Pfaden durch sandige Heide; auf schnurgeraden Alleen im Schatten mächtiger Buchen; durch pittoreske Dörfer, die immer wieder Anlaß geben zum Staunen; durch Städte voller Atmosphäre mit Kaufmannshäusern an Grachten und belebten Marktplätzen; durch eine ganz und gar nicht eintönige Landschaft. Überall scheint es zu leben, denn vorbei geht die Fahrt an Seen und Kanälen, in denen Wasservögel baden, vorbei an feuchten Wiesen, wo Störche stolzieren, vorbei an grünen Weiden, geschätzt von Ziegen, Schafen, Pferden, Rindern, vorbei an reetgedeckten Gehöften, deren gepflegte Gärten sich in Kanälen widerspiegeln.

Vorbeizuradeln allerdings fällt schwer an den zahlreich am Wege gelegenen Einkehrmöglichkeiten, den »Eetcafés«, den »Petit Restaurants«, den »Pannekoekhuizen«, ist man erst einmal auf den Geschmack gekommen, gemäß holländischer Lebensart, genußvoll auf einer der Terrassen zu sitzen, unter bunten Sonnenschirmen oder schattenspendenden Bäumen Kaffee mit Waffeln und Kirschkompott, mit Apfelkuchen und Schlagsahne oder mit einem der in allen Variationen servierten Pfannkuchen zu sich zu nehmen. Und häufig fällt den Radler die Versuchung an, abzusteigen und einzukehren, Platz zu nehmen in einem versteckt gelegenen Waldcafé, in einem Kaffeeausschank auf der grünen Wiese neben einem Bauernhof, im Straßencafé auf einem von spitzgiebeligen Häusern umstandenen Marktplatz, in einem Fischimbiß am Meer, auf der Restaurantterrasse am Ufer eines Kanals, auf dem Haus- und Segelboote Parade fahren.

Die Bestellung aufzugeben ist kein Problem, selbst wenn die Holländisch-Kenntnisse mehr als bescheiden sind. Höflich ist die Reaktion, die meist in Deutsch erfolgt, ungeachtet der Vergangenheit, die solch offenes Entgegenkommen nicht selbstverständlich macht. Freundlich und hilfsbereit sind auch die Radler, steht man mit der Karte in der Hand am Wegesrand, sitzt man beim Picknick neben dem Weg. Ein Angebot an Hilfe, ein kurzer Gruß im Vorüberradeln – man fühlt sich wohl hier unter Gleichgesinnten, akzeptiert als Fremder. Positive Erfahrungen, die zu »lekkeren fietsvakanties« beitragen.

Ute und Peter Freier

Einleitung

Niederlande sagen die einen, Holland die anderen, gemeint ist meist jedoch dasselbe – das niedrig gelegene Land im Nordwesten Europas mit den vorgelagerten Watteninseln Texel, Vlieland, Terschelling, Ameland und Schiermonnikoog sowie den unzähligen Wasserläufen und Kanälen. Den Namen Holland, der sich aus »Holtland« (Holz-/Waldland) entwickelte, tragen zwar heute nur noch die beiden Provinzen Noord-Holland und Zuid-Holland, dennoch wird damit nach wie vor das gesamte Land bezeichnet, trotz des offiziellen Staatsnamens Niederlande. Ein treffender Name für ein Land, das zu einem Drittel unter dem Meeresspiegel liegt und auch dort, wo sich Hügelland gebildet hat, nur selten über 30 m hinausragt, ein Land, das durch die Gletscher während der Eiszeiten geformt, ganz einschneidend aber verändert wurde durch den Menschen.

Entstehung der Landschaft

Topfeben waren vor 200 000 Jahren der Norden und die Mitte der heutigen Niederlande, durchströmt von den Flüssen Rijn und Maas, die beide in Richtung Norden abflossen – der Rijn im heutigen IJsselbett, der Fluß Maas parallel dazu im Westen. Auf ihrem Weg zum Meer lagerten sie Massen von Sand, Kies und Lehm ab.

Vor rund 150 000 Jahren begannen sich kilometerdicke Gletschermassen (Riß-Eiszeit) von Skandinavien aus gen Süden vorzuschieben, kamen erst auf Höhe der Linie Nijmegen – Utrecht zum Stillstand. Die bereits vorhandenen Täler von IJssel und Waal benützten sie bei ihrem Vormarsch, schürften diese weiter aus, schoben das von den Flüssen zuvor herantransportierte lockere Grundmaterial sowie im Eis mitgeführtes Geröll zusammen. So entstanden mehrere Kilometer breite und damals bis 200 m hohe Wälle, die mittlerweile zwar durch Erosion schon um einige Meter abgetragen worden sind, aber von den Niederländern trotzdem als »**Berge**« bezeichnet werden: Sallandse Heuvelrug (ca. 80 m), Veluwe (ca. 120 m), Utrechtse Heuvelrug (ca. 60 m).

Diese Wälle stellten sich nun als Barrieren den Flüssen in den Weg, zwangen sie, ihren Lauf zu verändern, in Richtung Westen abzuschwenken, wo sie heute in die Nordsee münden, ein riesiges **Deltagebiet** bilden, das größte Europas.

Auf dem Land, das von Gletschern bedeckt war – der heutige Norden und Osten der Niederlande –, blieben nach dem Abschmelzen der Gletscher **Moränen** zurück, Ablagerungen von Sand, Kies, steinigem Lehm und Steinbrocken, so daß sich das Land geringfügig erhöhte.

Sowohl hier als auch in den Hügelrücken fallen heute **Sanddünen** auf, die kilometerweit vom Meer entfernt sind. Von dorther allerdings kam der Sand, herangeblasen durch Stürme, die am Ende der Eiszeit einsetzten. Aus Westen und Nordwesten fegten sie heran, nahmen den Sand vom trockengefallenen Meeresboden auf – infolge der weltweiten Vereisung des Wassers war der Meeresspiegel erheblich gesunken –, trieben ihn über das Land, bis sie auf ein Hindernis stießen: eben die etwas höher gelegenen Teile des Landes. Die Bewegung des Windes wurde dadurch gebremst, der Sand fiel zu Boden, so daß in diesen sogenannten »hohen Niederlanden« heute magere, sandige Böden vorherrschen.

Nach einer neuerlichen Eiszeit, die vor rund 10 000 Jahren zu Ende ging, stieg der Meeresspiegel an, lag damals etwa 2 m höher als heute. Die westlichen Teile des Landes wurden bis etwa zur Linie Groningen – Utrecht – Breda überflutet, einer Linie, die heute das niedrige vom höher gelegenen Land trennt. Auf diesem überfluteten Gebiet lagerten sich feiner Sand und Schlick ab,

Zum Schutz gegen Überflutungen begannen die Küstenbewohner um 1200, Deiche anzulegen, heute ideale Radwege (Tour 20).

entstand nach dem Rückzug des Wassers fruchtbarer **Marschboden.**

Parallel zur Küste bildeten sich Sandbänke, die mit der Zeit zu bis zu 20 m hohen **Dünen** heranwuchsen. Durch Lücken in dieser Dünenkette konnte das Wasser jedoch immer wieder eindringen, so daß sich dahinter Lagunen bildeten, die sich über die Jahrhunderte zu **Moorgebieten** entwickelten, ebenso wie in anderen tief gelegenen Gebieten, wo das Wasser nirgendwohin abfließen konnte.

Besiedlung und Veränderung

Nach dem Rückzug der Gletscher, also vor rund 10000 Jahren, begannen Jäger und Sammler, die Wälder auf dem höher gelegenen Land im Osten der heutigen Niederlande zu durchstreifen, wo sie Spuren nur in Form bearbeiteter Steine hinterließen, deren älteste im Usselerveen bei Enschede gefunden wurden.

Auch die ersten Siedler, die um 3000 v.Chr. allmählich seßhaft wurden, zogen dieses vor Überflutungen sichere Gelände vor. Und so sind erste Besiedlungsspuren auf dem Drenthe Plateau und in der Provinz Groningen erhalten: rund 50 **Hünengräber** (hunebedden), aus Findlingen errichtete Grabkammern.

Die Siedler rodeten, legten Ackerflächen an, errichteten Hütten. Doch immer wieder mußten sie diese Siedlungen verlegen, da der Boden nach wenigen Jahren erschöpft war, keine Erträge mehr brachte. Neue Rodungsflächen wurden geschaffen, während das Vieh auf den einstigen Ackerflächen

Besiedlung und Veränderung 13

weidete. Baumsprößlinge wurden dadurch ständig abgefressen, und der Wald konnte die gerodete Fläche nicht wieder zurückerobern. Auch Gräser und Kräuter fielen den Schafen zum Opfer, nur der stachelige Wacholder blieb verschont. Die frischen, zarten Austriebe der ansonsten bitter schmeckenden Besenheide allerdings knabberten sie ab, wodurch sie die Pflanze zu ständigem Wachstum anregten. Und so begannen sich auf diesem kahlen, ausgelaugten Boden ebenso wie in den zu intensiv beweideten Wäldern **Heideflächen** auszudehnen, die älteste Form der Kulturlandschaft.

Trotz dieser ständigen Verjüngungsmaßnahmen durch Schafe vergreist Heide nach etwa zwölf Jahren, wird von unten her braun und kahl, denn junges Heidekraut kann nicht gegen älteres aufkommen. Das bedeutete damals für die Schafhalter, die Heide abzuschlagen, zu »plaggen«. Dieses Gestrüpp wurde den Schafen als Streu in die Ställe gelegt, wo sie sich des Nachts aufhielten. Waren die Plaggen voller Mist, wurden sie zur Düngung auf den ausgelaugten Ackerböden verteilt, wodurch diese langsam in die Höhe wuchsen. Die ältesten dieser Ackerflächen, die im Niederländischen als »essen« bezeichnet werden, sind mehr als 1 m aufgewölbt, was bedeutet, daß sie bei einem jährlichen Höhenwachstum von ca. 1 mm rund 1000 Jahre alt sein müssen.

Entscheidend bei dieser Maßnahme war wohl nicht die Erneuerung der Heide, sondern die Möglichkeit, mittels der abgeschlagenen, mit Mist vermengten Heide einen Dünger zur Verfügung zu haben, der verhinderte, daß der Ackerboden seine Fruchtbarkeit verlor. Waren die Schafe bisher nur als Milch-, Woll- und Fleischlieferanten gehalten worden, wurde jetzt ihre Anzahl erhöht, um auf diese Weise mehr Heideflächen, mehr Mist zur Verfügung zu haben, denn um einen Morgen Ackerland zu düngen, mußten vier Morgen Heideland geplaggt werden. Um das kostbare Ackerland vor der Abtragung durch den Wind zu schützen, wurden um die Äcker Heckenreihen angelegt.

Wesentlich fruchtbarer als der sandige Boden in den höher gelegenen Gebieten war der Marschboden, doch dort zu siedeln bedeutete, sich den Gefahren von Überflutungen auszusetzen. Um dennoch den Boden nutzen zu können, wurden künstliche Hügel aufgeworfen, **Warften** oder **Terpen**, auf denen zunächst nur jeweils ein Hof stand, der jedoch im Laufe der Zeit mit anderen Höfen zu einem Dorf zusammenwuchs. Immer wieder jedoch mußten die Bewohner dem steigenden Wasser weichen, mußten über Jahrzehnte sich wieder auf höher gelegenes Gebiet zurückziehen. Erst der Bau von Deichen um das Jahr 1200 machte eine permanente Besiedlung möglich.

An den Flüssen, wie z. B. der Maas, entwickelten sich frühzeitig Siedlungen. Die Wasserläufe waren auch »natürliche« Handelswege.

Kampf gegen das Wasser

Ab 700 n.Chr. setzten schwere **Sturmfluten** ein, die zwischen dem 11. und 13. Jh. verheerende Ausmaße annahmen. Immer wieder wurden die sumpfigen Gebiete überflutet, wurde die Landschaft ständig verändert: Der einstige Binnensee Flevomeer – das heutige IJsselmeer – bekam auf diese Weise eine Verbindung mit der offenen Wattensee, wurde in Folge immer öfter überflutet, wobei das Meer den Moorboden fortriß und auf diese Weise die Gewässerfläche ständig vergrößerte. Als um 800 n.Chr. die Landverbindung zwischen der Nordspitze Hollands und der heutigen Insel Texel überflutet wurde, bekam die Nordsee vollkommen freien Zugang, und es entstand die **Zuiderzee**, ein Meerbusen, der seine größte Ausdehnung um 1250 hatte.

Entlang der Westküste, vor allem im Süden, in der heutigen Provinz Zeeland, blieben nach Überflutungen nur einige Inseln zurück. Die Nordspitze, De Kop van Noord-Holland, war vollkommen unter Wasser verschwunden, und hinter den Dünen entstanden riesige Seen, die mit dem offenen Meer in Verbindung standen, so daß bei schweren Stürmen das Meer weit ins Landesinnere vordringen konnte und die Gefahr bestand, daß das Herz von Noord-Holland ein einziger Binnensee würde.

Um 1200 begann man damit, den sogenannten Omringdijk zu bauen, zunächst an den Flußmündungen, um das Einströmen des Meerwassers zu verhindern, dann entlang der gesamten Küstenlinie. Doch trotz ständiger Verstärkungen der **Deiche** gaben diese immer wieder nach, wurde Land unter Wasser gesetzt, wurden immer wieder Dörfer und Städte bedroht oder gar vernichtet; Elburg am IJsselmeer beispielsweise mußte im Jahr 1367 abgebrochen und weiter landeinwärts wieder aufgebaut werden. Über die Jahrhunderte wurden die Abstände zwischen den Flutkatastrophen immer kürzer, und so beschloß die Regierung nach der schweren Sturmflut im Januar 1916, die Zuiderzee einzudeichen.

Die Stunde Null für das heutige **IJsselmeer**, das war dann der 28. Mai 1932, als die letzten Meter in dem gewaltigen Bauwerk, dem Abschlußdeich, geschlossen wurden. Sechs Jahre lang war sogenannter Geschiebelehm, eine zähe Ablagerung glazialen Ursprungs, aus dem nördlichen Teil des IJsselmeeres heraufgebaggert und hier angehäuft worden. Mit Sand wurde der Deich weiter erhöht, mit Flechtwerk aus Weidenzweigen, das mit Steinen beschwert wurde, sowie mit Ton und Basaltblöcken verstärkt. Dadurch war dem Meer der Zugang versperrt, wurde der Meerbusen zum Binnenmeer, wurde Salzwasser zu Süßwasser, veränderte sich für die Einwohner der Handelsstädte und Fischerdörfer ganz entscheidend das Leben.

Auch an der Westküste, die im Süden durch das riesige Mündungsgebiet von Schelde, Maas und Rijn besonders gefährdet war, drang das Wasser immer wieder ein, z.B. bei der sogenannten Elisabethflut im Jahr 1421, als das Gebiet zwischen Dordrecht und Gorinchem in einen einzigen See verwandelt wurde, oder im Jahr 1953, als mehr als 1800 Menschen in den Fluten umkamen.

Im Jahr 1958 verabschiedete das Parlament den **Deltaplan**: Außer zweien wurden alle Meeresarme im Mündungsgebiet von Rijn, Maas und Schelde durch gigantische Schleusen und Dämme gegen das Meer hin abgeriegelt, wurden alle Deiche im Land auf »Deltahöhe« gebracht. Trotz dieser Maßnahmen sind die Niederlande selbst bei minimal ansteigendem Meeresspiegel auf Dauer nicht sicher vor Überschwemmungen.

Auch die einzigen natürlichen Schutzwälle gegen das Meer, die **Dünen**, sind nicht verläßlich, denn das Wasser spült immer wieder den Strand ab, der Sturm trägt den Sand fort. Bepflanzung der Dünen mit Strandhafer und Sicherung der gefährdeten Stellen mit Torf half in den vergangenen Jahrzehnten nicht; auch nicht das Anlegen von Strandbuhnen, um die Kraft des Wassers zu brechen. Um durchschnittlich 1 m pro Jahr spülen schwere Stürme den Strand ab. Mit Hilfe eines Spezialschiffes wird deshalb Sand vom Meeresboden heraufgeholt und durch Leitungen an den jeweiligen Bestimmungsort transportiert, um so den schützenden Strandstreifen vor den Dünen zu erhalten.

Landnutzung und Landgewinnung

Etwa um das Jahr 1000 begann man damit, **Moorgebiete** zu entwässern. Ein Hauptentwässerungskanal wurde ausgehoben, von dem im Abstand von 100 m kleinere Kanäle abgingen. Auf den dazwischenliegenden Fluren siedelten, nachdem das Land abgetrocknet war, die Bauern. Doch als im 16. Jh. die Nachfrage nach Brennstoff stieg, wurde dieser mühsam trockengelegte Torfboden in großem Maßstab abgegraben, teilweise bis auf mehrere Meter unter den Grundwasserspiegel, so daß hier mit der Zeit ausgedehnte **Binnenseen**, »plassen«, entstanden.

Schon im nächsten Jahrhundert begann man damit, die ersten von rund 55 Seen in den Provinzen Noord- und Zuid-Holland wieder trockenzulegen, entstanden auf diese Weise zahlreiche **Polder**. Zunächst wurde ein Ringkanal (ringvaart) angelegt, in dem das Wasser abfließen konnte, das mit Hilfe von Windmühlen und Schöpfrädern vom tiefer gelegenen Land in den Kanal hochgeschaufelt wurde. Die Aufgabe, den Wasserspiegel einige Meter unter den Grundwasserspiegel zu halten, übernahmen ab der Mitte des 19. Jh. dampfbetriebene Pumpwerke; heute werden diese elektrisch betrieben.

Ein Blick auf die Landkarte zeigt, wo sich altes und neues, eben auf diese Weise gewonnenes Land befindet. Im alten Land verlaufen die Straßen in Windungen, liegen die Ortschaften eng beieinander. In den neugewonnenen Gebieten, den Poldern, verlaufen die Straßen schnurgerade, meist entlang von Entwässerungskanälen, liegen geplant angelegte Orte in einigem Abstand voneinander. Bis 6,7 m unter dem Meeresspiegel liegen die Polder. Dennoch nützte man diese Flächen beispielsweise zum Anlegen des Flughafens von Amsterdam oder einer Wohnsiedlung in der Nähe von Rotterdam, wo nun erst die Bewohner des 3. Stockwerks auf Höhe des Meeresspiegels leben.

Auch im eingedeichten IJsselmeer wurden riesige Gebiete trockengelegt, entstanden der **Noordoostpolder** und **Flevoland**, insgesamt ca. 150 000 Hektar, auf denen neues Ackerland entstand und mehr als 50 000 Menschen leben. Weitergehende Pläne sehen vor, das Markermeer, das bereits durch einen Deich vom IJsselmeer abgetrennt ist, ebenfalls trockenzulegen, doch wurden in letzter Zeit Bedenken geäußert, so daß eine Entscheidung aufgeschoben wurde.

Städte

Vismarkt, Houtmarkt (Holzmarkt), Groenmarkt, Botermarkt, Stromarkt, Turfmarkt, Kaasmarkt – ein Blick auf die Stadtpläne der historischen Städte zeigt, woran sich der Ausbau der Städte einst orientierte: am **Han-**

Holz gab es genug im ursprünglich bewaldeten »Holtland«, so daß selbst Schuhe aus Holz hergestellt wurden.

Die Grachten – »Wasserstraßen« in den Städten, an denen die wohlhabenden Kaufleute wohnten – machen heute den Reiz von Städten wie Leiden aus.

del. Im Zentrum steht deshalb bis heute meist »de waag«, ein stattliches Gebäude, in dem die Händler unter Aufsicht der Stadtverwaltung ihre Waren abwiegen ließen. Auf den Grachten, schmalen Kanälen, konnten kleine Boote mitten in die Städte hineinfahren, konnten so die Waren direkt vom Bootsdeck mittels einer Seilwinde in die Lagerräume im oberen Stockwerk der »Grachtenhäuser«, der Wohnsitze der Kaufleute, befördert werden.

Verständlich ist deshalb auch, daß die meisten der alten Städte am Wasser liegen, denn die zahlreichen großen und kleinen

Flüsse waren die natürlichen »Straßen«. So folgten bereits die Römer dem Rijn, der die Nordgrenze ihres Reiches bildete und an dem sie Kastelle anlegten, aus denen die ältesten niederländischen Städte hervorgingen, wie z. B. Utrecht.

Auch der Handel, der um das Jahr 1100 in West- und Nordeuropa einen gewaltigen Aufschwung nahm, ging auf den Flüssen vonstatten. Damals schlossen sich Kaufleute innerhalb einer Stadt zusammen. Als **Hanse** wurde diese Gruppe bezeichnet, die nun gemeinsam reiste, was die Sicherheit des einzelnen erhöhte. Zur Blütezeit der Hanse waren mehr als 150 Städte angeschlossen. Die wichtigsten **Hansestädte** in den Niederlanden waren, bedingt durch ihre Lage an der IJssel, damals eine bedeutende Wasserstraße, Kampen, Zwolle, Hattem, Deventer, Zutphen und Doesburg. Hier wurde gekauft und verkauft: Korn, Tuche, Salz, Holz und, vor allem, Fisch – Stockfisch aus Bergen, gesalzene Heringe aus dem schwedischen Schonen, geräucherte Bücklinge –, alles herantransportiert mit flachen Koggen.

Diese Städte an der IJssel verloren mit dem Ende der Hanse um 1500 ihre Bedeutung, während **Amsterdam**, als Sitz der Ostindischen Handelskompanie, im 16. Jh. zur bedeutenden Welthandelsstadt aufstieg. Der Handel mit Gewürzen aus Asien brachte nicht nur Amsterdam und den Städten, in denen die Handelskompanie Niederlassungen hatte, in Hoorn, Enkhuizen, Rotterdam, Middelburg und Delft, großen Wohlstand, sondern machte die Niederlande zur führenden Handelsnation, ermöglichte dem Land eine Blütezeit von Kunst und Kultur im 17., dem sogenannten »Goldenen Jahrhundert«.

Bis heute schlägt das wirtschaftliche Herz der Niederlande in den westlichen Küstenprovinzen, zwischen den großen Städten Den Haag, Rotterdam, Utrecht und Amsterdam, wo sich ein Ballungsraum entwickelt hat, der als **Randstad Holland** bezeichnet wird.

Dörfer

Unterschiedlich ist die Struktur der Dörfer, abhängig jeweils von der Bodenbeschaffenheit, von der Umgebung.

Langgestreckte **Straßendörfer** findet man in den einstigen Moorgebieten, wo die Gehöfte entlang dem Hauptentwässerungskanal erbaut wurden, der bei der Urbarmachung des Moores ausgehoben wurde und von dem, im Abstand von ca. 100 m, kleinere Kanäle abgingen. Zwischen diesen parallel zueinander verlaufenden Wassergräben liegt jeweils eine schmale, lange Parzelle, an deren Kopfende das Gehöft steht.

In einer Reihe, oft dicht an dicht, stehen die Häuser in den **Deichdörfern**, die direkt hinter einem Deich angelegt wurden.

Kreisförmig um die Kirche hingegen gruppieren sich die Gehöfte in den **Terpdörfern**, die auf künstlichen Hügeln angelegt wurden. Das Wohnhaus ist dabei der Kirche, der Stall dem Ortsrand zugewandt, so daß das von der Weide zurückkehrende Vieh bequem den Stall erreichen kann.

Mittelpunkt der **Eschdörfer** im höher gelegenen Land im Osten der Niederlande ist ein von Bäumen bestandener Platz, »brink« genannt, auf dem Märkte und Versammlungen stattfanden und um den herum die zehn bis 15 einzeln stehenden Gehöfte sich locker gruppieren. Die Umgebung wurde je nach Bodenbeschaffenheit genutzt: die etwas niedriger gelegenen Flächen entlang dem Wasserlauf als Viehweiden, die etwas höher gelegenen als Äcker, die zum Schutz gegen Wind von Erdwällen und Hecken umgeben waren.

Bauernhöfe

Form und Ausstattung der Gehöfte ist in den einzelnen Regionen sehr unterschiedlich.

Im Süden, in Limburg, bestanden die Gehöfte aus dem Wohnhaus sowie mehreren kleinen Gebäuden wie Backhaus, Heuschober, Ställen, angeordnet um einen Hinterhof. Da Obstanbau, Ackerbau und Viehzucht nur in kleinem Maßstab betrieben wurden und die Erträge häufig gerade ausreichten, die Bauernfamilie zu ernähren, waren die Gehöfte bescheiden ausgestattet, wurde die Fachwerkfront nur selten durch eine wesentlich teurere Backsteinfront ersetzt.

Im Osten der Niederlande lebten bis zum Beginn dieses Jahrhunderts Mensch und Tier in einem großen Raum zusammen. »Los hoes« wird dieser Hoftyp genannt, in dem keine Wand den Lebensraum des Menschen von dem der Haustiere trennte. Diese waren unbedingt nötig als Mistlieferanten für den mageren Boden.

Der fruchtbare Boden in den Flußgebieten in der Mitte der Niederlande ermöglichte sowohl Viehzucht als auch Ackerbau und Obstanbau. Getreide wurde hauptsächlich deshalb angebaut, um es auf dem Markt verkaufen zu können, was dem Landwirt zu einigem Wohlstand verhalf. Dies zeigte sich wiederum in der Form der Häuser. Bereits im 17. Jh. wurde in diesen Gegenden der Stall vom Wohnhaus getrennt, das aus Backsteinen erbaut wurde, recht städtisch aussah und auch entsprechend ausgestattet war.

In den tiefer gelegenen Regionen im Nordwesten wurde hauptsächlich Viehzucht betrieben. Im Sommer waren die Kühe auf der Weide, im Winter jedoch im Stall, weshalb große Mengen an Heu notwendig waren, um die Tiere über den Winter zu bringen. Dies wiederum machte einen großen Heuschober notwendig, der, zusammen mit den durch Brandmauern abgetrennten Wohnräumen, unter einem mächtigen Dach lag. »Stelp« werden diese meist quadratischen Bauernhäuser genannt, deren Dach heute häufig im oberen Teil mit Reet gedeckt ist, im unteren aber mit glasierten Ziegeln. Das Reet isoliert, während die Dachpfannen das Regenwasser ableiten, das früher als Trinkwasser gebraucht wurde.

Auf diesen Höfen wurde Butter und Käse hergestellt, doch solche traditionellen **Käsebauernhöfe** (Kaasboerderijen) sind selten geworden in den Niederlanden. Nur noch in rund 750 Höfen wird Käse auf traditionelle Weise hergestellt: Die quarkähnlichen Teile der Milch werden durch ein Ferment, das aus dem Magensaft junger Kälber gewonnen wird, von der Molke getrennt. Diese festen Teile reifen in hölzernen Käsebottichen zu »Boerenkaas«. Nur noch fünf Prozent des gesamten Käses wird auf diese Weise hergestellt, der Rest kommt, seit um 1880 in Friesland die erste Molkerei eröffnet wurde, aus der Butter- und Käsefabrik.

Wer sich für alte Gehöfte und handwerkliche Tätigkeiten interessiert, dem seien Tour 25 mit dem Niederländischen Freilichtmuseum sowie Tour 33 zum Museumsdorf Orvelte empfohlen.

Mühlen

Wer von Windmühlen spricht, denkt an die Niederlande, wurden doch die pittoresken Mühlen zum Symbol des ganzen Landes. Und das zu Recht, ermöglichten doch erst die Mühlen die Entwässerung und damit die Urbarmachung weiter Landesteile. Denn viele der Mühlen dienten nicht dazu, Korn zu mahlen oder Holz zu sägen, sondern dazu, das Wasser eines niedrig gelegenen Polders hochzuschaufeln auf den in Meereshöhe verlaufenden Ringkanal. Insgesamt rund 9000 Windmühlen unterschiedlichster Art waren um das Jahr 1850 in Betrieb. Sie ersetzten die fehlende Wasserkraft, waren die wichtigste Energiequelle für industrielle Aktivitäten. Sie zermahlten Gewürze, schlugen Öl aus Leinsamen, bearbeiteten Hanfstengel sowie Wolle. Kurzum, sie waren unentbehrlich. Um den Wind auch wirklich optimal nutzen zu können, wurden Mühlen dort, wo sich höhere Gebäude oder Bäume in der Nähe befanden, auf einen Unterbau gesetzt und mit einer Galerie versehen, von der aus die Flügel bespannt, die Haube in den Wind gedreht und die Radbremse bedient werden konnte. Mittels dieser Bremse konnte der Müller die Flügel in jeder beliebigen Stellung anhalten und dadurch mit seiner Umgebung kommunizieren, denn verschiedene Flügelstellungen hatten verschiedene Bedeutungen: Horizontale Flügel informierten die Kunden, daß der Müller eine kurze Ruhepause eingelegt hatte, diagonale, daß die Mühle für längere Zeit außer Betrieb war; geschmückte Flügel zeigten ein freudiges Ereignis, eine Geburt, Hochzeit oder sonstige Familienfeier an.

Als neue Antriebsarten entdeckt wurden, zuerst Dampf, später Motoren, wurden die Windmühlen überflüssig. Nur knapp 1000 Windmühlen – im Gegensatz zu nur 70 Wasserradmühlen – stehen heute noch, vor allem in den Provinzen Zuid- und Noord-Holland.

Der Süden

Ganz und gar nicht dem Klischeebild der weiten, flachen Niederlande, dem Land der Windmühlen und Kanäle, entspricht **Limburg**, die südlichste Provinz. Hügelig ist es hier unweit des Dreiländerecks, wo sich der mit 321 m höchste Punkt der Niederlande, der Vaalser Berg, erhebt. Ein bescheidener »Höhepunkt« gewiß, doch in Anbetracht der Tatsache, daß ein Drittel der gesamten Niederlande unter dem Meeresspiegel liegt, sind dies fürwahr die »niederländischen Alpen«.

Beliebt als Feriengebiet ist diese Region schon lange, und das bestimmt nicht nur der hier gebrauten Biere wegen. Die Fachwerkhäuser in den Dörfern, die Höhlen um Valkenburg, die bewaldeten Täler, der vollkommen andere Landschaftscharakter eben machen das Hügelland vor allem für die Niederländer selbst zu einer »Vakantieprovince«. Zentrum des Tourismus ist deshalb auch der inmitten der Hügel gelegene Ort **Valkenburg** (Tour 1). Erst in einiger Entfernung liegen die großen Städte Heerlen, Sittard, Geleen, Industrie- und bis 1975 auch Bergbaustädte, sowie Maastricht, Provinzhauptstadt, auf römischen Mauern entstanden an der **Maas**, dem gewaltigen Strom, der die Provinz der Länge nach durchfließt.

An den Ufern dieser Wasserstraße liegen auch die anderen Städte: Roermond, alte Bischofstadt und bekannt für das vor seinen Mauern sich erstreckende Wassersportgebiet (Tour 2); Venlo, im Mittelalter bereits wichtige Handelsniederlassung, die dem weiter nördlich gelegenen Arcen einst den Rang ablief. Heute steht in Arcen allerdings eine der Sehenswürdigkeiten von Rang, das Wasserschloß mit seinen Rosengärten (Tour 3).

Doch die Maas war nicht nur ein Verbindungsweg, sie war auch Grenze zwischen den nördlichen und den südlichen Provinzen, die sich nicht nur ganz augenfällig dadurch unterscheiden, daß die südlichen Provinzen vollkommen über Meereshöhe liegen, daß Meer und Wasser hier nicht die Landschaft prägen. Mehr spür- als sichtbar sind die anderen Unterschiede, Glaube, Lebenseinstellung, Atmosphäre. Katholisch sind die meisten der Bewohner, stolz auf ihre Großzügigkeit und Gastfreundlichkeit, die sie »burgundisch« nennen. Damit spielen sie an auf die Zeit, als die **Herzöge von Burgund** über die heutigen Provinzen Limburg und Noord-Brabant herrschten. Diese fielen durch Heirat im 16. Jh. an die Habsburger und blieben, als sich nach der Reformation in den nördlichen Provinzen der calvinistische Protestantismus durchzusetzen begann, katholisch, auch nach der Vereinigung mit den anderen Provinzen im Jahr 1648.

Außenseiter waren die beiden Provinzen dadurch, daß sie, bedingt durch Lebenseinstellung und ihre etwas abseitige geographische Lage, nicht von den Erfolgen der tatkräftigen Amsterdamer Kaufleute im 17. Jh., dem »Goldenen Jahrhundert«, profitierten, sondern etwas »unterentwickelt« blieben. Eine Situation, die sich erst zu ändern begann, als Ende des 19. Jh. Industriezweige sich entwickelten wie der Kohlebergbau in Limburg und die Elektroindustrie in Eindhoven. Diese Entwicklung blieb jedoch auf einige große Städte beschränkt, so daß die Dörfer bis heute sehr ländlich sind, Landschaften nicht zugebaut wurden und unterschiedliche Landschaftsformen bis heute erhalten blieben – Heidegebiete (Tour 4), Moorseen (Tour 5), Sanddünen (Tour 6).

Beliebt bei Wassersportlern: die Maas.

Der Süden

1 Durch das Hügelland im Süden Limburgs

Valkenburg – Schin op Geul – Wijlre – Gulpen – Sibbe – Berg – Houthem – Valkenburg

> **Tourencharakter:** Anstrengende Rundtour vom Touristenort Valkenburg durch hügeliges Gebiet mit zahlreichen Straßendörfern; großteils auf Landstraßen; mehrere Anstiege; nur teilweise markiert.
>
> **Länge der Tour:**
> 31 km.

Wer in die Niederlande reist, um genußvoll radzufahren, der sollte diese erste Tour überblättern, ist sie doch die einzige der hier beschriebenen, bei der man ins Schwitzen gerät. Denn Valkenburg, der Ausgangspunkt der Tour, liegt unweit des höchsten Punkts der Niederlande (321 m) inmitten eines sanft gewellten **Hügellands** mit landwirtschaftlich genutzten Hochflächen, bewaldeten Tälern und kleinen Dörfern mit Fachwerkhäusern. Starke Ähnlichkeit mit deutschen Mittelgebirgen hat die Landschaft, nicht aber mit der Klischeevorstellung von niederländischer Weite.

Vielleicht ist diese Abweichung vom sonst üblichen Landschaftsbild der Grund dafür, daß **Valkenburg** ein bei Niederländern äußerst beliebter Touristenort ist. In den Straßen des kleinen Städtchens reiht sich Café an Café, dazwischen Souvenirgeschäfte, überragt von einer Burgruine. Riesig ist das Freizeitangebot, vom modernen Thermenkomplex bis zum Kasino. Die Hauptattraktionen aber sind zahlreiche Höhlen in der Umgebung, entstanden durch den Abbau von Mergel, einem leicht zu bearbeitenden Gestein, das seit Römerzeiten als Baumaterial benutzt wurde. In den Grotten wurden die römischen Katakomben, die Lourdes-Grotte, ein Kohlenbergwerk nachgebildet, andere wurden als Monstergrotte oder prähistorische Grotte ausgestaltet.

Zum Reiz der Gegend tragen auch mehrere Schlösser bei, die im reizvollen **Geultal** zwischen dem 14. und 16. Jh. errichtet und mittlerweile teilweise in Hotels umgewandelt wurden.

Mehrere wohlhabende Familien ließen sich zwischen dem 14. und 16. Jh. im Geultal Schlösser erbauen, was heute zum Reiz des bei Touristen beliebten Tals beiträgt.

Tour 1 · Durch das Hügelland im Süden Limburgs **21**

Streckenbeschreibung

Vom Parkplatz am Bahnhof **Valkenburg** folgen Sie der Straße Wehryweg leicht bergab auf das Ortszentrum zu, wenden sich auf der stark befahrenen Durchgangsstraße nach links und biegen nach 500 m in einer Rechtskurve der Straße links ab in Richtung Kasteel Oost (Radmarkierung: Gerendalroute). Die Allee führt am **Schloß Oost** vorbei und geht in einen schattigen Fuß- und Radweg über, auf dem Sie den Geulpark passieren.

Sie überqueren das Flüßchen Geul, fahren am **Wasserschloß Schaloen** (Chaloen) vorbei – in den einstigen Wirtschaftsgebäuden wurden Ferienwohnungen, im Torhaus ein Café eingerichtet – und an einer Gartenanlage, die auf dem Gelände einer Wassermühle angelegt wurde.

Auf der Durchgangsstraße N 595 wenden Sie sich nach links, durchfahren zunächst **Oud-Valkenburg** mit dem Wasserschloß Genhoes, anschließend das Straßendorf **Strucht** und biegen auf die links abzweigende Straße Breeweg ab. Über das Flüßchen Geul gelangen Sie in das Dorf **Schin op Geul**, wenden sich nach rechts, durchfahren das Dorf und stoßen wieder auf die Durchgangsstraße. Mit Blick auf das Geultal fahren Sie durch das Straßendorf **Etenaken** und erreichen das mit Etenaken zusammengewachsene Städtchen **Wijlre**.

Nahe der Kirche folgen Sie einer rechts abzweigenden Straße in Richtung Maastricht und erreichen in einem längeren Anstieg den etwas größeren Ort **Gulpen**. Während die Radmarkierung am Ortsbeginn nach rechts weist, halten Sie sich geradeaus und fahren in die Ortsmitte hinunter, wo Sie der Durchgangsstraße N 278 nach rechts in Richtung Maastricht folgen. Nach 250 m biegen Sie an einer Ampelkreuzung rechts ab, steigen auf der Straße Ingbergrachtweg an und folgen, erneut nach rechts, der kurvenreichen Ingberdorpstraat, die zwischen hohen Böschungen steil hochführt in das Straßendorf **Ingber**, in dem einige Fachwerkhäuser auffallen.

Geradeaus durch den Ort – nun wieder mit der Radmarkierung »Gerendalroute« –, und zwischen Wiesen und Feldern steigen Sie zum Dorf **Scheulder** an, halten sich nach dem Ortsende an der ersten Straßengabelung rechts, wenig später an einer weiteren Gabelung links und durchfahren die mit

Ganz aus dem Rahmen fällt der südlichste Landesteil der Niederlande, die Provinz Limburg, in der nicht Wasser, sondern Hügel den Horizont begrenzen.

IJzeren zusammengewachsene Ortschaft **Heerstraat**. In **IJzeren** wenden Sie sich nach links und gelangen in den etwas größeren Ort **Sibbe**.

Am Ortsende folgen Sie an einer Kreuzung nach rechts der Straße in Richtung Valkenburg, passieren **Schloß Sibberhuuske** (Sibberhuis) und stoßen auf eine querlaufende Straße, auf der Sie sich links halten, während die Radmarkierung nach rechts weist.

In leichtem Auf und Ab führt die Landstraße, vorbei an einer Windmühle, in den Weiler **Wolfshuis** und wenig später nach **Gasthuis** mit zwei großen, an Herrenhäuser erinnernden Gehöften. Hier biegen Sie an einem Café rechts ab auf die Gasthuisstraat (Radmarkierung: Groeveroute).

Wenn Sie eine **Badepause** einlegen möchten, halten Sie sich an dem Café geradeaus; am Ortsende befindet sich auf dem Gelände eines Campingplatzes ein Freibad.

Über eine Hochfläche erreichen Sie **Terblijt**, durchfahren nach rechts, leicht bergab, das Dorf mit seinen großen Bauernhöfen und steigen am Ortsende wenige hundert Meter weit an zur Durchgangsstraße N 590, die hier am Ortsrand von **Berg** verläuft. Schräg nach rechts kreuzen Sie die Straße, durchfahren ein Wohnviertel und steigen auf der querlaufenden Straße Langenakker nach links am nördlichen Ortsrand leicht an. Wenig später zweigt rechts die Straße Vogelzangweg ab, die in einem engen Taleinschnitt am bewaldeten Hang des Geultals mit einem Gefälle von 14 % bergab führt. Kurz vor Erreichen der Talsohle passieren Sie das in ein Hotel umgewandelte **Schloß Geulzicht**, kommen auf der Talsohle an zwei Cafés vorüber und stoßen auf die Straße Houthem–Geulhem, der Sie nach rechts folgen.

Möchten Sie einen Abstecher machen zu einigen (geschlossenen) Felswohnungen und zu einer Wassermühle im Weiler **Geulhem**, so wenden Sie sich auf der Straße nach links (Abstecher hin und zurück 600 m).

Nach Überqueren des Flüßchens Geul biegen Sie in **Houthem** an einem Schrein rechts ab in die Onderstestraat, fahren am ehemaligen Kloster St. Gerlach vorbei und stoßen auf die Durchgangsstraße N 587. Nach rechts steigen Sie leicht an zum Ortsbeginn von **Valkenburg**.

200 m nach der links abzweigenden Autobahnauffahrt biegen Sie von der Durchgangsstraße rechts ab in die Straße Prinses Beatrixsingel, die in einem weiten Linksbogen am Rand eines Wohngebiets verläuft, passieren den Vergnügungspark De Valkenier, kurz danach das Kasino und wenden sich auf der Koningin Julianalaan nach links zur Durchgangsstraße (N 587). Ihr folgen Sie wenige Meter nach links und kehren in der ansteigenden Straße Wehryweg zum Bahnhof zurück.

2 Im Tal der Maas

Roermond – Oolderhuuske – Horn – Buggenum – Neer – Kessel – Beesel – Asselt – Roermond

Nützliche Informationen

Ausgangsort: Valkenburg (Prov. Limburg), Kurort und Touristenhochburg mit Kasino.
Anfahrt: A 79, Maastricht–Knotenpunkt Kunderburg (– Aachen), Ausfahrt 3 (Valkenburg); gebührenpflichtiger Parkplatz am Bahnhof Valkenburg; Bahnlinie Maastricht–Heerlen.
Etappen: Valkenburg (Bhf.) – Schloß Schaloen 3 km – Schin op Geul 2 km (5 km) – Etenaken 2 km (7 km) – Gulpen 4 km (11 km) – Ingber 2,5 km (13,5 km) – Scheulder 2 km (15,5 km) – Gasthuis 6 km (21,5 km) – Terblijt 1,5 km (23 km) – Houthem 4 km (27 km) – Valkenburg (Bhf.) 4 km (31 km).
Radmarkierung: »Gerendalroute« (grüne Schrift auf sechseckigem Täfelchen) von Valkenburg bis Gulpen und wieder zwischen Ingber und Sibbe; »Groeveroute« zwischen Gasthuis und Terblijt.
Campingplatz: Den Driesch (**) Heunsbergerweg 1, Valkenburg, Tel. 043-6012025; vom Zentrum in Richtung Margraten.
Einkehr unterwegs: In Valkenburg; Café bzw. Restaurant in Schloß Oost; in Schloß Schaloen; Schin op Geul; Etenaken; Wijlre; Gulpen; Scheulder; IJzeren; Gasthuis; Berg; beim Schloß-Hotel Geulzicht; Houthem.
Bademöglichkeiten: Schwimmparadies Mosaqua in Gulpen; Freibad auf Campingplatz Mooi Bemelen in Gasthuis (Abstecher); in Valkenburg Freibad Koningswinkel.
Sehens- und Wissenswertes: • *Kasteel Oost*, im 16. Jh. erbaute und im 19 Jh. restaurierte Burg (bewohnt und daher nicht zu besichtigen); im Schloßpark Café und Spielplatz. • *Kasteel Schaloen*, einstige Ritterburg (14. Jh.) mit Wassergraben (kann nicht besichtigt werden); Café im Torhaus.
• *Heempark* bei Schloß Schaloen, Kräutergarten und Wassermühle, geöffnet Anfang Mai–Ende Sept. täglich 12.30–17 Uhr.
Fahrradverleih: Haagman, Nieuweweg 18 (Tankstelle), Valkenburg, Tel. 043-6015555; unweit des Bahnhofs.
Auskunft: VVV, Th. Dorrenplein 5, Postbus 820, 6300 AV Valkenburg, Tel. 043-6013364.
Karte: Provinciekaart 1:100 000, Limburg.

 Tourencharakter: Kurzweilige Rundtour im flachen Tal der Maas; vorwiegend auf ruhigen Landstraßen; zwei Flußüberquerungen mit Fähre (Fahrzeiten der Fähre Oolderhuuske beachten; wenn Fähre nicht verkehrt, siehe »Variante«).

 Länge der Tour: 42 km.

Breit und flach ist das Tal, durch das die mächtige **Maas** gen Norden strömt, auf Höhe von Roermond flankiert von riesigen Seen. Maasplassen werden diese Seen genannt, die erst in den letzten Jahrzehnten durch den großflächigen Abbau von Kies entstanden. Durch Kanäle sind diese mit der Maas verbunden, bieten dadurch unbeschränkte Möglichkeiten für Boote, die nur auf den Seen kreuzen oder auf dem Weg von den friesischen Seen nach Frankreich sind.

Strategische Bedeutung hatte der Fluß seit der Besiedlung des Gebiets: Römer gründeten dort, wo das Flüßchen Roer in die Maas mündet, eine Siedlung, Zisterzienser erbauten im Mittelalter ein Kloster, Leinenweber ließen sich nieder, und so entwickelte sich die wichtige Handelsstadt **Roermond.** Interesse an diesem Gebiet hatten vom frühen Mittelalter bis ins 19. Jh. die verschiedensten Machthaber, weshalb Roermond befestigt wurde und entlang der Maas wehrhafte Burgen entstanden, wie beispielsweise in Horn und Kessel. Über Jahrhunderte drohte den Anwohnern Gefahr durch feindliche Angriffe, letztmals im Zweiten Weltkrieg, gelegentlich auch durch die Überflutungen der Maas. Einmal nur in 125 Jahren, so weiß die Statistik, trete die Maas über die Ufer, und trotzdem hatten die Anwohner in diesem Jahrzehnt schon zweimal mit Hochwasser zu kämpfen, weshalb entlang einigen Dörfern in letzter Zeit Deiche angelegt wurden.

24 *Der Süden*

Nette Straßencafés, wie hier in Roermond, gehören in den Niederlanden überall zum Stadtbild.

Streckenbeschreibung

Vom Parkplatz am Bahnhof **Roermond** folgen Sie dem Altstadtring nach links, biegen ab in die dritte rechts abzweigende Straße, die Veldstraat, und folgen der zweiten links abzweigenden Straße, der Leliestraat, in das Zentrum der Altstadt zum Münster. Nach rechts durch die Munsterstraat, über eine Kreuzung und auf der querlaufenden Swalmerstraat nach links gelangen Sie auf den Markt mit dem Rathaus und zahlreichen Giebelhäusern. Geradeaus durch die schmale St. Nicolaas Straat erreichen Sie die Straße Roerkade am Fluß Roer, wenden sich nach links und überqueren kurz darauf den Fluß auf der Steenenbrug – früher die einzige Brücke –, die die Altstadt mit dem Stadtviertel Voorstadt St. Jakob verbindet, wo einer der zahlreichen »Äste« des Jakobswegs beginnt, eines Pilgerwegs nach Santiago de Compostela in Nordspanien.

Durch die Wohnstraße Voorstadt St. Jakob (Radmarkierung: Maasroute) und bei einem Öltanklager am Stadtrand nach rechts erreichen Sie das Ufer der von zahlreichen Kajüt- und Segelbooten belebten Maas.

Nach Überqueren des Flüßchens Hambeek fahren Sie am Ortsrand von **Herten** entlang und biegen ab auf das erste rechts abzweigende Sträßchen. Vorbei am Bootshafen Rosslag und entlang der breiten Maas – hier nicht weiter der nach links weisenden Radmarkierung folgen! – erreichen Sie die **Anlegestelle der Veer-Oolderhuuske**, die Fußgänger und Radfahrer zur Freizeitanlage Oolderhuuske übersetzt, die am gegenüberliegenden Flußufer auf einer Landzunge angelegt wurde.

Sie lassen die Anlage rechts liegen und folgen der Zufahrtstraße nach links zu einem schmalen Landstreifen, der den hinter einem Damm verlaufenden Lateraalkanaal von den Seen des Wassersportgebiets trennt. Nach rechts in Richtung De Weerd/Horn gelangen Sie zur mehrspurigen N 280 und steigen auf der Zufahrt zu dieser Durchgangsstraße kurzzeitig leicht an. Möchten Sie eine Badepause einlegen, so biegen Sie von der Zufahrt links ab zum Strandbad Aqua Terra (Abstecher hin und zurück 1 km).

Entlang der Durchgangsstraße führt ein Radweg über den Lateraalkanaal hinweg und zu einer querlaufenden Straße hinunter, der Sie nach links folgen (Radmarkierung: Weerdroute) zum Ortsbeginn von **Horn**. Den Radmarkierungen folgen Sie durch den Ort, vorbei an der Kirche und einer ehemaligen Wasserburg.

Am Ortsrand folgen Sie einer querlaufenden Straße nach rechts, biegen nach 150 m erneut rechts ab und folgen der einstigen Uferböschung eines trockengelegten, schon seit langem als Viehweide benutzten Arms der Maas. Nach einem Rechts-, dann Linksknick des Fahrwegs durchfahren Sie ein locker bebautes Industrie- und Gewerbegebiet – rechter Hand die riesige Industrieanlage Maascentrale –, kreuzen eine ausgebaute Landstraße und überqueren am Ortsbeginn von **Buggenum** die Bahnlinie Roermond–Weert.

Die Straße führt am Ortsrand entlang und knickt am Ortsende links ab. Sie halten sich

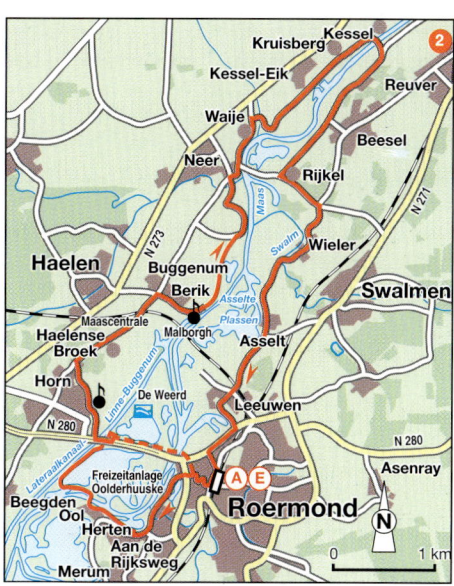

geradeaus und gelangen auf einem geschotterten Fahrweg zwischen Viehweiden und Feldern zu einem querlaufenden Sträßchen, dem Sie nach rechts zu einer Straßenkreuzung folgen. Sie biegen rechts ab, überqueren das mit Fischtreppen versehene Flüßchen Tungelroyse Beek und erreichen wenig später die Ortschaft **Neer**.

Die Straße führt am Ortsrand entlang, an einem kleinen Bootshafen vorbei und hinauf auf den Uferdamm der Maas. Nach wenigen Minuten verlassen Sie den Damm wieder und folgen bei den wenigen Bauernhöfen von **Waije** nach rechts einem Landsträßchen, das Sie aber kurz darauf nach rechts wieder verlassen. Ein befestigter Fahrweg führt in mehreren Links- und Rechtsknicks zwischen den Wiesen und Feldern einzelner Bauernhöfe hindurch.

Am Ortsrand von **Kessel-Eik** kreuzen Sie ein Sträßchen und gelangen auf einem für den Autoverkehr gesperrten Fahrweg nach **Kruisberg**, einer mit **Kessel** zusammengewachsenen Ortschaft. Auf der Dorfstraße wenden Sie sich nach rechts, passieren ein aus dem 18. Jh. stammendes Herrenhaus und biegen nach 50 m erneut rechts ab zur Anlegestelle der **Autofähre Kessel – Beesel**.

Am Ostufer der Maas – hier erscheint zusätzlich zur Radmarkierung »Weerdroute« auch die Markierung »LF 3a Maasroute« –

Durch Kiesabbau entstandene Seen, Kanäle und der mächtige Fluß Maas sind ein Paradies für Freizeitkapitäne.

führt eine ausgebaute Landstraße in Richtung Beesel. Nach ca. 1 km biegen Sie bei einigen Bauernhöfen rechts ab auf einen durch eine Kirschenplantage führenden Feldweg, halten sich an einer Weggabelung geradeaus und erreichen den Ortsrand von **Beesel**, wo Sie einem querlaufenden Sträßchen nach rechts folgen. Das Sträßchen verläuft zwischen Getreidefeldern und kurzzeitig entlang einer Maasschlinge, führt an einer Windmühle und wenig später an einem bei Freizeitkapitänen und Surfern beliebten See vorbei.

Bei den wenigen Häusern von **Rijkel** wenden Sie sich nach links und stoßen nach 1 km auf die stärker befahrene Verbindungsstraße Beesel – Swalmen. Nach rechts folgen Sie dem Radweg entlang der Straße 600 m weit, biegen wiederum rechts ab und wenden sich nach einigen hundert Metern, unmittelbar vor dem mäandernden Bach Swalm, nach links auf einen befestigten Fahrweg, der kurz darauf in eine Landstraße einmündet. Sie passieren die wenigen Bauernhöfe von **Wieler**, die auf der nur wenige Meter hohen einstigen Uferböschung der Maas liegen, überqueren den Bach Swalm und erreichen den bei Wassersportlern beliebten Ort **Asselt**.

Entlang des Ortsrands gelangen Sie zum Ufer des Asseltse Plassen und zu einem Bootshafen, passieren zwei Cafés mit Aussichtsterrassen und wenden sich kurz nach der am Ortsende stehenden Kirche, der in Teilen romanischen Rosenkirche – gegenüber ein kleines Dorfmuseum –, nach rechts auf eine breite Landstraße, die nach **Leeuwen** führt.

Während die Radmarkierung am Ortsbeginn, unmittelbar vor den Gleisen der Bahnlinie Roermond–Weert nach rechts weist, überqueren Sie die Gleise, halten sich an der nächsten Querstraße wenige Meter nach rechts und biegen gleich wieder links ab in die Kerklaan. Sie fahren stets geradeaus, über mehrere Kreuzungen hinweg, und biegen in einem Industriegebiet links ab in die breite Straße Mijnheerkensweg. Ein Radweg entlang der Straße bringt Sie zum Stadtrand von **Roermond**. Nach Überqueren der N 280 folgen Sie der um die Altstadt herumführenden Ringstraße mehrere hundert Meter weit, ehe Sie links abbiegen zu Ihrem Ausgangspunkt am Bahnhof.

Nützliche Informationen

Ausgangsort: Roermond (Prov. Limburg), geschäftige Stadt an der Maas.
Anfahrt: A 2, Maastricht–Eindhoven, Ausfahrt 40, 41 oder 44; auf Durchgangsstraße nach Roermond; ausgeschilderter P+R-Parkplatz am Bahnhof.
Etappen: Roermond – Fähre Oolderhuuske 6 km – Horn 4 km (10 km) – Buggenum 4 km (14 km) – Neer 6 km (20 km) – Maasfähre Kessel 7 km (27 km) – Beesel 3 km (30 km) – Asselt 6 km (36 km) – Roermond (Bhf.) 6 km (42 km).
Radmarkierung: Von Roermond bis Ool »Maasroute«, von Horn bis Roermond »Weerdroute« (jeweils rote Schrift auf sechseckigem Täfelchen).
Campingplatz: Hatenboer (***), Hatenboer 51, Tel. 04 75-33 67 27; westlich von Roermond auf einer Maasinsel.
Einkehr unterwegs: In Roermond, Ool, am Bootshafen Oolderhuuske, in Horn, Buggenum, Neer, Kessel-Eik, Kessel, Beesel, Asselt und Leeuwen.
Bademöglichkeiten: Strandbad Oolderhuuske; Strandbad Aqua Terra vor Horn; Freibad in Kessel.
Sehens- und Wissenswertes: • *Fähre nach Oolderhuuske*, Juli/Aug. Mo.–Fr. 12–18, Sa. 12–19, So. 11–20, Sept. nur Sa. 12–18, So. 11–18, Okt. So. 11–18 Uhr; nur bei schönem Wetter in Betrieb. • *Fähre ab Kessel*, Mo.–Fr. 6.30–22.30, Sa. 7.30–22.30, So. 8–22.30 Uhr. • *Dorfmuseum* in Asselt, geöffnet Mai–Sept. So. 14–17 Uhr; untergebracht im ehemaligen Backhaus (18. Jh.) des Hofs van Asselt.
Fahrradverleih: Rijwielshop Dirks, Stationsplein 7a, Roermond, Tel. 04 75-31 82 00.
Auskunft: VVV, Kraanpoort 1, Postbus 656, 6040 AR Roermond, Tel. 04 75-33 32 05.
Karte: Provinciekaart 1:100 000, Limburg.
Variante: Länge 35 km. Vom Bahnhof Roermond durch die Stadt zum Fluß Roer siehe obige Streckenbeschreibung. Nach rechts auf der Straße Buitenop zur N 280 und auf Radweg entlang der mehrspurigen N 280 über die Maas und den Lateraalkanaal. Gleich nach Überqueren des Kanals der Abfahrt nach Horn folgen. Ab Horn siehe obige Streckenbeschreibung.

Scheinbar friedlich fließt die Maas dahin; dennoch versetzt sie mit Überflutungen die Anwohner immer wieder in Angst und Schrecken.

3 Rosengarten und Rosenfelder bei Arcen

Arcen – Hanik – Schandelo – Velden – Grubbenvorst – Wielder – Broekhuizen – Arcen

> **Tourencharakter**: Markierte Rundtour an der Maas, vorbei an Wasserschloß mit Parkanlage; vorwiegend auf ruhigen Landstraßen, durch Waldgebiete auf Radwegen.
> **Länge der Tour**:
> 45 km.

Zwischen Juni und Mitte August sollte man sich auf diese Tour begeben, denn dann blühen auf den Feldern um **Lottum** in allen Farben die Rosen. Der »richtige Rahmen«, so meinten die Rosenzüchter von Lottum, würde den Reiz der Pflanzen noch steigern, und so legten sie auf dem Gelände des **Schlosses Arcen** in den achtziger Jahren auf drei künstlich geschaffenen Inseln die Schloßgärten Arcen an. Glanzpunkt ist sicherlich die Roseninsel, wo 220 verschiedene Rosenarten wachsen, 20 000 Sträucher insgesamt. Daß die Gärten auch außerhalb der Rosenzeit etwas zu bieten haben, dafür sorgen eine Fülle von Stauden und Zwiebelgewächsen, exotische Gartenanlagen, ein subtropisches Gewächshaus, ein Felsen- und ein Rhododendrongarten, ein kleiner Zoo, aber auch die Blumen- und Pflanzenausstellungen im Schloß, das im Jahr 1653 durch die Grafen von Gelre erbaut wurde. Insgesamt eine der schönsten Schloßanlagen der Niederlande und bei Touristen äußerst beliebt, ebenso wie der kleine idyllische Ort **Arcen**, einst ein wichtiger Handelsplatz an der Maas, heute ein Zentrum des Spargelanbaus.

Streckenbeschreibung

Vom Parkplatz an der Kirche in **Arcen** folgen Sie der Straße Wal durch den Ort, halten sich auf der Querstraße Koestraat wenige Meter nach links – rechter Hand steht eine restaurierte Wassermühle mit Kornbrennerei – und passieren auf einer alten Allee das **Wasserschloß Arcen**.

Unmittelbar nach Überqueren der mehrspurigen Durchgangsstraße N 271 wenden Sie sich nach rechts auf einen befestigten Radweg (Radmarkierung: Maasvalleiroute), der entlang einem sandigen Forstweg in das sanft gewellte Waldgebiet **Kasteelse Bossen**, um 1800 als Park des Schlosses Arcen angelegt, hineinführt. Sie gelangen an eine ausgedehnte Lichtung, wo Sie einem Sträßchen folgen und einige Gärtnereien sowie Wohnhäuser der Ortschaft **Hanik** passieren. Die

Touristenattraktion während des Sommers: der Schloßgarten in Arcen mit rund 20 000 Rosensträuchern.

ausgezeichnete Radmarkierung führt Sie wieder durch Wald, vorbei an einem Parkplatz, der als Ausgangspunkt für Spaziergänge bei den kleinen Waldseen Ravenvennen dient, und entlang der niederländisch-deutschen Grenze zum **Café Jagersrust**.

Das nach rechts in Richtung Schandelo führende Sträßchen verlassen Sie am Waldrand nach links und folgen einem Radweg entlang der Grenze ca. 2 km weit. Ein querlaufendes Sträßchen führt Sie nach rechts zum Straßendorf **Schandelo**. Sie fahren nach rechts durch das Dorf, biegen links ab auf eine Allee und erreichen die Kleinstadt **Velden**, wo Sie die Durchgangsstraße N 271 überqueren und der Radmarkierung zur Anlegestelle der **Autofähre über die Maas** folgen.

In **Grubbenvorst**, wie Velden ein kleines Städtchen, folgen Sie der Radmarkierung durch den Ort und anschließend einer Landstraße, die zwischen Schaf- und Viehweiden und vereinzelten Obstplantagen verläuft. An einer Straßengabelung halten Sie sich rechts auf einem für den Pkw-Verkehr gesperrten Sträßchen und fahren in mehreren Rechts- und Linksknicks, kurzzeitig entlang der Bahnlinie Venlo–Nijmegen und abwechselnd auf schmalen Straßen, auf einer breiten Landstraße und auf einem befestigten Fahrweg durch kleine Waldgebiete und zwischen Viehweiden, Getreide-, Spargel- und einzelnen Rosenfeldern hindurch.

Die Radmarkierung führt Sie an den wenigen Häusern von **Wielder** – rechter Hand das Dorf Lottum – vorbei, durch den Weiler **Zwanenheike** hindurch und entlang dem Ortsrand des Dorfes **Homberg**. Mit zahlreichen Links- und Rechtsabbiegungen führt die Route auf einem befestigten Fahrweg, auf Radwegen, dann wieder auf schmalen Landstraßen bis **Broekhuizen** durch einen landwirtschaftlich intensiv genutzten Landstrich. Geradeaus durch das Dorf erreichen Sie die **Autofähre über die Maas**.

Am Ostufer der Maas verlassen Sie nach 300 m die nach Arcen führende Landstraße auf einem links abzweigenden Sträßchen, das nach 1 km rechts umschwenkt und in die Durchgangsstraße N 271 einmündet. Sie folgen nach links der alten Straße, die entlang der Durchgangsstraße verläuft und am

Hotel Rooland, kurz darauf an der Zufahrt zur weitläufigen Freizeitanlage Klein Vink vorbeiführt (Abstecher hin und zurück knapp 1 km; die Anlage besteht aus Campingplatz, Rudersee, Schwimm- und Thermalbad, Wildgehege, Gaststätten und Supermarkt).

Nach 1,5 km biegen Sie kurz vor einem Restaurant rechts ab auf die Landstraße Walbeckerweg und halten sich in einer Linkskurve der Straße geradeaus auf einer Schotterstraße, die durch ein Waldgebiet führt. An der ersten Kreuzung wenden Sie sich nach rechts und passieren einige Campingplätze – nach ca. 1,5 km ab der eben genannten Kreuzung ist ein Abstecher möglich zu einem Waldsee mit Bademöglichkeit (keine Ausschilderung; hin und zurück 1,5 km) – und biegen kurz nach einer Ferienhaussiedlung an einer Straßenkreuzung rechts ab in Richtung Arcen.

Auf einem Radweg entlang der schnurgeraden Allee fahren Sie durch das langgestreckte Straßendorf **Lingsfort** und überqueren die Durchgangsstraße N 271. Vorbei am Schloß Arcen kehren Sie auf demselben Weg, auf dem Sie Ihre Tour begannen, an Ihren Ausgangspunkt zurück.

30 *Der Süden*

Rosenfelder prägen das Landschaftsbild um Arcen und Lottum.

Nützliche Informationen

Ausgangsort: Arcen (Prov. Limburg), Touristenort an der Maas, nördlich von Venlo. Kein Bahnanschluß.
Anfahrt: A 67, Venlo–Eindhoven, Ausfahrt 40 (Velden); auf N 271 10 km nach Arcen. Parkplatz an der Kirche.
Etappen: Arcen – Café Jagersrust 7,5 km – Schandelo 4 km (11,5 km) – Maas-Fähre 4 km (15,5 km) – Grubbenvorst 2 km (17,5 km) – Wielder 7,5 km (25 km) – Broekhuizen 6 km (31 km) – Maas-Fähre 1 km (32 km) – Lingsfort 10,5 km (42,5 km) – Arcen 2,5 km (45 km).
Radmarkierung: Durchgängig »Maasvalleiroute« (grüne Schrift auf sechseckigem Täfelchen).
Campingplatz: Klein Vink (*****), Klein Vink 4, Tel. 077-473 25 25; nordöstlich von Arcen.
Einkehr unterwegs: In Arcen, im Schloß Arcen, allein stehendes Café Jagersrust zwischen Hanik und Velden; in Velden, Grubbenvorst, Broekhuizen; Hotel Rooland an der N 271; in der Freizeitanlage Klein Vink; in Lingsfort.
Bademöglichkeiten: Schwimm- und Thermalbad in der Freizeitanlage Klein Vink (Abstecher hin und zurück 1 km); Waldsee bei einem Campingplatz, ca. 5 km ab Klein Vink (Abstecher hin und zurück 1,5 km).
Sehens- und Wissenswertes: • *Kasteeltuinen* in Arcen, geöffnet Ende März–Ende Okt. täglich 10–18 Uhr. • *Fähre Velden – Grubbenvorst,* täglich bis 21 Uhr. • *Fähre Broekhuizen – Arcen,* täglich bis 22 Uhr.
Fahrradverleih: Fa. Peters, Kerkstraat 10, Arcen, Tel. 077-473 14 39; im Zentrum.
Auskunft: VVV, Wal 26, 5944 AW Arcen, Tel. 077-473 12 47.
Karte: Provinciekaart 1:100 000, Limburg.

4 Heide- und Waldgebiete um Valkenswaard

Valkenswaard – Zeelberg – Strijp – (Kloster) Achelse Kluis – Schaft – Valkenswaard

> **Tourencharakter:** Landschaftlich reizvolle Rundtour in den sanft gewellten Wald- und Heidelandschaften Leenderbos und De Malpie; großteils auf Radwegen.
> **Länge der Tour:**
> 30 km.

Was heute noch an Heidegebieten in der Umgebung von **Valkenswaard** erhalten ist, das ist nur ein Überrest der einst ausgedehnten Flächen, die es bis Anfang des 19. Jh. hier gab. Bekannt waren diese vor allem dafür, daß hier im 17. Jh., als die Nachfrage unter Adligen nach abgerichteten Wanderfalken groß war, Falken gefangen wurden. Im September jeden Jahres, wenn diese Vögel auf ihrem Flug nach Süden hier durchzogen, saßen die Falkner in ihren aus Torfsoden aufgeschichteten Erdhütten, lockten die Falken mit Hilfe von Tauben an und fingen sie dann in einem Netz. Im 18. Jh. ließ das Interesse an Jagdfalken nach, und schließlich wurde im Jahr 1928 der letzte Falke gefangen, doch der Name des Ortes blieb: Valkenswaard. Auch die Heideflächen verloren mit der Erfindung des Kunstdüngers (1880) ihre wichtige Funktion als Dünger: Bisher war der Heideboden abgestochen, in den Schafställen ausgelegt und, nachdem er voller Schafmist war, auf den Feldern verteilt worden. Nun wurden die Heidefelder aufgeforstet, vorwiegend mit Nadelwald. Nur das tief gelegene Gebiet **De Malpie** im Dommeltal war ziemlich feucht, eignete sich deshalb nicht zur Urbarmachung und ist heute ein Naturreservat mit verlandenden Torfseen, aus denen hohe Grasbüschel wie kleine Inseln herausragen.

Streckenbeschreibung

Vom Marktplatz in **Valkenswaard** folgen Sie der links neben der Kirche beginnenden Straße Maastrichterweg (Radmarkierung: rot-weißes Schachbrettmuster auf quadratischem Täfelchen) zum Stadtrand, halten sich an einem Kreisverkehr geradeaus und biegen nach knapp 1 km links ab auf die

Zuverlässig weisen »Fietspad«-Schilder die Radwege aus, geben »Paddestoels«, pilzförmige Wegweiser, die Richtung an.

Straße de Sil. Durch den Weiler **Zeelberg** erreichen Sie den Rand des Waldgebiets **Leenderbos**.

Einen sandigen Forstweg verlassen Sie schon nach wenigen hundert Metern wieder auf einem links abzweigenden Waldweg (Rww. Leende) und stoßen auf den Bach Tongelreep. Nach rechts gelangen Sie zu einigen Fischteichen und folgen dem markierten Weg weiterhin durch Wald, über eine landwirtschaftlich genutzte Lichtung und erneut durch Wald zur Verbindungsstraße Valkenswaard – Leende.

Nach rechts führt ein Radweg entlang der stark befahrenen Straße an einem Pannekoekenhuis vorbei und bis kurz vor die Autobahn Eindhoven – Maastricht, wo Sie rechts abbiegen (Rww. Achelse Kluis) in das Waldgebiet **Molenheide**. Nach knapp 2 km auf einem befestigten Radweg biegen Sie an einer Wegkreuzung links ab (Rww. Leenderstrijp) und erreichen den Waldrand, wenige Minuten später auf einem gepflasterten Sträßchen das Dorf **Strijp**.

Gleich bei den ersten Häusern wenden Sie sich an einer Kreuzung scharf nach rechts (Rww. Leenderbos/Achelse Kluis) zum Waldrand und folgen einem befestigten Radweg durch Birkenwald zu einer Schutzhütte. Nach links führt ein Sträßchen (Rww. Achelse Kluis) aus dem Wald hinaus zur ausgedehnten Heidefläche **Grote Heide**, wo am originalen Standplatz eine Falkenfalle rekonstruiert wurde.

Sie überqueren die Heidefläche und erreichen, jetzt in landwirtschaftlich genutztem Gebiet, nur 200 m nach Überqueren einer Landstraße das hinter hohen Bäumen versteckt und exakt auf der niederländisch-belgischen Grenze gelegene **Kloster Achelse Kluis**. Die Klosterkirche befindet sich auf niederländischem Boden, während die Wirtschaftsgebäude in Belgien stehen, weshalb man in dem urigen Klosterladen günstig einkaufen kann.

Vom Kloster kehren Sie zurück zur Landstraße, folgen ihr nach links (Rww. Borkel/Schaft) entlang der Klostermauer, überqueren den Bach Tongelreep, nach 1,5 km an einem Café die Durchgangsstraße N 748 und erreichen **Schaft**, ein Straßendorf mit schönen, großteils zu Wohnhäusern ausge-

Auffällig sind pilzförmige Höcker in den verlandenden Moorseen im Naturreservat Malpie. Das dichte Wurzelgeflecht der Gräser (Seggen) verhindert das Zusammensinken der sog. Rasenhügel.

Tour 4 · Heide- und Waldgebiete um Valkenswaard   33

bauten Bauernhöfen. Sie durchfahren den Ort auf der Hauptstraße – nicht weiter der Radmarkierung nach links folgen! –, überqueren das Flüßchen Dommel und biegen am Ortsbeginn von **Borkel** rechts ab (Rww. Valkenswaard; jetzt auch wieder Radmarkierung).

Ein asphaltierter Radweg neben einem sandigen Forstweg führt durch das Waldgebiet **De Malpie** und an einer unter Naturschutz stehenden Heidelandschaft mit dem See Groot Malpieven und weiteren kleinen Seen bzw. Feuchtstellen vorbei. Am Waldrand folgen Sie dem querlaufenden Sträßchen Molenstraat nach rechts, passieren einige verschilfte Teiche und erreichen kurz darauf das am Flüßchen Dommel gelegene Café des **Hotels Venbergen**, einer ehemaligen Wassermühle. Die Mühle mit dem Wasserrad ist noch erhalten, der einstige Mühlenhof wurde zum Hotel ausgebaut.

Wenig später gelangen Sie zu den wenigen Höfen und Wohnhäusern von **Deelshurk**, fahren geradeaus weiter – nicht der Radmarkierung nach links folgen! –, überqueren am Stadtrand von **Valkenswaard** eine Umgehungsstraße und stoßen, nachdem Sie ein modernes Wohngebiet hinter sich gelassen haben, auf die Straße Maastrichterweg, auf der Sie zu Ihrem Ausgangspunkt zurückkehren.

Nützliche Informationen

Ausgangsort: Valkenswaard (Prov. Noord-Brabant), lebhafte Kleinstadt südlich von Eindhoven.
Anfahrt: A 67, Venlo–Eindhoven, Ausfahrt 33 (Waalre); auf der N 69 nach Valkenswaard; Parkplatz auf dem Marktplatz. Kein Bahnanschluß.
Etappen: Valkenswaard – Zeelberg 3 km – (Leender-)Strijp 10 km (13 km) – Grote Heide 5 km (18 km) – Achelse Kluis 2 km (20 km) – Schaft 2 km (22 km) – Venbergen 6 km (28 km) – Valkenswaard 2 km (30 km).
Radmarkierung: Rot-weißes Schachbrettmuster auf quadratischem Täfelchen.
Jugendherberge: Harba Lorifa, Past. Heerkensdreef 20, Valkenswaard, Tel. 040-2015334; am nördlichen Ortsrand.
Campingplatz: De Dommelvallei (**), Schafterdijk 9, Tel. 040-2068290; südlich von Valkenswaard.
Einkehr unterwegs: In Valkenswaard; Pannekoekenhuis an der Straße Valkenswaard –

Leende; Café in Strijp; Kiosk in Achelse Kluis; Café (mit Terrasse und Spielplatz) an der N748 kurz vor Schaft; Cafés in Schaft und Borkel; Hotel-Café Venbergen mit Terrasse am Flüßchen Dommel.
Bademöglichkeiten: Hallenbad in Valkenswaard.
Sehens- und Wissenswertes: • *Cultuurhistorisch Museum* in Valkenswaard, Markt 15–17; geöffnet Di.–So. 13–17 Uhr.
• *Achelse Kluis*, anfänglich Benediktinerabtei, 1846 von Zisterziensern übernommen; kann nicht besichtigt werden; in den Wirtschaftsgebäuden uriger Einkaufsladen sowie Metzgerei und kleine Cafeteria; im Hof einige Bänke; idealer Rastplatz.
Fahrradverleih: Rofra, Luikerweg 74, Valkenswaard, Tel. 040-2042593, April–Sept. Mo.–Sa. 10–17, Okt.–März Di.–Sa. 10–17 Uhr; N69 in Richtung Hasselt.
Auskunft: VVV, Bakkerstraat 8, 5554 EE Valkenswaard, Tel. 040-2015115.
Karte: Provinciekaart 1:100 000, Noord-Brabant, Blatt 1 (östlicher Teil).

5 Die Moorgebiete bei Oisterwijk

Oisterwijk – Stokske – Heukelom – Oisterwijk – Haaren – Waldcafé Hermitage – Oisterwijk

> **Tourencharakter:** Gemütliche Rundtour um den Touristenort Oisterwijk; zahlreiche Waldgaststätten; überwiegend auf Radwegen.
> **Länge der Tour:** 30 km.

»Perle von Brabant«, so nennt sich **Oisterwijk**, eine nette Kleinstadt, in der sich, obwohl sie bereits im 13. Jh. zur Stadt erhoben wurde, nicht viel Altes erhalten hat. Zentrum ist der dreieckige einstige Dorfplatz De Lind, mit altem Baumbestand und zahlreichen Straßencafés. Überaus zahlreich sind auch die Ausflugsgaststätten, Waldcafés und gepflegten Restaurants in der direkten Umge-

Rund um den Ferienort Oisterwijk liegen im Wald mehrere Ausflugsgaststätten wie das gemütliche »Boshuis Venkraai«, eine Gartenwirtschaft.

Tour 5 · Die Moorgebiete bei Oisterwijk 35

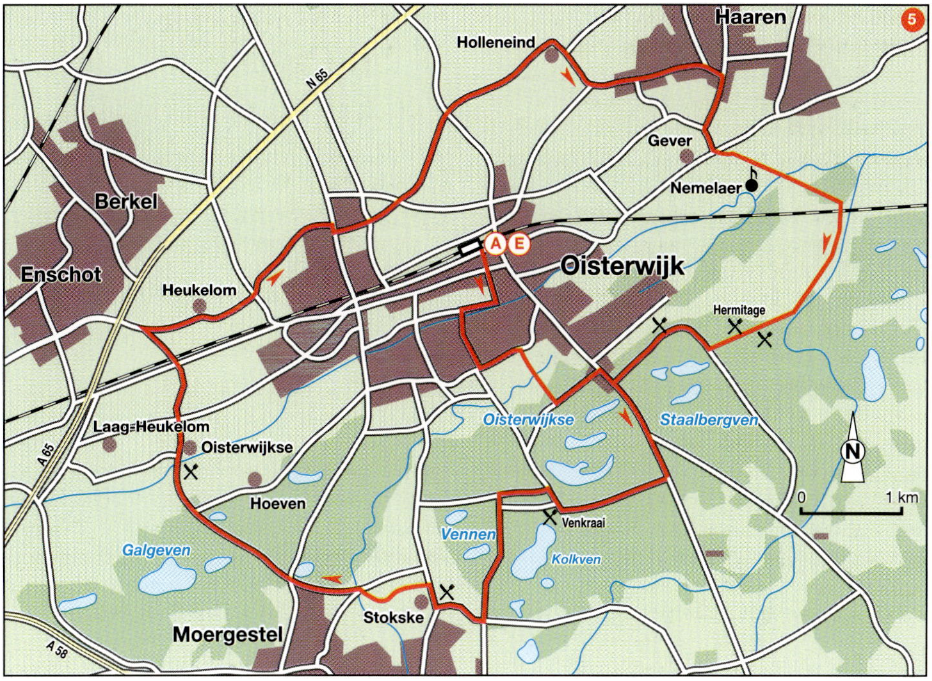

bung des Ortes in einem ausgedehnten Waldgebiet. Hier liegen auch die Moorseen **Oisterwijkse Vennen**, ein Naturdenkmal, das als einzigartig in den Niederlanden angesehen wird. Entstanden sind sie, so wird angenommen, vor 15 000 bis 12 000 Jahren, nachdem kräftige Stürme den Sand abgetragen hatten und Kuhlen entstanden, die sich aufgrund des undurchlässigen Bodens mit Regenwasser füllten.

Streckenbeschreibung

Vom Parkplatz am Bahnhof **Oisterwijk** aus überqueren Sie die Spoorlaan, kreuzen kurz darauf im Stadtzentrum den Platz De Lind und folgen am Rand einer Grünanlage einem Radweg nach rechts zur querlaufenden Burgemeester Verwielstraat. Sie folgen nach links der Radmarkierung »Oisterwijkse Vennen« zum Stadtrand und erneut nach links der Straße Wolvensteeg. An einem kleinen Sportplatz zweigt ein Fahrweg rechts ab, der über das Flüßchen Achterste Stroom führt und in die Straße Heisteeg einmündet, auf der Sie nach links ein Wildgehege an der Straße Oirschootsebaan erreichen.

Nach rechts fahren Sie durch ein sanft gewelltes Waldgebiet mit den Moorseen **Oisterwijkse Vennen** und biegen nicht weit nach einem links der Straße angelegten Vogelpark rechts ab auf einen Rad- und Reitweg, der schnurgerade zur Waldgaststätte **Boshuis Venkraai** führt.

Rechts neben der Gaststätte setzt sich der Weg fort und mündet in ein Sträßchen ein, auf dem Sie nach links zum Waldrand, kurz darauf zu einem Restaurant bei den wenigen an einer Straßenkreuzung gelegenen Bauernhöfen von **Stokske** gelangen.

Sie wenden sich nach rechts und folgen den Markierungen am Ortsrand von **Moergestel** zur Straße Oisterwijk–Moergestel. Dort halten Sie sich links, biegen aber schon nach 30 m wieder rechts ab auf die Straße Heukelomseweg. Die Straße endet nach 200 m, und ein Radweg führt entlang einem Forstweg durch ein Dünen- und Waldgebiet, setzt sich am Waldrand als ruhige Landstraße fort, die an den wenigen teils reetgedeckten Bauernhöfen von **Oisterwijkse** vorbeiführt. Wenig später überqueren Sie eine Straßenkreuzung, dann die Bahnlinie Tilburg–Oisterwijk und stoßen kurz vor Berkel-Enschot auf die stark befahrene Straße Berkel-Enschot – Oisterwijk.

Nach rechts folgen Sie der Straße durch **Heukelom** hindurch und biegen links ab auf ein Sträßchen, das in einen Fuß- und Radweg übergeht und zum Stadtrand von **Oisterwijk** führt. Sie fahren geradeaus durch ein Wohngebiet, halten sich auf der querlaufenden Pannenschuurlaan – linker Hand eine Windmühle – nach rechts und biegen nach 100 m links ab in die Donkerstraat. Der Radmarkierung folgen Sie durch ein Wohngebiet zum Stadtrand und durch ein locker bebautes Industriegebiet.

Schräg nach links kreuzen Sie die Straße Heusgensebaan und fahren gut 2 km weit, ehe Sie der rechts abzweigenden Koppenstraat folgen und nach einigen hundert Metern auf der querlaufenden Straße Kerkeind nach links in den größeren Ort **Haaren** gelangen.

Der Radmarkierung folgen Sie nach rechts in Richtung Eindhoven, biegen nach 100 m wiederum rechts ab und verlassen den Ort. Auf der Straße Gever wenden Sie sich nach links, überqueren kurz darauf am Waldrand eine Straße und passieren das (nicht zugängliche) **Herrenhaus Nemelaer**. Der geradeaus weiterführende Radweg überquert ein Flüßchen, kurz danach die Bahnlinie Oisterwijk–Boxtel und leitet Sie entlang dem Waldrand, dann im Wald zu den Cafés Posthoorn (mit Kinderspielplatz) und Hermitage.

Geradeaus erreichen Sie die querlaufende Straße Scheibaan, folgen ihr nach rechts und passieren den Zugang zu einem Waldsee mit Bademöglichkeit sowie eine weitere Waldgaststätte. Auf der Straße Oirschotsebaan wenden Sie sich nach rechts, biegen an dem Ihnen schon bekannten Wildgehege links ab und kehren auf demselben Weg (Rww. Station), auf dem Sie zu Beginn der Tour hierher gelangten, an Ihren Ausgangspunkt in Oisterwijk zurück.

Nützliche Informationen

Ausgangsort: Oisterwijk (Prov. Noord-Brabant), netter Touristenort östlich von Tilburg.
Anfahrt: A65, Tilburg–'s-Hertogenbosch, Ausfahrt Berkel-Enschot; 3,5 km in die Stadtmitte von Oisterwijk; Parkplatz am Bahnhof. Station an der Bahnlinie Tilburg–Eindhoven.
Etappen: Oisterwijk – Waldgaststätte Venkraai 5,5 km – Stokske 2 km (7,5 km) – Heukelom 6 km (13,5 km) – Haaren 6,5 km (20 km) – Waldcafé Hermitage 5 km (25 km) – Oisterwijk (Bahnhof) 5 km (30 km).
Radmarkierung: »Oisterwijkse Vennenroute« (grüne Schrift auf sechseckigem Täfelchen).
Campingplatz: De Reebok, Duinenweg 4, Oisterwijk, Tel. 013-5282309; am südöstlichen Ortsrand.
Einkehr unterwegs: In Oisterwijk; Waldgaststätte Boshuis Venkraai; Café/Restaurant in Stokske; Café Mie Pieters in Oisterwijkse; Cafés in Haaren; Waldcafé Hermitage und weitere Gaststätten im Wald südlich von Oisterwijk.
Bademöglichkeit: Strandbad Staalbergven mit Spielplatz.
Fahrradverleih: Radgeschäft van Amelsvoort, De Lind 79, Oisterwijk,
Tel. 013-5282233; So. und Mi. ab 13.30 Uhr geschlossen; vom VVV-Büro in Richtung Kirche.
Auskunft: VVV, De Lind 57, 5061 HT Oisterwijk, Tel. 013-5282345.
Karte: Provinciekaart 1:100000, Noord-Brabant, Blatt 2 (westlicher Teil).

Immer wieder am Weg: gepflegte Bauernhöfe mit blühenden Gärten.

6 Durch die Loonser Dünen

Parkplatz Duinlust – Afwateringskanaal 's-Hertogenbosch-Drongelen – Vught – Strandbad De IJzeren Man – Café De Rustende Jager – Duinlust

> **Tourencharakter:** Ruhige Rundtour durch bewaldete Dünenlandschaft und entlang einem Kanal; am Weg ein Strandbad und mehrere Ausflugsgaststätten; überwiegend auf Radwegen.
> **Länge der Tour:**
> 39 km.

Spaziergänger mit und ohne Hund, Jogger, Reiter, Boule-Spieler, Schulklassen, Radfahrer mit großem Gepäck oder mit Krawatte – alles tummelt sich an einem Wochenende in dem »großen Sandkasten«, den zum Nationalpark erklärten **Loonser Dünen**, die im Landesinnern liegen, weit entfernt vom Meer. Doch von dorther brachte vor 30000 Jahren der Wind Unmengen von Sand heran, den er hier ablagerte, so daß die »Brabantse Sahara« entstand. Als das Klima sich erwärmte, breitete sich Wald auf den Sandflächen aus, doch die Siedler brannten ihn nieder, um Ackerland zu schaffen. Was blieb, war eine Heidefläche, die wiederum durch Schafe so stark überweidet wurde, daß der bloße Sand wieder zum Vorschein kam. Dieser fing an zu wandern, häufte sich zu bis zu 24 m hohen Dünen an, deckte eine Siedlung zu. Erst um 1900 begann man damit, wieder aufzuforsten, um die Dünen zu festigen.

Streckenbeschreibung

Beliebt bei Radfahrern: die Ausflugsgaststätte De Rustende Jager am Rand der Loonser Dünen.

Vom Waldparkplatz nahe des **Campingplatzes Duinlust** folgen Sie der Straße in Richtung Waalwijk einige hundert Meter weit und biegen rechts ab auf die Straße Roestelbergseweg, die in einem weiten Rechtsbogen zu der am Waldrand gelegenen Ausflugsgaststätte **Roestelberg** führt. Sie lassen die Gaststätte rechts liegen, fahren auf einem Radweg am Rand des größtenteils bewaldeten **Nationalparks Loonse en Drunense Duinen** entlang und erreichen das **Ausflugslokal De Klinkert**. Auf der Zufahrt zu diesem Anwesen gelangen Sie an eine querlaufende Landstraße, auf der Sie sich links halten und kurz darauf den **Afwateringskanaal 's-Hertogenbosch-Drongelen** überqueren – übrigens handelt es sich nicht, wie das niederländische Wort vermuten lassen könnte, um einen Abwasser-, sondern um einen Entwässerungskanal.

Unmittelbar nach Überqueren des Kanals wenden Sie sich nach rechts (Rww. Vught, 's-Hertogenbosch) auf einen Radweg, der nun auf 10 km Länge auf dem Kanaldamm verläuft und dabei außer einem Wehr an der Einmündung eines Seitenkanals, Wasservögeln und vereinzelten Anglern wenig Abwechslung bietet.

Kurz vor den Außenbezirken von 's-Hertogenbosch geht der Radweg in ein Sträßchen über, das nach knapp 1 km in die querlaufende Straße Kampdijklaan einmündet. Ihr folgen Sie nach rechts, überqueren den Kanal und wenden sich nach einigen

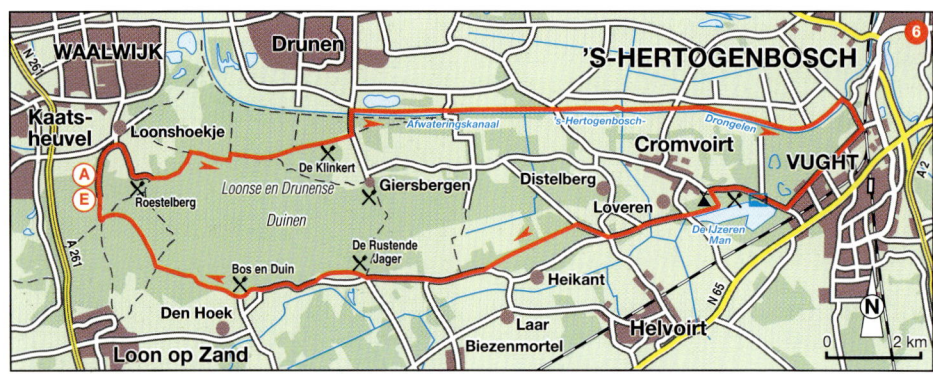

hundert Metern – nun befinden Sie sich schon in der Kleinstadt **Vught** – auf der Straße Loonse Baan erneut nach rechts. Die schnurgerade Straße führt zwischen dem Ortsrand zur Linken und dem Park Vughtse Heide zu einer Straßenkreuzung, an der Sie sich wiederum rechts halten und wenig später das an einem größeren Waldsee eingerichtete Strandbad (mit Spielplatz und Café) **De IJzeren Man** passieren.

Unmittelbar vor einem hinter Bäumen und Gebüsch versteckten Campingplatz biegen Sie links ab zum Seeufer, verlassen den Wald und fahren (Rww. De Rustende Jager) entlang dem Sträßchen Oude Loonsebaan. Nur wenige Meter nach der nächsten Straßenkreuzung folgen Sie einem rechts abzweigenden Radweg durch ein Dünen- und Waldgebiet und erreichen schließlich die am Südrand des Nationalparks gelegene **Ausflugsgaststätte De Rustende Jager**.

Geradeaus führt ein Radweg am Waldrand entlang, an einem Campingplatz vorbei und kurz danach um ein Wildgehege her-

Mitten im Landesinneren liegen die Loonser Dünen, angehäuft aus Sand, den der Wind vor 30 000 Jahren von der Küste heranfegte.

um, das zu dem am Waldrand gelegenen **Hotel-Restaurant Bos en Duin** gehört. Hier verlassen Sie die weiterhin am Waldrand verlaufende markierte Route und folgen einem Radweg (Rww. Waalwijk, Loonse Duinen) in den Nationalpark hinein. Durch Kiefern- und Laubwald, vorbei an ausgedehnten Sandflächen und kleineren Heidegebieten, gelangen Sie an eine Wegkreuzung, an der Sie sich nach rechts wenden (Rww. Waalwijk) und zu Ihrem Ausgangspunkt zurückkehren.

Nützliche Informationen

Ausgangsort: Waldparkplatz nahe des Campingplatzes Duinlust, 2 km südlich von Waalwijk (Prov. Noord-Brabant).
Anfahrt: A 59, 's-Hertogenbosch – Knotenpunkt Hooipolder, Ausfahrt 37 (Waalwijk); nach 2 km in Richtung Tilburg auf der N 261 abbiegen nach Waalwijk; im Ortszentrum am Kreisverkehr nach rechts (Straße Burg. Smeeleselaan) zum Stadtrand, auf der nach rechts versetzten Wijlstraat 1 km weit und links abbiegen in Richtung Duinlust; 500 m zu Waldparkplatz.
Etappen: Waldparkplatz – Gaststätte Roestelberg 2 km – 's-Hertogenbosch-Drongelen-Kanal 5 km (7 km) – Vught 11 km (18 km) – Strandbad De IJzeren Man 4 km (22 km) – Gaststätte De Rustende Jager 9 km (31 km) – Gaststätte Bos en Duin 3 km (34 km) – Waldparkplatz 5 km (39 km).
Radmarkierung: »Loonse en Drunense Duinenroute«.
Campingplatz: Duinlust, Duinlaan 1, Tel. 04 16-27 27 75; am Ausgangspunkt südlich von Waalwijk.
Einkehr unterwegs: Gaststätte Roestelberg; Café De Klinkert am Waldrand; in Vught; am Strandbad De IJzeren Man; Gaststätte De Rustende Jager; Café am Campingplatz Duinhoeve; Hotel-Café Bos en Duin.
Bademöglichkeit: Strandbad De IJzeren Man bei Vught, Mai–Anfang Sept. geöffnet.
Fahrradverleih: Pols en van Heijst, Stationsstraat 60, Waalwijk, Tel. 04 16-33 27 49.
Auskunft: VVV, Grotestraat 271, 5141 JT Waalwijk, Tel. 04 16-33 22 28.
Karte: Provinciekaart 1:100 000, Noord-Brabant, Blätter 1 und 2.

7 Bergen op Zoom – Hafenstadt an der Oosterschelde

Bergen op Zoom – Wouwse Plantage – Huijbergen – Hoogerheide – Binnenschelde – Bergen op Zoom

 Tourencharakter: Großteils markierte Rundtour von Bergen op Zoom um das Waldgebiet Wouwse Plantage und zwischen Erdbeer- und Spargelfeldern; vorwiegend auf Radwegen.

 Länge der Tour: 35 km.

Keine der niederländischen Städte war im Mittelalter stärker befestigt als die Handelsstadt **Bergen op Zoom**. Und das nicht ohne Grund, denn durch ihre Lage an der Oosterschelde, damals einer der Mündungsarme des Flusses Schelde, hatte die Stadt die Aufgabe, die wichtige Wasserstraße sowie den damals bereits bedeutenden Hafen Antwerpen zu schützen. Wohlstand war die Folge, heute noch zu sehen an den prachtvollen Fassaden der Häuser am Grote Markt, an der Größe der Kirche St. Gertrudis (14./15. Jh.), am imposanten Markiezenhof, der im frühen 16. Jh. erbauten Residenz der Markgrafen von Bergen op Zoom.

Doch nicht nur Vorteile brachte die Lage am Wasser. Immer wieder, trotz der bereits im frühen Mittelalter erbauten Deiche, gab es Überflutungen. Letztmals im Jahr 1953, als riesige Flächen unter Wasser standen, mehr als 1800 Menschen zu Tode kamen. Die Reaktion auf diese Katastrophe war der »Deltaplan«: Über Jahrzehnte wurden an der Westküste Meeresarme abgeschlossen, Schleusenanlagen, Dämme und Deiche erbaut, so daß Inseln »zusammenwuchsen«, Meerwasser zu Süßwasser wurde, Gezeiten verschwanden. Durch einen letzten Damm sollte auch die **Oosterschelde** zu einem Binnensee werden. Doch ökologische Bedenken führten dazu, daß statt eines stabilen Damms ein bewegliches Sturmflutwehr errichtet wurde, das die Gezeiten nicht behindert, Sturmfluten aber verhindert.

Das Rathaus am Marktplatz in Bergen op Zoom besteht aus mehreren Gebäuden aus dem Mittelalter, als die Stadt eine wichtige Handelsstadt und Festung war.

Streckenbeschreibung

Vom Parkplatz am Bahnhof in **Bergen op Zoom** folgen Sie nach rechts der Straße Oude Stationsweg, halten sich gleich wieder rechts und überqueren, erneut nach rechts in Richtung Roosendaal (Rww. Roosendaal), die Bahnlinie Bergen op Zoom–Roosendaal. Am Stadtrand biegen Sie vor einer Autobahnauffahrt links ab in Richtung Steenbergen (Rww. Roosendaal). Wenig später wenden Sie sich nach rechts (Rww. Roosendaal), unterqueren einen »Seitenast« der Autobahn und biegen nach 1 km links ab auf eine Brücke über die Autobahn.

Eine querlaufende Straße führt nach links (Radmarkierung: Plantagenroute), parallel zur Autobahn, zu einer Autobahngaststätte, wo ein schnurgerader, befestigter Weg rechts abzweigt. Stets geradeaus und über zwei querlaufende Landstraßen hinweg, gelangen Sie an den Rand des kleinen Dorfes **Wouwse Plantage**.

Nach rechts führt ein Radweg entlang der schnurgeraden Durchgangsstraße – nicht der Radmarkierung nach links in den Ort folgen! – durch das Waldgebiet Wouwse Plantage, an einem am südlichen Waldrand gelegenen Café vorbei – jetzt wieder Radmarkierung »Plantagenroute« – und nach **Huijbergen**. Gleich am Ortsbeginn passieren Sie eine Windmühle, biegen in die erste rechts abzweigende Straße ein. Am Ortsende zweigt rechts ein Fahrweg ab, der nach einigen hundert Metern in eine Straße einmündet, die nach links am Rand eines ausgedehnten Militärgeländes und vorbei an einem Industriegebiet schnurgerade nach **Hoogerheide** führt.

Am Ortsbeginn halten Sie sich an einer Straßengabelung rechts, an der nächsten Kreuzung nochmals rechts und verlassen den Ort. Nach 1 km knickt die Straße links ab, und nach nur 100 m wenden Sie sich nach links auf eine Allee und durchfahren ein ländlich wirkendes Wohnviertel von Hoogerheide. Sie überqueren die mehrspurige Durchgangsstraße N 289 und fahren nun am Ortsrand von **Woensdrecht** entlang. Nach einigen hundert Metern biegen Sie rechts ab in die Bossestraat, kurz darauf nach links in die am Ortsrand verlaufende Straße Rijzendeweg, die über eine Erhebung hinwegführt. Auf der querlaufenden Straße Langeweg verlassen Sie Woensdrecht wieder.

Zwischen Getreidefeldern und unter der Autobahn Bergen op Zoom – Vlissingen hindurch führt die Landstraße zur ausgebauten N 289. Ihr folgen Sie nach links (Rww. Goes), wenden sich vor einer Eisenbahnbrücke nach rechts (Rww. Bergen op Zoom) und erreichen ein Sträßchen, das sich von den Gleisen entfernt und in ein querlaufendes Sträßchen einmündet. Nach links steigt dieses Sträßchen kurzzeitig an, fällt wieder und mündet bei den verstreut liegenden Häusern von **Zuidgeest** in die Fianestraat. Während die Radmarkierung nach rechts weist, wenden Sie sich nach links, überqueren die Bahnlinie Bergen op Zoom – Vlissingen und erreichen auf einem Weg entlang einem Deich den Stadtrand von **Bergen op Zoom**.

Sie folgen nach links einer in das ausgedehnte Wohngebiet **Bergse Plaat** hineinführenden Straße und folgen wenig später nach rechts einem Fuß- und Radweg. Durch eine breite, von einem Kanal durchzogene Grünanlage erreichen Sie die **Binnenschelde**, eine wegen ihrer Bade- und Surfmöglichkeiten gern besuchte Bucht.

Über eine moderne Brücke, die Olof Palme Brug, steigen Sie an und überqueren eine breite Ringstraße, die um die Altstadt Bergens herumführt. Zunächst folgen Sie der dritten Querstraße, der Bosstraat, nach links und stoßen am Ende der weiterführenden Potterstraat auf den **Markiezenhof.** Nach rechts durch die Fortuinstraat gelangen Sie auf den **Marktplatz** mit dem Stadhuis, der St.-Gertrudis-Kirche und mehreren Cafés,

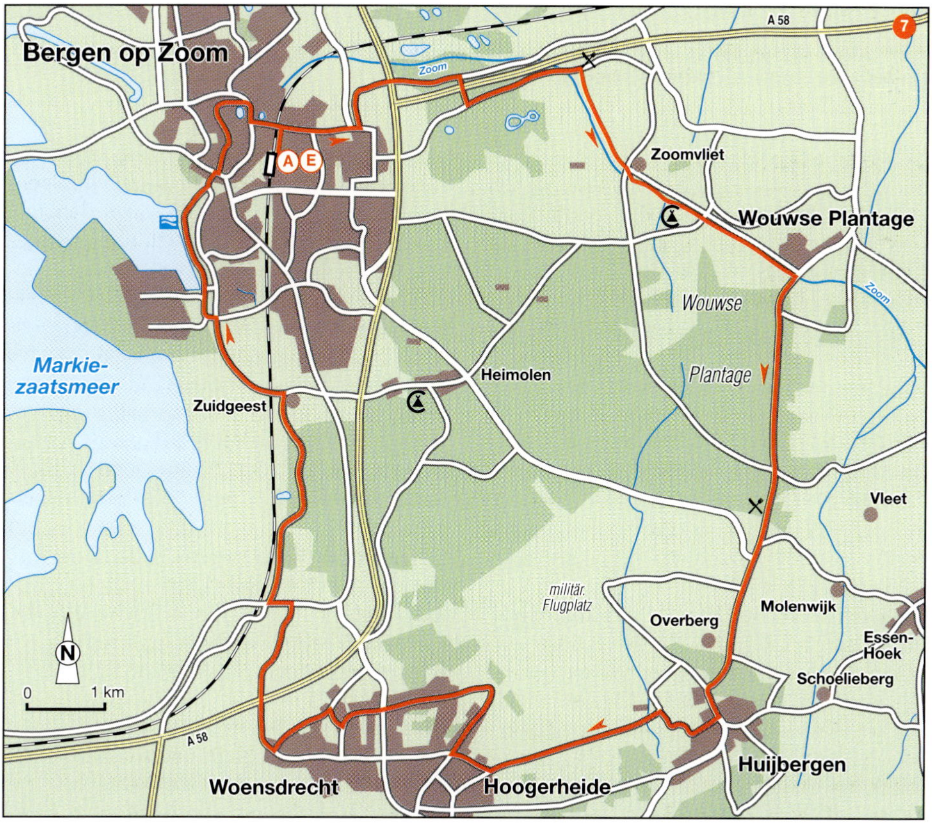

Von Hecken und Baumreihen eingefaßte Viehweiden, schwarz-weiße Rinder – ein typisches Landschaftsbild im Süden der Niederlande.

überqueren den Platz nach links und folgen der Kerkstraat. In die zweite Querstraße, die Sint Josephstraat, biegen Sie links ab, überqueren den Altstadtring und kehren zum Bahnhof zurück.

Nützliche Informationen

Ausgangsort: Bergen op Zoom (Prov. Noord-Brabant), lebhafte Stadt an der Binnenschelde.
Anfahrt: A 58, Breda–Bergen op Zoom, Ausfahrt 27 (Centrum) am Knotenpunkt Zoomland; Parkplatz am Bahnhof in Bergen op Zoom. Station an der Bahnlinie Roosendaal–Middelburg.
Etappen: Bergen op Zoom – Wouwse Plantage (Dorf) 9,5 km – Huijbergen 6,5 km (16 km) – Hoogerheide 4 km (20 km) – Woensdrecht 3 km (23 km) – Binnenschelde 9,5 km (32,5 km) – Bergen op Zoom (Bahnhof) 2,5 km (35 km).
Radmarkierung: »Plantageroute« (rote Schrift auf sechseckigem Täfelchen) zwischen der A 58 und dem Ort Wouwse Plantage, dann wieder zwischen Huijbergen und Zuidgeest; ansonsten Radwegweiser.
Campingplatz: De Heide (***), Bemmelenberg 12, Bergen op Zoom, Tel. 01 64-23 56 59; am östlichen Stadtrand.
Einkehr unterwegs: In Bergen op Zoom; Autobahngaststätte zwischen Bergen op Zoom und Wouwse Plantage; in Wouwse Plantage, Huijbergen, Hoogerheide und Woensdrecht; Kiosk und Café an der Bucht Binnenschelde.
Bademöglichkeit: Strandbad an der Binnenschelde.
Sehens- und Wissenswertes: • *Museum im Markiezenhof*, geöffnet Di.–So. 14–17 Uhr, Juni–Aug. Di.–Fr. 11–17, Sa./So. 14–17 Uhr.
Fahrradverleih: Rijwielstalling Vriens, Bergen op Zoom, Tel. 01 64-23 57 32; am Bahnhof.
Auskunft: VVV, Beursplein 7, 4611 JG Bergen op Zoom, Tel. 01 64-26 60 00.
Karte: Provinciekaart 1:100 000 Noord-Brabant, Blatt 2 (westlicher Teil).

Der Westen

Wer die Niederlande in Verbindung bringt mit Blumenfeldern und Windmühlen, mit Zugbrücken und Grachten, mit alten Städtchen und mit Käsemärkten, der findet im Westen, insbesondere in den Provinzen **Noord-Holland** und **Zuid-Holland**, genau das, was er sucht. Und das, obwohl sich Großstädte – Haarlem, Amsterdam, Den Haag, Rotterdam – hier immer weiter ausbreiten, obwohl Zuid-Holland mit 1100 Einwohnern pro Quadratkilometer am dichtesten bevölkert ist, obwohl sich hier das wirtschaftliche Zentrum der Niederlande befindet mit Industrie- und Hafenanlagen sowie den Gewächshäusern, in denen die in alle Welt verschickten Holland-Tomaten reifen. »Randstad« wird dieses Gebiet genannt, wo mehr als sechs Millionen Menschen sich verteilen, auch auf so sehenswerte alte Städte wie Leiden, Gouda, Delft, Schiedam und Dordrecht, wo trotz allem noch ein »grünes Herz« erhalten blieb: ein offenes Weidegebiet, unterbrochen durch zahllose Kanäle und reizvolle Seen.

Von Menschenhand geschaffen ist diese Landschaft, über Jahrhunderte ständig verändert, entsprechend der jeweils vorherrschenden Bedürfnisse. Als um das Jahr 1000 die Bevölkerung zunahm, wurde zum ersten Mal eingegriffen, wurde das bisher unzugängliche, sumpfige Gelände hinter den Dünen mühsam trockengelegt. Was zum Vorschein kam, war meterdicker Torfboden, der jedoch alsbald in sich zusammenzusacken begann, was die Kolonisten vor ein neuerliches Problem stellte: Das Land lag nun auf Höhe des Grundwasserspiegels, wurde dadurch zu naß, um beackert zu werden, war somit nur noch als Viehweide zu gebrauchen. Immer weiter sank der Boden ab, so daß die Entwässerungsgräben nun bis zu 2 m höher lagen als das Land, und die Gefahr der Überflutung bestand. Gegenmaßnahmen wurden nötig, und so entwickelte sich mit der Zeit ein kompliziertes System an Schleusen, Kanälen, von Windmühlen getriebenen Schöpfrädern, und den Küsten entlang wurden Deiche gebaut.

Von den ca. 1000 noch erhaltenen Windmühlen stehen die meisten in den westlichen Provinzen Noord-Holland und Zuid-Holland.

Im 15. Jh. breiteten die Städte sich aus, stieg die Nachfrage nach Brennstoff enorm an. Holz aber war infolge der Rodungen nicht mehr in großen Mengen vorhanden, und so begann man damit, diesen mühsam trockengelegten Torfboden in großem Maßstab abzutragen, mehrere Meter tief. Beträchtlich unter dem Meeresspiegel, bis zu minus 7,1 m bei Waddinxveen, lagen nun weite Teile von Holland, und es entstanden riesige Seen, sogenannte Plassen.

Diese wiederum waren im 16./17. Jh. geschäftstüchtigen Amsterdamer Kaufleuten ein Dorn im Auge, denn sie waren auf der Suche nach Land, auf dem sie Getreide anbauen konnten, das sie in den noch immer wachsenden Städten anbieten wollten. Und so investierten sie ab 1564 ihr Geld in die Trockenlegung zunächst kleinerer Seen wie Bergermeer und Egmondermeer, wagten sich dann an größere Projekte. So entstanden zunächst der Beemster, Schermer und Purmer Polder (Tour 16) nördlich von Amsterdam. Weitere folgten, und so entwickelte sich die heute als typisch holländisch geltende Landschaft mit Kanälen, Straßendörfern und Windmühlen. Rund 300 blieben in Noord-Holland und Zuid-Holland erhalten, allein 19 stehen noch bei Kinderdijk (Tour 11), sind heute eine der Hauptattraktionen für Touristen.

Andere Touristenziele in dieser Region sind vor allem die **Städte**: z.B. Alkmaar (Tour 19) und Leiden (Tour 13), beide von idyllischen Grachten durchzogen; Enkhuizen (Tour 18) und Hoorn (Tour 17), einst bedeutende Hafenstädte an der Zuiderzee; Volendam und Marken, malerische Fischersiedlungen (Tour 16); Middelburg und Veere, im Mittelalter bedeutende Handelsniederlassungen (Tour 8); Gorinchem und Woudrichem, befestigte Städtchen am Fluß Waal (Tour 10).

Wer Kultur und Strand, Baden und Radfahren miteinander kombinieren möchte, der ist hier bestens aufgehoben. Denn einige der Radtouren führen sowohl durch sehenswerte Städtchen oder gepflegte Badeorte als auch entlang den Dünen, z. B. auf der Watteninsel Texel (Tour 20), bei Schoorl (Tour 19), zwischen Katwijk aan Zee und Scheveningen (Tour 12), bei Domburg (Tour 8).

8 Auf der Halbinsel Walcheren

Middelburg – Veere – Vrouwenpolder – Oostkapelle – Domburg – Klein-Mariekerke – Middelburg

Tourencharakter: Abwechslungsreiche Rundtour durch die sehenswerten Städte Middelburg und Veere, durch ruhige Dörfer und Badeorte entlang den Dünen; überwiegend auf ruhigen Landstraßen und Radwegen; Zugang zu Badestränden.

Länge der Tour: 43 km.

»Garten von Zeeland« wurde die **Halbinsel Walcheren** genannt wegen der heckenumsäumten Weiden, der zahlreichen Landsitze, die wohlhabende Kaufleute aus Vlissingen und Middelburg sich im 17./18. Jh. an den Dünen zwischen Domburg und Vrouwenpolder angelegt hatten. Doch im Jahr 1944 bombardierten die Alliierten, um die deutsche Besatzung der Insel zu beenden, die Deiche bei Vlissingen und Veere, und fast ganz Walcheren verschwand unter Wasser. Beim Wiederaufbau wurden die Fluren neu geordnet, die alten Strukturen verschwanden. Dennoch hat die Landschaft ihren Reiz, kommen nach wie vor zahllose Badetouristen, vor allem nach **Domburg**, dem ältesten und renommiertesten Badeort von Walcheren. Berühmte Künstler wie der Maler Piet Mondrian arbeiteten hier, Adlige wie Kaiserin »Sisi« von Österreich erholten sich hier in dem Waldstreifen entlang den Dünen, wo bereits zwischen dem 13. und 16. Jh. die Äbte aus Middelburg im **Schloß Westhove** den Sommer verbrachten und sich mit Mitgliedern des europäischen Hochadels trafen.

Das macht deutlich, welche Stellung **Middelburg** einst hatte: Bis ins 18. Jh. war die am Fluß Arne gelegene Stadt internationaler Hafen am Handelsweg zwischen den englischen und flämischen Städten. Die Versandung des Flusses und die Konkurrenz anderer Hafenstädte machten der Blütezeit allerdings ein Ende. Doch zahlreiche historische Denkmäler sind aus jener Zeit erhalten:

Empfehlenswert sind ein Besuch der Abtei (12. Jh.), eine Führung durch das prachtvolle Stadhuis, eine Bootsfahrt auf den Kanälen der Stadt.

Wer kleinere Städtchen schätzt, der wird begeistert sein von **Veere**, einem überaus malerischen Hafenort, der im 16. Jh. durch den Wollhandel mit Schottland zu Reichtum kam, dann aber in seiner Entwicklung stagnierte. Die Lage an der Einmündung des Kanaal door Walcheren in das Veerse Meer, die Hafenanlagen mit den Jachten, das Stadtbild mit den zahlreichen Treppengiebeln verleihen Veere einen besonderen Charme, dem auch schon Albrecht Dürer im Jahr 1520 verfiel.

Streckenbeschreibung

Vom Parkplatz am Bahnhof **Middelburg** aus überqueren Sie den Kanaal door Walcheren, folgen der Stationsstraat geradeaus, überqueren einen einst zur Stadtbefestigung gehörenden Wasserlauf und wenden sich nach rechts. Entlang des Binnenhaven fahren Sie zum Rand der Altstadt, überqueren den Buitenhaven und biegen sofort rechts ab. Die Straße Havendijk führt zunächst entlang dem Buitenhaven, anschließend durch ein Gewerbe- und Industriegebiet.

Vorbei an einzeln stehenden Bauernhöfen verläuft eine schmale Landstraße parallel zum Kanaal door Walcheren in nördlicher Richtung. Nach 1 km biegen Sie rechts ab auf das Sträßchen Oude Veerseweg, das unmittelbar an den Damm des Kanals heranführt, dann zu einem in der flachen Landschaft trotz der geringen Höhe auffälligen Hügel, auf dem vor Hunderten von Jahren ein hölzerner, später steinerner Turm stand, von dem aus der unterhalb liegende Bauernhof verteidigt werden konnte. Hier folgen Sie nach rechts dem Zanddijkseweg und gelangen in das Dorf **Zanddijk**.

Auf der Hauptstraße wenden Sie sich nach rechts (Radmarkierung: Mantelingenroute) und erreichen wenig später den malerischen Ort **Veere**, wo Sie sich an einer Straßengabelung links halten und, vorbei an einer Kirche (16. Jh.) mit bemerkenswert massigem Kirchturm, auf den Deich stoßen, der das Städtchen vom Veerse Meer trennt,

Einen ganz anderen Blickwinkel ermöglicht eine Bootsfahrt auf den Grachten von Middelburg, einer der ältesten Städte der Niederlande.

46 Der Westen

einem bei Wassersportlern beliebten Mündungsarm des Flusses Schelde.

Nach links passieren Sie die ehemalige Hafenfestung und folgen der Straße entlang dem kleinen Hafen, vorbei am eigentlichen Ortszentrum mit Rathaus und Pfarrkirche zu Ihrer Linken.

Nach einigen hundert Metern weist die Radmarkierung an einer Straßenkreuzung leicht nach rechts (Rww. Doorgand verkeer) und führt Sie zum Ortsrand, von wo Sie nach rechts einem Radweg entlang der Küstenstraße folgen. Sie kommen an der **Marina Oostwatering** vorbei, unterqueren die Durchgangsstraße N 57 und biegen am Ortsrand von Vrouwenpolder rechts ab nach **Breezand**.

Durch den Touristenort gelangen Sie an die Dünen – hier bietet sich die erste Gelegenheit, eine Badepause einzulegen –, fahren auf dem links abknickenden Küstensträßchen am Rand der Dünen entlang und folgen an einer Straßengabelung nach rechts der schmalen Straße Noorddijk.

Auf der verkehrsreichen Straße Koningin Emmaweg zwischen Vrouwenpolder und Oostkapelle halten Sie sich rechts, biegen nach einigen hundert Metern in einer Linkskurve der Straße rechts ab auf ein für den Pkw-Verkehr gesperrtes Sträßchen, passieren die Landsitze Overduin und Zeeduin und gelangen nach **Oostkapelle**, einem lebhaften Touristenzentrum. Die Radstrecke führt entlang der Dünen weiter, vorbei an weiteren Landsitzen, und mündet östlich von Domburg wieder in die Durchgangsstraße.

Kurz zuvor bietet sich ein Abstecher nach links an zu »Zeeuws Biologisch Museum«, einer Ausstellung über die Meeresfauna und -flora (mit kleinem Café; hin und zurück 500 m) und zum **Wasserschloß Westhove**

Tour 8 · Auf der Halbinsel Walcheren   47

Gut besucht ist der Strand von Domburg, einem seit mehr als 150 Jahren renommierten Badeort, wo sich früher Adlige erholten.

(hin und zurück knapp 1 km), heute Jugendherberge und Café.

Der Durchgangsstraße folgen Sie nach rechts in den Touristenort **Domburg**. Sie halten sich geradeaus auf der von Cafés und Souvenirgeschäften gesäumten Hauptstraße – von hier aus bietet sich die letzte Gelegenheit, eine Pause am Strand einzulegen (Abstecher hin und zurück 500 m) – und folgen der ersten nach der Kirche links abzweigenden Straße, der Stationsstraat. Auf einer querlaufenden Straße halten Sie sich wenige Meter nach rechts, biegen erneut links ab und verlassen auf der Wohnstraße Brouwerijweg den Ort.

Sie folgen der ersten links abzweigenden Landstraße (Radmarkierung: Mantelingenroute) und überqueren bei einer zur Ortschaft **Aagtekerke** gehörenden Häusergruppe eine Durchgangsstraße. Nach 250 m verlassen Sie das sich zu einem Radweg verengende Sträßchen nach rechts – nicht der Radmarkierung geradeaus folgen! –, kreuzen wenig später erneut die eben schon erwähnte Durchgangsstraße und erreichen auf der schmalen Landstraße Kloosterweg eine Straßengabelung am Ortsrand des Dorfes **Klein-Mariekerke**. Nach links folgen Sie dem Sträßchen Kruisweg, überqueren die Straße Grijpskerke – Meliskerke (Rww. Middelburg) und gelangen (Radmarkierung: Dorpenroute) in den langgestreckten Weiler **Poppendamme**.

Der Radmarkierung folgen Sie am Ortsende nach rechts und stoßen auf eine Kreuzung, an der Sie sich nach links wenden (Rww. Middelburg; nicht der Radmarkierung »Dorpenroute« geradeaus folgen!) und die Durchgangsstraße Middelburg–Domburg erreichen. Sie halten sich rechts, wenig später in einem Wohngebiet von Middelburg erneut rechts entlang der verkehrsreichen Verbindungsstraße Middelburg–Domburg und gelangen an den zur einstigen Stadtbefestigung gehörigen Wasserlauf, der die Altstadt von **Middelburg** umgibt.

Während die Durchgangsstraße rechts abknickt, fahren Sie geradeaus in die Altstadt hinein und biegen nach 100 m links ab zum Marktplatz mit dem im gotischen Stil erbauten Rathaus. Unmittelbar nach dem Rathaus wenden Sie sich kurz nach links und biegen rechts ab in die Baachtenstraat, die zur Abtei führt. Hier wenden Sie sich wiederum nach rechts, überqueren eine Fußgängerzone und erreichen durch die Herenstraat den Binnenhaven, an dem Sie sich links halten. Nach 100 m folgen Sie der Stationsstraat und kehren über den Kanaal door Walcheren zu Ihrem Ausgangspunkt zurück.

Der Westen

Nützliche Informationen

Ausgangsort: Middelburg (Prov. Zeeland), Stadt mit historischem Stadtkern; im äußersten Südwesten des Landes.
Anfahrt: N 58 und A 58, Breda–Vlissingen, Ausfahrt 39 (Middelburg); auf der N 254 nach Middelburg; Parkplatz am Bahnhof; Station an der Bahnlinie Bergen op Zoom–Vlissingen.
Etappen: Middelburg (Bhf.) – Zanddijk 8 km – Veere 1 km (9 km) – Vrouwenpolder 7 km (16 km) – Breezand 0,5 km (16,5 km) – Oostkapelle 6 km (22,5 km) – Domburg 4,5 km (27 km) – Klein-Mariekerke 7 km (34 km) – Poppendamme 1,5 km (35,5 km) – Middelburg 5 km (40,5 km) – Middelburg (Bhf.) 2,5 km (43 km).
Radmarkierung: »Mantelingenroute« (rote Schrift auf sechseckigem Täfelchen) zwischen Veere und Domburg; »Dorpenroute« von Klein-Mariekerke bis kurz vor Middelburg; ansonsten Radwegweiser.
Jugendherberge: Kasteel Westhove, Duinvlietweg 8, Oostkapelle, Tel. 01 18-58 12 54; 13 km nordwestlich von Middelburg, an der Route.
Campingplatz: Middelburg (*), Koninginnelaan 55, Middelburg, Tel. 01 18-62 53 95; westlich des Zentrums.
Einkehr unterwegs: In Middelburg, Veere, Vrouwenpolder, Breezand, im Zeeuws Biologisch Museum und im Schloß Westhove (Abstecher hin und zurück 1 km), in Domburg.
Bademöglichkeiten: Mehrere Zugänge zu Badestränden zwischen Breezand und Domburg (hin und zurück 300 m bis 2,5 km); Hallen- und Freibad Poelendaele in Middelburg; subtropisches Schwimmparadies De Parel in Domburg.
Sehens- und Wissenswertes: • *Zeeuws Biologisch Museum*, geöffnet Juni–Aug. So.–Fr. 10–18, Sa. 12–18, sonst bis 17 Uhr; kurz vor Domburg. • *Stadhuis Middelburg*, Führungen Mitte April–Ende Okt. Mo.–Fr. 11–16 Uhr, Dauer 45 Min. • *Abtei Middelburg:* Historama geöffnet März–Okt. Mo.–Sa. 10–18, So. 12–18 Uhr; Ausstelllung und Videofilm zur Geschichte der Abtei; Turmbesteigung (Lange Jan) Mitte April– Ende Okt. Mo.–Sa. 10–17 Uhr. • *Bootsfahrt in Middelburg*, April–Okt. Mo.–Sa. 10–17 Uhr; Abfahrt Langevielebrücke.
Fahrradverleih: Rijwielstalling, Kanaalweg 22, Middelburg, Tel. 01 18-61 21 78; am Bahnhof.
Auskunft: VVV, Markt 65a, Postbus 730, 4330 AS Middelburg, Tel. 01 18-61 68 51.
Karte: Provinciekaart 1:100 000, Zeeland.

Die geradlinig verlaufenden Wassergräben und Baumreihen auf der Halbinsel Walcheren sind das Ergebnis einer umfassenden Flurbereinigung nach der Überflutung des Jahres 1944.

9 Das Feuchtgebiet De Biesbosch

Besucherzentrum Hollandse Biesbosch – Kop van 't Land – De Viersprong – Bowlust – Besucherzentrum Biesbosch

> **Tourencharakter:** Ruhige Rundtour auf Radwegen und wenig befahrenen Sträßchen im Polder de Biesbosch.
> **Länge der Tour:** 29 km.

Direkt an den östlichen Stadtrand von Dordrecht schließt sich ein großes Feuchtgebiet an, **De Biesbosch**, ein Gewirr an Seen, Wasserläufen und dicht bewachsenen Inselchen, ein Naturgebiet am Rande einer der ältesten Städte der Niederlande. Doch hier sah es schon einmal anders aus, war das Land eingedeicht, trockengelegt und landwirtschaftlich genutzt, lagen hier Dörfer. Bis die verheerende Sturmflut im Jahr 1421, die Elisabethflut, das Gebiet zwischen Dordrecht und Gorinchem in einen Binnensee verwandelte, in dem, geschützt durch die Stadtmauern, Dordrecht wie eine Insel zurückblieb. Der größte Teil der Fläche wurde in den folgenden Jahren wieder trockengelegt, das Gebiet zwischen den mächtigen Flüssen Merwede und Bergse Maas aber blieb ein See. Wo die Strömungsgeschwindigkeit gering war, setzte sich mitgeführter Schlamm ab, entstanden Inselchen, auf denen zuerst

Binsen (bies), später Riedgras und Weiden wuchsen. Die beiden letzteren waren begehrte Werkstoffe, wurden deshalb regelrecht »geerntet«: das Riedgras, um Dächer zu decken, die Weidenzweige dienten als Stangen. Bei jeder Flut wurde das nur per Boot zugängliche Gelände erneut überschwemmt, betrug doch der Tidenunterschied hier ungefähr 2 m, bis das Mündungsgebiet im Jahr 1970 durch den Haringvlietdam abgesperrt wurde. Über die Zeit vor 1970, über die Arbeit im Biesbosch informiert das **Biesboschmuseum** östlich des Flusses Nieuwe Merwede (Abstecher). Von dort bietet sich, als Ergänzung, ein Spaziergang auf dem Naturpfad an sowie vom **Besucherzentrum** am Ausgangspunkt der Tour eine Kanutour auf den schmalen Kanälen im Weidenbruch, denn die Radtour selbst verläuft durch die eingepolderten Gebiete, vermittelt nur in der Nähe des Paviljoen De Viersprong noch einen Eindruck vom einstigen System der Wasserrinnen.

Streckenbeschreibung

Vom Parkplatz am **Besucherzentrum Hollandse Biesbosch** folgen Sie einem Radweg, der parallel zu derjenigen Straße verläuft, auf der Sie zu dem Besucherzentrum gelangten, zurück in Richtung Dordrecht, passieren eine Jugendherberge und wenden sich unmittelbar vor einer Brücke der Bahnlinie Dordrecht – Gorinchem nach links auf einen Radweg, der zwischen dem Bahndamm und einem Golfplatz verläuft. Nach Überqueren des Flusses Wantij gelangen Sie an ein für den Pkw-Verkehr gesperrtes Deichsträßchen, das nach links zur **Fähranlegestelle Kop van 't Land** führt.

Wer einen Abstecher zum Biesboschmuseum machen möchte, überquert hier den Fluß Nieuwe Merwede (s. Variante).

Wenige Meter vor der Anlegestelle halten Sie sich rechts und gelangen auf einem Radweg (Rww. Moerdijk) an der Dammstraße Zeedijk, die parallel zum Fluß Nieuwe Merwede verläuft, an den kleinen, stillen Oosthaven und entlang einem Feuchtgebiet zum ebenso ruhigen Zuidhaven. Stets geradeaus, streckenweise auf einem Sträßchen, dann wieder auf einem Radweg bzw. einem für den Pkw-Verkehr gesperrten Fahrweg erreichen Sie eine Häusergruppe, wo der Radweg rechts abknickt und am Westhaven in ein Sträßchen einmündet. Sie wenden sich nach rechts (Rww. Hollandse Biesbosch) und gelangen auf einer Pappelallee zum **Pa-**

Vom Besucherzentrum Biesbosch aus kann man mit Booten in das geschützte Feuchtgebiet hineinfahren.

Tour 9 · Das Feuchtgebiet De Biesbosch   51

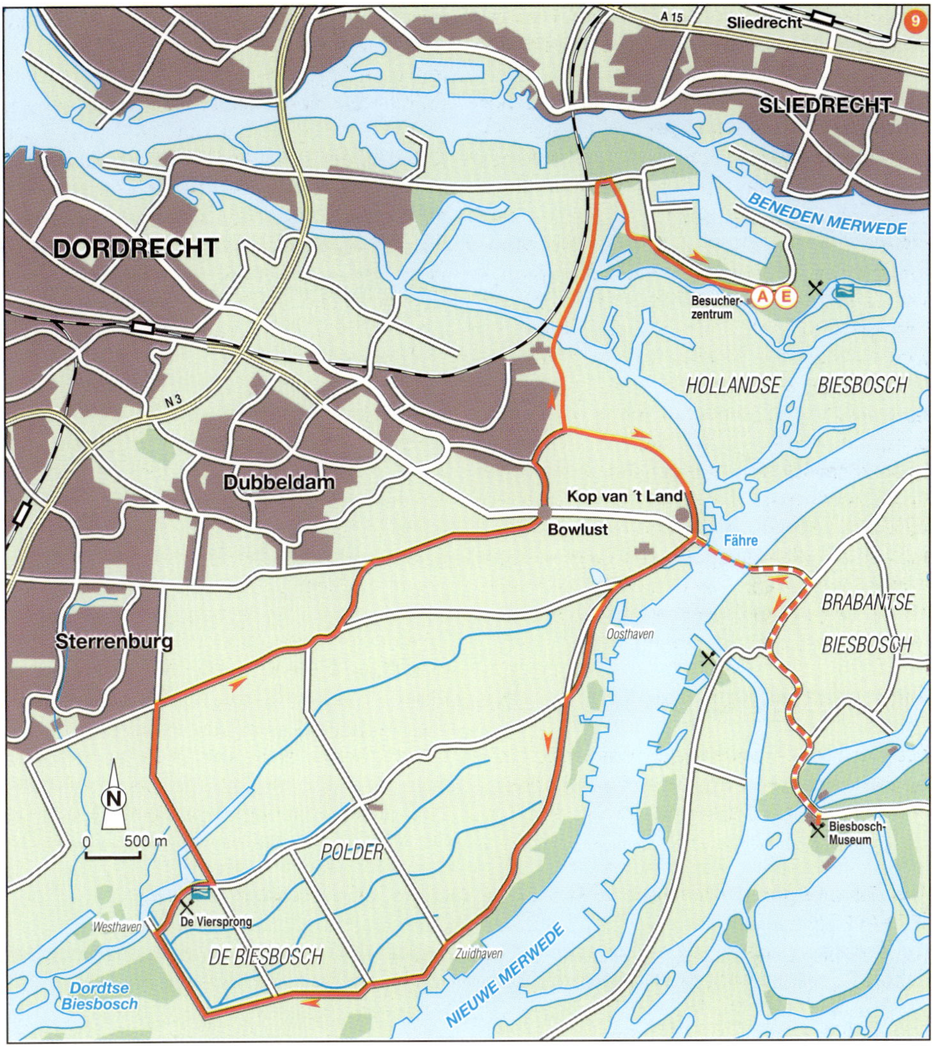

viljoen de **Viersprong**, einem Café, wo sich auch eine Möglichkeit zum Baden bietet.

Nach wenigen Metern halten Sie sich an einer Straßenkreuzung links (Rww. Dordrecht, Sterrenburg) und gelangen zum Ortsrand von **Sterrenburg** und an eine Kreuzung auf dem Zeedijk. Sie folgen nach rechts der schnurgerade auf dem Deich verlaufenden Allee zu einer Straßengabelung, verlassen den Deich nach links (Ausschilderung: JH) und folgen nun dieser Ausschilderung zum Weiler **Bowlust**.

Hier überqueren Sie die Verbindungsstraße Dordrecht – Kop van 't Land – Werkendam und erreichen nach einigen hundert Metern eine Gabelung. Sie biegen rechts ab auf den Zeedijk (Ausschilderung: JH), halten sich nach 500 m links und kehren auf demselben Weg, auf dem Sie die Tour begonnen haben, zu Ihrem Ausgangspunkt am Besucherzentrum Hollandse Biesbosch zurück.

Nützliche Informationen

Ausgangsort: Besucherzentrum im Nationalpark De Hollandse Biesbosch am östlichen Stadtrand von Dordrecht (Prov. Zuid-Holland).

Anfahrt: A 15, Arnhem/Nijmegen–Ridderkerk/Rotterdam, Ausfahrt 23 (Papendrecht); N 3 in Richtung Dordrecht, nach 5 km abbiegen in Richtung Hollandse Biesbosch und 5 km zum Parkplatz am Besucherzentrum. Bahnverbindung bis Dordrecht, vom Bahnhof ein Bus zum Besucherzentrum alle 20–30 Min.
Etappen: Besucherzentrum Hollandse Biesbosch – Fähranlegestelle Kop van 't Land 7 km – Zuidhaven 5,5 km (12,5 km) – Café de Viersprong 4 km (16,5 km) – Bowlust 6,5 km (23 km) – Besucherzentrum 6 km (29 km).
Radmarkierung: Keine; nur wenige Radwegweiser, aber Orientierung einfach.
Jugendherberge/Campingplatz: Hollandse Biesbosch, Baanhoekweg 25, Tel. 078-6 21 21 67; dort auch Campingplatz; unweit des Besucherzentrums.
Einkehr unterwegs: Café De Merwelanden an Badesee in der Nähe des Besucherzentrums Biesbosch; Cafeteria im Biesboschmuseum (Abstecher); Paviljoen de Viersprong.
Bademöglichkeiten: Naturbäder beim Café nahe des Besucherzentrums und beim Paviljoen de Viersprong.
Sehens- und Wissenswertes: • *Besucherzentrum Biesbosch*, geöffnet Di.–So. 9–17, März–Okt. auch Mo. 13–17 Uhr; Ausstellung zu Geschichte, Flora, Fauna; gratis; im Panorama Biesbosch jede Stunde eine audio-visuelle Show, geringe Eintrittsgebühr. Am Besucherzentrum Vermietung von Kanus, Ruderbooten sowie Anlegestelle für das Passagierboot durch den Nationalpark. Nahebei eine Biber-Beobachtungsstation.
• *Biesboschmuseum* (Abstecher), geöffnet Di.–Sa. 10–17, So. 12–17 Uhr; Ausstellung zur Natur, Naturpfad.
Fahrradverleih: Biesbosch Besucherzentrum, Baanhoekweg 53, Tel. 078-6 21 13 11.
Auskunft: VVV, Stationsweg 1, 3311 JW Dordrecht, Tel. 078-6 13 28 00.
Karte: Provinciekaart 1:100 000, Zuid-Holland.
Variante: Länge 35 km. Bis Kop van 't Land siehe obige Streckenbeschreibung. Mit der Autofähre über den Fluß Nieuwe Merwede, nach 500 m rechts abbiegen und ca. 2,5 km zum Biesboschmuseum. Auf gleichem Weg zurück.

10 Zu den Festungsstädten Gorinchem und Woudrichem

Hardinxveld-Giessendam – Hoornaar – Arkel – Gorinchem – Woudrichem – Werkendam – Hardinxveld-Giessendam

> **Tourencharakter:** Markierte Rundtour entlang Flüssen und Kanälen; durch Straßendörfer mit reetgedeckten Bauernhöfen und die hübschen Städtchen Gorinchem und Woudrichem; vorwiegend auf ruhigen Landstraßen; zwei Flußüberquerungen mit Personenfähren (Fähre Werkendam – Boven-Hardinxveld verkehrt nicht am Sonntag!).
> **Länge der Tour:** 47 km.

Zweimal kreuzt man auf der Tour den mächtigen Fluß **Merwede**. So wird der Fluß Waal – wie der Rhein ab der deutsch-niederländischen Grenze heißt – genannt, nachdem die Maas bei Woudrichem und der Fluß Linge bei Gorinchem eingemündet sind. Heute ist der Strom Waal/Merwede die am stärksten befahrene Wasserstraße Europas. Im Mittelalter war er die Grenze zwischen dem Herzogtum Brabant und den Grafschaften Holland und Geldern. Nicht erstaunlich also, daß an diesem strategisch wichtigen Punkt sich gleich zwei Festungsstädtchen gegenüberliegen und Schloß Loevestein auch nur einen Steinwurf entfernt ist.

Gut erhalten sind noch heute die im 16. Jh. angelegten Befestigungswerke um die Stadt **Gorinchem**, die, wie bei Festungsstädten üblich, so angelegt wurde, daß ein Fluß – hier der Fluß Linge – durch die Stadt floß. Heute befindet sich hier der bei Wassersportlern beliebte Lingehaven.

Auch **Woudrichem**, früher einer der wichtigsten Plätze für den Lachsfang, wurde im 16. Jh. befestigt. Fünf Tore führten damals in die Stadt hinein, doch nur eines ist erhalten: das Tor Gefangenenpoort. Bis 1955 hatte Woudrichem eine militärische Funktion, woran noch zahlreiche Gebäude erinnern, wie die Kaserne auf dem Vissersdijk und das

Tour 10 · Zu den Festungsstädten Gorinchem und Woudrichem 53

Ein Paradies für Freizeitkapitäne sind die zahllosen Kanäle und die Flüsse, vor allem im Westen der Niederlande.

Arsenal, in dem heute das Fischereimuseum untergebracht ist. Der ursprüngliche Charakter der kleinen Stadt ist gut erhalten, das Stadtbild inzwischen geschützt.

Vom **Schloß Loevestein** aus, bereits im 14. Jh. erbaut, kassierte der Burgherr einen Wegzoll von jedem Schiff, das die Burg passierte. Nachdem die Burg ihre eigentliche Funktion verloren hatte, diente sie lange Zeit als Gefängnis für unliebsame Politiker.

Streckenbeschreibung

Vom Parkplatz am Bahnhof **Hardinxveld-Giessendam** folgen Sie der Stationsstraat nach links, überqueren nach 100 m die Bahnlinie Dordrecht–Gorinchem und biegen sofort rechts ab auf eine schmale, ruhige Straße, die entlang dem Fluß Giessen verläuft. Vorbei am **Museum De Koperen Knop**, das ebenso mit Reet gedeckt ist wie die ein-

54 *Der Westen*

zeln stehenden Bauernhöfe, zwischen Wiesen und Viehweiden hindurch erreichen Sie das Straßendorf **Giessen-Oudekerk**.

An der Kirche wenden Sie sich nach rechts und gelangen auf einem kurvenreichen Sträßchen nach **Giessenburg**, wo Sie sich geradeaus halten; das unscheinbare Dorfzentrum liegt auf der anderen Flußseite. Nach Überqueren der Durchgangsstraße Gorinchem – Schoonhoven führt die kurvenreiche Straße durch die Dörfchen **Nederslingeland** und **Overslingeland**. Wenig später überqueren Sie den Fluß und biegen rechts ab nach **Hoornaar**. In dem langgestreckten Ort passieren Sie zunächst die Kirche, biegen in der Ortsmitte links ab in Richtung Gorinchem und verlassen den Ort entlang einem Kanal.

Kurz nach Überqueren der A27, Utrecht–Breda, erreichen Sie das Straßendorf **Hoogblokland**, passieren die Kirche und stoßen auf die Durchgangsstraße Gorinchem – Vianen. Sie wenden sich nach rechts in Richtung Gorinchem und befinden sich schon am Ortsbeginn von **Arkel**. Auf einem Radstreifen entlang der Straße durchfahren Sie das Kleinstädtchen, überqueren die Bahnlinie Dordrecht–Gorinchem, kurz darauf den Merwede-Kanal, kommen an einem Bootshafen vorbei und verlassen auf dem rechts abzweigenden Sträßchen Ouderweg den Ort. Wenig später biegen Sie rechts ab auf die Straße Haarweg, wenden sich aber unmittelbar vor einer Brücke über den Merwede-Kanal nach links auf den Damm des Kanals. Ein Fahrweg führt entlang dem Kanal unter der Brücke der A15 hindurch und an Liegeplätzen für Frachtschiffe vorbei nach **Gorinchem**.

Der stark befahrenen Straße Concordiaweg folgen Sie nach links, überqueren den Fluß Linge und erreichen über die ehemaligen Wallanlagen die Altstadt. Sie wenden sich gleich nach links in die Walstraat, nach Überqueren der Korenbrug nach rechts und folgen entlang dem hier kanalisierten Fluß Linge der Straße Havendijk, passieren die Visbrug – wenn Sie einen Abstecher in das Stadtzentrum und zum Grote Markt mit dem Rathaus machen möchten, überqueren Sie die Visbrug – und überqueren auf der nächsten Brücke den Fluß. Nach links entlang dem Hafenbecken verlassen Sie die Altstadt und erreichen die Anlegestelle der Fähre, mit der Sie über den Fluß Waal nach **Woudrichem** übersetzen.

Dort gelangen Sie von der Anlegestelle der Fähre durch das Stadttor Gefangenen-

Tour 10 · Zu den Festungsstädten Gorinchem und Woudrichem 55

poort in das einst befestigte Städtchen, wenden sich an der zweiten Straßenkreuzung nach links in die Straße Vissersdijk und verlassen den Ort nach rechts durch ein nur noch in Resten vorhandenes Stadttor.

Wenn Sie das beeindruckende **Wasserschloß Loevestein** in Ihre Tour einbeziehen möchten, verlassen Sie die Fähre nicht schon in Woudrichem, sondern erst an der Anlegestelle von Schloß Loevestein. Vom Schloß führt ein ca. 1 km langer asphaltierter Fuß- und Radweg zu einer anderen Fähranlegestelle am Fluß Afgedamde Maas gegenüber von Woudrichem. Nach der Flußübersetzung folgen Sie in Woudrichem der Straße Vissersdijk wenige Meter weit in Richtung Ortsmitte, biegen links ab und verlassen den Ort durch das oben schon erwähnte, nur noch in Resten vorhandene Stadttor.

Am Ortsrand führt der Schapendam an einem Bootshafen vorbei. Weiter auf dem Maasdijk stoßen Sie auf die Straße Postweg, der Sie scharf nach rechts in Richtung Sleeuwijk durch ein ausgedehntes Wohngebiet von Woudrichem folgen. Auf dem Merwedijk gelangen Sie nach **Sleeuwijk**, halten sich auf einer querlaufenden Straße rechts und fahren um den Ort herum zum Ufer des jetzt Boven Merwede genannten Flusses, wo Sie die Autobahn Utrecht – Breda unterqueren. Geradeaus auf dem Uferdamm passieren Sie die kleinen Ortschaften Buurtje und Vijcie, ehe Sie **Werkendam** erreichen und entlang dem Ortsrand zur Anlegestelle der Personenfähre nach Boven-Hardinxveld gelangen.

In **Boven-Hardinxveld** mündet die Zufahrt zur Fähranlegestelle in eine stark befahrene Durchgangsstraße, der Sie nach links in Richtung Hardinxveld-Giessendam folgen. Zwischen Wohnhäusern und entlang einem Industrie- und Gewerbegebiet führt die auf dem Uferdamm verlaufende Straße nach **Hardinxveld-Giessendam**.

Wenige hundert Meter nach Überqueren der Autobahn wenden Sie sich an einer Straßenkreuzung im modernen Ortszentrum nach links (Ausschilderung: Centrum), biegen aber schon nach 50 m rechts ab auf die gepflasterte Peulenstraat und kehren durch die malerische Einkaufsstraße zum Bahnhof zurück.

Nützliche Informationen

Ausgangsort: Hardinxveld-Giessendam (Prov. Zuid-Holland), Kleinstadt östlich von Dordrecht.
Anfahrt: A15, Arnhem/Nijmegen–Ridderkerk/Rotterdam, Ausfahrt 26 (Hardinxveld-Giessendam); 1,5 km nach Hardinxveld-Giessendam; Parkplatz am Bahnhof; liegt an der Bahnlinie Dordrecht–Nijmegen.
Etappen: Hardinxveld-Giessendam – Giessenburg 7 km – Hoornaar 9 km (16 km) –

Tiere – Rinder, Pferde, Schafe, Wasservögel – am Wegesrand sorgen immer wieder für Abwechslung.

56 Der Westen

Arkel 6 km (22 km) – Gorinchem 4 km (26 km) – Fähranlegestelle 3 km (29 km) – Fähre nach Woudrichem (15 Min.) – Sleeuwijk 5 km (34 km) – Fähranlegestelle Werkendam 7 km (41 km) – Fähre nach Boven-Hardinxveld (5 Min.) – Hardinxveld-Giessendam 6 km (47 km).
Radmarkierung: Durchgängig »Giessen-Merwede-Route« (grüne Schrift auf sechseckigem Täfelchen).
Jugendherberge/Campingplatz: Hollandse Biesbosch, Baanhoekweg 25, Tel. 078-6 21 21 67; am östlichen Ortsrand von Dordrecht; dort auch Campingplatz; ca. 5 km südwestlich von Hardinxveld-Giessendam.
Einkehr unterwegs: In Hardinxveld-Giessendam, Hoornaar, Hoogblokland und Arkel; zahlreiche Lokale in Gorinchem und Woudrichem; Café im Schloß Loevestein (Abstecher); in Sleeuwijk, Werkendam und Boven-Hardinxveld.
Bademöglichkeiten: Am Ortsrand von Hardinxveld-Giessendam; in Hoogblokland; in Gorinchem Badeparadies Cariba; am Fluß Waal nahe Woudrichem; in Sleeuwijk.

Sehens- und Wissenswertes: • *Museum De Koperen Knop,* geöffnet Mi.–Sa. 13–17 Uhr; Heimatmuseum in historischem Bauernhof. • *Fähre (Veerdienst) Gorinchem – Woudrichem,* ganzjährig Mo.–Sa. 8–18 Uhr jeweils 15 Min. nach der vollen Stunde; So. 11–17 Uhr, aber nur Mai–Mitte Okt. Weiterfahrt nach Loevestein nur zwischen 10.15 und 16.15 Uhr; letzte Abfahrt bei Schloß Loevestein 16.45 Uhr. • *Schloß Loevestein,* geöffnet April–Okt. Mo.–Fr. 10–17, Sa./So. 13–17 Uhr, letzte Führung 16 Uhr. • *Fähre Werkendam – Boven-Hardinxveld,* Mo.–Sa. und an Feiertagen 7–22 Uhr, jeweils 15 Min. nach der vollen Stunde. Nicht an Sonntagen! • *Fischereimuseum,* an der Kirche in Woudrichem, geöffnet Mai–Sept. Mo.–Fr. 10.30–12 und 13.30–16.30, So. 13.30–16.30 Uhr.
Fahrradverleih: Havenmeester, Lingehaven, Eind 5, Gorinchem, Tel. 01 83-65 93 14; Tourenbeginn dann in Gorinchem.
Auskunft: VVV, Grote Markt 17, 4201 EB Gorinchem, Tel. 01 83-63 15 25.
Karte: Provinciekaart 1:100 000, Zuid-Holland.

Räder werden in den Niederlanden auf Fähren und in Zügen ohne Umstände transportiert.

11 Zu den Mühlen von Kinderdijk

Alblasserdam – Nieuw-Lekkerland – Streefkerk – Groot Ammers – Bleskensgraaf – Oud-Alblas – Alblasserdam

> **Tourencharakter:** Reizvolle Rundtour durch typische Polderlandschaft mit Kanälen und zahlreichen Windmühlen; überwiegend auf ruhigen Landstraßen, ansonsten auf Radwegen und Feldweg mit asphaltierten Fahrstreifen.
>
> **Länge der Tour:**
> 50 km.

Nirgendwo in den Niederlanden gibt es noch eine solche Anhäufung von Windmühlen wie in **Kinderdijk**. 19 sind es an der Zahl, alle um 1740 erbaut und noch gut erhalten, obwohl sie inzwischen teils zu Wohnungen ausgebaut sind, da sie ihre eigentliche Funktion nicht mehr erfüllen müssen: das Wasser vom tiefsten Punkt des Poldergebiets Alblasserwaard hochzubringen zum Fluß Lek. Zweimal zehn Mühlen waren notwendig, um das in Kanälen herbeiströmende Wasser mittels großer Schöpfräder, die durch die Windkraft betrieben wurden, jeweils um eine Stufe hochzuschaufeln in einen etwas höhergelegenen Abschnitt des Kanals. Heute übernehmen elektrisch betriebene Pumpwerke diese Aufgabe. Die pittoresken Mühlen jedoch wurden zu einer der größten Sehenswürdigkeiten der Niederlande, was man sehr rasch bemerkt, wenn man sich den Mühlen nähert. Touristen aus allen Teilen der Welt scheinen sich in der einen Mühle zu treffen, die besichtigt werden kann. Noch mehr kommen an den Samstagnachmittagen im Juli und August, wenn die Flügel aller Mühlen wieder mit Segeln bespannt und losgeworfen werden. Ein sehenswertes Schauspiel, ebenso wie die abendliche Beleuchtung der Mühlen in der zweiten Septemberwoche. Von solch einem Rummel ist bei den vier Mühlen in der Nähe von **Groot Ammers** nichts zu spüren. Hier fährt man direkt an den liebevoll gepflegten

Wippmühlen – mit drehbarem Mühlenhaus auf pyramidenförmigem Unterbau – dienten meist der Entwässerung.

Wippmühlen vorbei, deren Unterbau, die Wohnung des Müllers, mit Reet verkleidet ist. Auch im folgenden Verlauf der Tour passiert man immer wieder einzeln stehende Mühlen, so daß sich die Anzahl auf insgesamt ca. 30 Mühlen erhöht.

Streckenbeschreibung

Vom Parkplatz an der Kirche in **Alblasserdam** folgen Sie nach links, vorbei an der Kirche, der Straße Cortgene, biegen rechts ab auf die erste abzweigende Straße und wenden sich nach einigen hundert Metern nach links in die Wohnstraße Van Hogendorpweg. Auf Höhe einer Parkanlage biegen Sie rechts ab auf einen Radweg, der am Stadtrand entlang schmalen Entwässerungskanälen verläuft – im Hintergrund sind schon die Windmühlen von Kinderdijk zu sehen – und bei einer einzeln stehenden Windmühle einen breiten Kanal überquert. Nach links gelangen Sie an den Kanal Boezem van de Overwaard und folgen nun, wiederum nach links, auf mehrere Kilometer

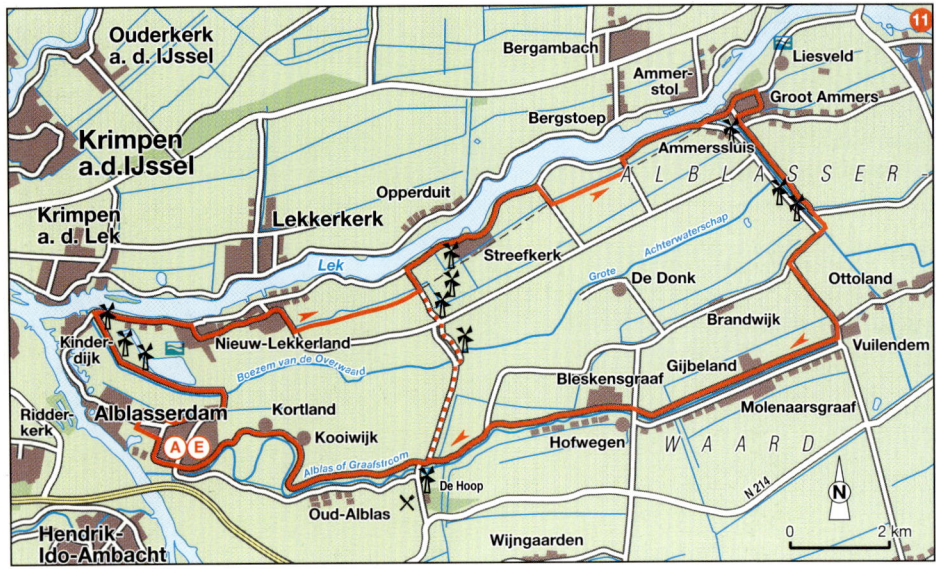

Länge einem Fuß- und Radweg, der zwischen den beiden Kanälen an 19 Windmühlen vorbeiführt.

Am Ortsrand von **Kinderdijk** mündet der Radweg in die Straße ein, die am Uferdamm des mächtigen Flusses Lek verläuft. Nach rechts erreichen Sie **Nieuw-Lekkerland**, eine moderne Wohnsiedlung, biegen rechts ab (Rww. Alblasserdam, Dordrecht) in ein Wohngebiet und wenden sich an der nächsten Straßenkreuzung nach links in die Planetenlaan. Sie fahren durch den langgestreckten Ort, folgen der querlaufenden Straße Standerdmolen nach rechts und biegen nach wenigen hundert Metern an einer Bushaltestelle erneut rechts ab. Am Ortsrand folgen Sie einem links abzweigenden Radweg, der zwischen zwei Entwässerungskanälen schnurgerade durch die Polderwiesen und Viehweiden führt.

Nach Überqueren eines Landsträßchens ist etwas Konzentration erforderlich: Der Weg verengt sich zu einem Feldweg mit zwei asphaltierten Fahrstreifen, die Wassergräben verlaufen nun hart entlang dem Weg. Die folgende querlaufende Landstraße führt nach links wieder auf den Uferdamm des Flusses Lek.

Sie halten sich auf dem Uferdamm rechts, passieren das Dorf **Streefkerk** mit einigen reetgedeckten Bauernhöfen, dann eine Windmühle und biegen rechts ab auf das nächste abzweigende Sträßchen.

Nach 500 m folgen Sie nach links der Fortsetzung des Feldwegs, den Sie vor Streefkerk verlassen haben, biegen nach 2 km erneut links ab auf ein Sträßchen und folgen wiederum der Straße auf dem Lekdamm. Vorbei an der Anlegestelle einer Fähre und an den am Fuß des Dammes aneinandergereihten Gehöften des Weilers **Ammerssluis** erreichen Sie das Dorf **Groot Ammers**. Geradeaus fahren Sie in das Dorf hinein in Richtung Liesveld und biegen gegen Ortsende am Gemeindehaus – beiderseits der Straße sind auf hohen Niststangen Storchennester zu sehen – rechts ab in die Beatrixstraat.

Wenn Sie ein wirkliches »Störchedorf« sehen möchten, fahren Sie auf der Dammstraße (Radmarkierung: Ooievaardsroute) noch 1 km weit nach Liesveld; auf gleichem Weg kehren Sie nach Groot Ammers zurück.

Von der Beatrixstraat biegen Sie rechts ab in den modernen Ortskern und wenden sich an der Kirche nach links. Am Ortsrand folgen Sie nach rechts dem Sträßchen Molen-

Als »Grünes Herz« wird das offene Weideland zwischen den großen Städten Zuid-Hollands bezeichnet.

kade, fahren an vier Wippmühlen vorüber und folgen kurz darauf einer am anderen Kanalufer verlaufenden Straße nach links. Nach einigen hundert Metern knickt das Sträßchen rechts ab. Kurz darauf biegen Sie links ab in Richtung Vuilendam und erreichen **Brandwijk**, einen Ortsteil von Vuilendam. Im Ort halten Sie sich zunächst geradeaus und folgen unmittelbar vor einem Arm des Flusses Alblas of Graafstroom der rechts abzweigenden Straße Gijbelandsedijk.

Auf ca. 12 km Länge fahren Sie nun entlang dem Fluß, an dem sich eine nahezu ununterbrochene Zeile von Wohnhäusern mit Gärten und Bauernhöfen mit Wiesen und Viehweiden entlangzieht. Dabei durchfahren Sie auf der ruhigen Straße die fast zusammengewachsenen Orte **Gijbeland** und **Bleskensgraaf** und stoßen auf Höhe zweier Windmühlen auf eine querlaufende Straße. Ihr folgen Sie geradeaus, biegen aber nach 200 m, wo die Straße den Fluß überquert, rechts ab und gelangen nach **Oud-Alblas**.

Sie fahren durch den Ort und folgen einer weiten Flußschleife durch die Weiler **Kooiwijk** und **Kortland**, ehe Sie am Ortsbeginn von **Alblasserdam** einen breiten Kanal überqueren. Geradeaus durch ein ausgedehntes Wohngebiet und entlang dem Fluß erreichen Sie die Stadtmitte, überqueren die Hauptstraße und sind wenig später wieder an Ihrem Ausgangspunkt angelangt.

Nützliche Informationen

Ausgangsort: Alblasserdam (Prov. Zuid-Holland), Kleinstadt nördlich von Dordrecht.
Anfahrt: A 15, Arnhem/Nijmegen–Ridderkerk/Rotterdam, Ausfahrt 22 (Alblasserdam); 1 km bis Alblasserdam; Parkplatz an der Kirche in der Ortsmitte.
Etappen: Alblasserdam – Kinderdijk 7,5 km – Nieuw-Lekkerland 2 km (9,5 km) – Streefkerk 8 km (17,5 km) – Groot Ammers 7,5 km (25 km) – Vuilendam 7,5 km (32,5 km) – Bleskensgraaf 5 km (37,5 km) – Oud-Alblas 7 km (44,5 km) – Alblasserdam 5,5 km (50 km).
Radmarkierung: Durchgängig »Molenroute« (grüne Schrift auf sechseckigem Täfelchen).
Jugendherberge/Campingplatz: Hollandse Biesbosch, Baanhoekweg 25, Tel. 078-6 21 21 67; am östlichen Ortsrand von Dordrecht, ca. 10 km südlich von Alblasserdam; dort auch Campingplatz.
Einkehr unterwegs: In Alblasserdam, Kinderdijk (auch Pannekoekenhuis), Streefkerk, Groot Ammers, Gijbeland, Bleskensgraaf; Café-Restaurant De Krom mit Terrasse (kurzer, ausgeschilderter Abstecher) zwischen Bleskensgraaf und Oud-Alblas.
Bademöglichkeit: Am südwestlichen Ortsrand von Nieuw-Lekkerland.
Sehens- und Wissenswertes: • *Besichtigungsmühle*, geöffnet April–Sept. täglich 9.30–17.30 Uhr. • *Expo*, kleine Ausstellung mit Zeichnungen und Modellen zu Mühlen und Wasserkraft; 1.4.–1.10. täglich geöffnet; gratis; mit Selbstbedienungsrestaurant; beide in Kinderdijk.
Fahrradverleih: Rijwielhandel Spek, Cortgene 9a, Alblasserdam, Tel. 078-6 91 99 80; gegenüber dem VVV-Büro.
Auskunft: VVV, Cortgene 3, 2951 EA Alblasserdam, Tel. 078-6 91 43 00.
Karte: Provinciekaart 1:100 000, Zuid-Holland.

12 Durch die Dünen nach Scheveningen

Katwijk aan Zee – Wassenaar – Besucherzentrum Meijendel – Scheveningen – Katwijk aan Zee

> **Tourencharakter:** Kurzweilige Rundtour zwischen den Seebädern Katwijk aan Zee und Scheveningen; die Hälfte der Tour in leichtem Auf und Ab durch Dünen; nahezu durchgehend auf Radwegen.
> **Länge der Tour:** 45 km.

Familiär ist der Badeort **Katwijk aan Zee**, mondän das Seebad **Scheveningen**, wo sich am breiten Strand auf 1 km Länge Kasino, Restaurants und Cafés aneinanderreihen. Zwischen diesen beiden Orten eine Zone

Tour 12 · Durch die Dünen nach Scheveningen

Wer beim Radfahren gerne eine Badepause einlegt, hat an der Westküste öfter Gelegenheit dazu, wie z. B. in Katwijk aan Zee.

der Ruhe: der breite Dünenstreifen entlang der Küste. Autos wird man hier nur auf dem einzigen Zugangsweg zur Küste begegnen, dafür auf dem Radweg um so mehr Spaziergängern, Joggern und Radfahrern. Siedlungen gibt es hier keine, denn ein einstiges Fischerdorf wurde im 17. Jh. durch Sandverwehungen zugedeckt, und Bauern, die um 1840 versuchten, die Dünen zu beackern, zogen sich nach einigen mageren Ernten wieder zurück. Einer dieser Höfe, Meijendel, ist heute ein Besucherzentrum. Auch Pläne, mitten in den Dünen ein Villenviertel zu erbauen, wurden Anfang dieses Jahrhunderts aus Sorge um das Trinkwasser wieder verworfen. Denn seit Ende des 19. Jh. wird das Wasser der Seen und Bäche in den Dünen zur Wasserversorgung genutzt. Und so sind die bis zu 30 m hohen Dünen heute sowohl Erholungsgebiet als auch lebenswichtiger Schutzwall gegen das Meer.

Streckenbeschreibung

Von Ihrem Parkplatz in der Nähe des Strands am Ortsrand von **Katwijk aan Zee** folgen Sie landeinwärts der Sportlaan, der sich anschließenden Parklaan und, nun in einem ausgedehnten Wohngebiet, der Boslaan. Dort, wo diese Straße nach links schwenkt, halten Sie sich rechts, biegen sofort wieder links ab in die Wohnstraße Prinses Beatrixlaan. In einem Linksknick der Straße halten Sie sich geradeaus auf einem Radweg (Rww. Wassenaar). Unmittelbar vor einer Brücke der Durchgangsstraße Katwijk–Leiden wenden Sie sich nach rechts (Rww. Wassenaar) und folgen einem Radweg neben der stark befahrenen Straße, die am Ortsrand von **Katwijk aan de Rijn** entlangführt.

Nachdem Sie die letzten Häuser von Katwijk aan de Rijn hinter sich gelassen haben, halten Sie sich an einem Kreisverkehr geradeaus, wenden sich an einem weiteren Kreisverkehr nach links in Richtung Wassenaar. An der folgenden Ampelkreuzung biegen Sie rechts ab auf die Allee Storm van 's-Gravesandeweg, fahren am Eingang der **Freizeitanlage Duinrell** vorbei und durch ein locker bebautes Villenviertel.

An einer Straßengabelung halten Sie sich rechts und erreichen auf der Jagerslaan die querlaufende Straße Groot Haesebroekseweg, von der Sie erst an dem für Radfahrer bestimmten Hinweisschild »Oversteekplaats – fietsers de Kieviet/Meijendel« rechts abbiegen. In der Wilhelminalaan und stets geradeaus steigen Sie durch das gepflegte Villenviertel Kieviet zum Stadtrand an.

Hier beginnt an einer Informationstafel ein Radweg, der leicht nach rechts in die mit lichtem Wald und Buschwerk bedeckten Dünen hineinführt. An einer Gabelung des

Der Westen

Radwegs folgen Sie nach rechts der Ausschilderung »Bezoekerscentrum« und erreichen ein für den Pkw-Verkehr gesperrtes Sträßchen. Zu Ihrer Linken befinden sich das in einem ehemaligen Gehöft eingerichtete **Besucherzentrum Meijendel** und eine Ausflugsgaststätte mit Gartenterrasse.

Nach rechts (Rww. Strand/Scheveningen) führt das Sträßchen auf die Küste zu und mündet in den querlaufenden Prinsenweg, einen Radweg, der Katwijk aan Zee mit Scheveningen verbindet. Sie folgen dem Radweg nach links durch die Dünen, passieren kurz vor dem Stadtrand von **Scheveningen** das Scheveninger Gefängnis sowie ein weitläufiges Wasserwerk mit altem Wasserturm, halten sich an einem Parkplatz nach rechts an das Sträßchen Harstenhoekweg und erreichen kurz darauf den Stadtrand.

Nach rechts entlang dem Stadtrand und durch die dritte rechts abzweigende Straße, die Alkmaarsestraat, erreichen Sie die breite, ca. 1 km lange Strandpromenade – eine sehr lebhafte Fußgängerzone, in der Fahrräder geschoben werden müssen! –, auf der Sie außer einem Kasino zahlreiche Cafés und Restaurants passieren.

Wenn Sie sich das Schieben Ihres Fahrrads ersparen möchten, biegen Sie vor Erreichen der Strandpromenade von der Straße Alkmaarseweg links ab und folgen der parallel zur Strandpromenade verlaufenden Straße Gevers Deynoot, die an der Vorderfront des Kasinos vorbeiführt. Am VVV-Büro wenden Sie sich nach rechts in die Straße Scheveningseslag und erreichen nach 1 km entlang dem Strand das **Hafenviertel**.

Der links abzweigenden Straße Vissershavenweg folgen Sie entlang dem ersten Ha-

Blickfang an der Strandpromenade in Scheveningen: das palastartige Kurhaus.

fenbecken, anschließend der Straße Schokkerweg und nach rechts der am zweiten Hafenbecken entlangführenden Straße Dr. Lely Kade.

Auf demselben Weg kehren Sie zum Stadtrand zurück, passieren wieder das Wasserwerk, dann die Abzweigung des Sträßchens zum Besucherzentrum Meijendel und fahren am Aussichtspunkt »Panneduin« und an zahlreichen Strandseen beiderseits des Radwegs vorbei. Der Zugang zu den meisten dieser Seen ist nicht erlaubt, da diese Dünenbereiche zum Vogelschutzgebiet erklärt wurden.

4 km nach dem Aussichtspunkt »Panneduin« halten Sie sich auf einem querlaufenden Radweg links (Rww. Strand) und biegen nach 50 m rechts ab (Rww. Katwijk a. Z.) zu einem Hotel/Café. Wenn Sie am Strand Wassenaarse Slag eine Badepause einlegen möchten, fahren Sie geradeaus weiter in Richtung Strand (hin und zurück knapp 2 km).

Nach mehreren Kilometern Fahrt durch die Dünen erreichen Sie einen Campingplatz, wenig später den Ortsrand von **Katwijk aan Zee**, wo Sie die Tour begonnen haben.

Nützliche Informationen

Ausgangsort: Katwijk aan Zee (Prov. Zuid-Holland), Badeort an der Westküste.
Anfahrt: A 44/N 44, Den Haag–Knotenpunkt Burgerveen (– Amsterdam), Ausfahrt 8 (Leiden); 4 km auf der N 206 nach Katwijk aan Zee; den Ausschilderungen »Centrum«, dann »VVV« folgen zum Ortsrand kurz vor dem Strand; Parkstreifen an der Straße Sportlaan bzw. Parklaan.
Etappen: Katwijk aan Zee – Wassenaar 9 km – Besucherzentrum Meijendel 7,5 km (16,5 km) – Scheveningen-Strand 6,5 km (23 km) – Scheveningen-Hafen 3 km (26 km) – Wassenaarse Slag 14 km (40 km) – Katwijk aan Zee 5 km (45 km).
Radmarkierung: »LF 1b« zwischen Scheveningen und Katwijk; ansonsten zahlreiche Radwegweiser.
Campingplatz: De Zuidduinen, Zuidduinse-

Mehrere Restaurants am Hafen von Scheveningen bieten Fischspezialitäten an.

Tour 13 · Im Wassersportgebiet Kaager Plassen – Braassemermeer 65

»Ringvaart« wird der Hauptkanal genannt, der vor der Trockenlegung um einen See herum angelegt wurde; hier der Ringvaart Haarlemmermeer.

weg 1, Tel. 071-401 47 50; südlich von Katwijk.
Einkehr unterwegs: In Katwijk aan Zee; Café am Ortsbeginn von Wassenaar; bei der Freizeitanlage Duinrell; am Besucherzentrum Meijendel; in Scheveningen u. a. Fischrestaurants am Hafen; Hotel-Café in den Dünen 5 km vor Katwijk aan Zee; Café am Strand Wassenaarse Slag (Abstecher 2 km hin und zurück).
Bademöglichkeiten: Strand von Katwijk aan Zee; Freizeitanlage Duinrell (Wassenaar); Strand von Scheveningen; mehrere Zugänge zum Strand zwischen Scheveningen und Katwijk aan Zee.
Sehens- und Wissenswertes: • *Duinrell*, Wasservergnügungspark in Wassenaar; geöffnet Ende März–Ende Okt. täglich 10–17 Uhr; hohe Eintrittsgebühr. • *Besucherzentrum Meijendel*, geöffnet täglich außer Fr. 10–16 Uhr, Nov.–März Sa. geschlossen. • *Sea Life Centre*, an der Promenade in Scheveningen, geöffnet Juli/Aug. täglich 10–21, Juni/Sept. 10–18 Uhr; Aquarium.
Fahrradverleih: M. Guyt, Drieplassenweg 1, Katwijk aan Zee, Tel. 071-401 34 94; unweit des VVV-Büros.
Auskunft: VVV, Vuurbaakplein 11, 2225 JB Katwijk, Tel. 071-407 54 44.
Karte: Provinciekaart 1:100 000, Zuid-Holland.

13 Im Wassersportgebiet Kaager Plassen – Braassemermeer

Sassenheim – Buitenkaag – Oude-Wetering – Roelofarendsveen – Leiden – Warmond – Sassenheim

> **Tourencharakter:** Landschaftlich reizvolle Rundtour durch ein Wassersportgebiet und die malerische Stadt Leiden; je zur Hälfte auf Radwegen und zumeist ruhigen Straßen.
> **Länge der Tour:**
> 40 km.

Eine ausgesprochene »Wassertour«, denn sie führt an den bei Wassersportlern beliebten Seen Kaager Plassen und Braassemermeer vorbei, entlang dem Kanal Ringvaart Haarlemmermeer, an dem einige Windmühlen stehen, entlang zahllosen schmalen und breiten Wassergräben, entlang den Grachten in **Leiden**.

»An den Wasserläufen«, das ist auch die eigentliche Bedeutung des Namens, und tatsächlich ist die Stadt durchzogen von Grachten, durchflossen von Oude (Alter) Rijn und Nieuwe Rijn, die hier zusammenkommen. Eine Bootsrundfahrt führt dann auch durch einige der ältesten und idyllischsten Grachten der Niederlande, wie die **Rapenburggracht**.

Hier stehen vornehme Patrizierhäuser aus dem 17./18. Jh. sowie das Hauptgebäude der **Universität**, die älteste in den Niederlanden (1575), in der auch der berühmteste Sohn der Stadt studierte, der Maler Rembrandt van Rijn (1606–1669). Hinter der Universität liegt, beinahe genauso alt und weltberühmt, der **Botanische Garten**, in dem die ersten Tulpen gezüchtet wurden. Die Gründung der Universität war ein Geschenk des Willem van Oranje an die Stadt, die sich 1574 fünf Monate lang den spanischen Belagerern erfolgreich widersetzt hatte. Im 17. Jh. wurde die Stadt zu einem Gelehrten- und Kulturzentrum sowie, durch den Handel mit Tuch, zu einer wohlhabenden Stadt. Die zu Geld gekommenen Kaufleute stifteten aus Wohltätigkeitsgründen sogenannte »Hofjes«, um einen Innenhof angelegte Wohnkomplexe. 35 solcher idyllischer Wohnhöfe, die heute von Studenten, alten oder kranken Menschen bewohnt werden, gibt es in Leiden.

Streckenbeschreibung

Aus der Ortsmitte von **Sassenheim** fahren Sie zur querlaufenden Durchgangsstraße Park Laan, wenden sich nach links und erreichen die Kreuzung mit der mehrspurigen N 208. Hier folgen Sie nach rechts (Rww. Kaag-Dorp, Amsterdam) in Richtung Autobahn der neben einem breiten Kanal verlaufenden N 208, unterqueren die Autobahn Amsterdam–Den Haag und halten sich nach links (Ww. Kaag-Dorp). Entlang der Autobahn überqueren Sie den Kanal Ringvaart van de Haarlemmermeerpolder und wenden sich gleich nach der Brücke scharf nach rechts hinunter zum Kanal. Entlang dem Kanal erreichen Sie das am Ufer des Sees **Kaager Plassen** gelegene Dorf **Buitenkaag**, von wo aus sich der an Wochenenden sehr rege Bootsverkehr beobachten läßt.

Sie folgen der ausgebauten, an Wochenenden stark befahrenen Landstraße entlang dem Kanal – im Polder sind mehrere Windmühlen zu sehen – und überqueren die Au-

Idyllische Straße in Roelofarendsveen, direkt am Ufer des Sees Braassemermeer.

Tour 13 · Im Wassersportgebiet Kaager Plassen – Braassemermeer   67

tobahn Amsterdam–Den Haag. Vorbei am Dorf Huigsloot und an einer stillgelegten Windmühle gelangen Sie am Ortsrand von **Weteringbrug** an die Kreuzung mit der Durchgangsstraße Aalsmeer–Leiden.

Sie wenden sich nach rechts und biegen nach 50 m am Ortsrand von **Oude-Wetering** links ab in die Bruggestraat (Rww. Leiden), die entlang dem Ortsrand und einem weiteren Kanal verläuft. Am Ufer des Sees **Braassemermeer** biegen Sie kurz nach einem Bootshafen links ab auf ein Sträßchen (Rww. Braassemer Meerroute), das in der Ortschaft **Roelofarendsveen** in die Hauptstraße einmündet.

Nach links verlassen Sie den Ort mit seinen zahlreichen Gärtnereien und gelangen entlang des Wijde Aa zu einer Windmühle. Hier knickt das auf dem Uferdamm verlaufende Sträßchen ab und führt auf den Grund des Polders hinunter. Nach 250 m biegen Sie links ab und folgen dem schnurgeraden Sträßchen zwischen Viehweiden zu einer querlaufenden Landstraße. Entlang einem Kanal und nach Unterquerung der Autobahn Amsterdam–Den Haag erreichen Sie den Ort **Rijpwetering**, in dem zahlreiche Hebebrücken den Zugang zu den am anderen Kanalufer stehenden Bauernhöfen und Wohnhäusern ermöglichen.

Kurz nach der Kirche überqueren Sie den Kanal, verlassen den Ort und fahren durch das kleine Dorf **Oud-Ade**. Sie passieren eine Bockmühle, wenig später die wenigen Häuser und die Ferienhausanlage von **Watertuin** und überqueren den Fluß Achtergatt Vaarsloot. Mit Blick auf den Stadtrand von Leiderdorp, einem mit Leiden zusammengewachsenen Ort, folgen Sie kurz vor einer Straßenbrücke nach rechts (Rww. Leiden) einer schmalen Straße, die am Stadtrand von **Leiden** in die Straße Zijldijk einmündet. Sie halten sich links entlang dem breiten Rijn-Schiekanaal of Vliet, der Leiderdorp von Leiden trennt, und gelangen nach 1 km zu einer Kreuzung, an der Sie sich nach rechts wenden (Rww. Centrum) und den Kanal überqueren.

Durch eine Vorstadt erreichen Sie die von einem Wasserlauf, Teil der einstigen Stadtbefestigung, umgebene malerische **Altstadt von Leiden**. Leicht nach links gelangen Sie entlang dem Kanal Oude Rijn in das Stadtzentrum, wo Oude Rijn und Nieuwe Rijn zusammenfließen. Sie wenden sich erneut nach links, folgen nach wenigen Metern, wiederum nach links, dem Nieuwe Rijn und biegen nach einigen hundert Metern rechts ab auf die Straße Steenschuur, die entlang einem Kanal verläuft und in die Straße **Rapenburg** übergeht.

Sie passieren die rechter Hand etwas

zurückgesetzte gotische **Pieterskerk** – ein Abstecher nach rechts bringt Sie auch zum Pesijnshofje (1620), Klooksteeg 21 – und, zu Ihrer Linken, die **Universität** mit dem **Botanischen Garten**. An der nächsten querlaufenden Straße befindet sich rechts das **Rijksmuseum van Oudheden**, linker Hand geht der Doelensteeg ab, wo sich in der Nr. 7 der Wohnhof Hoogeveenshofje (17. Jh.) befindet. Auf der Rapenburg geradeaus über den Turfmarkt und den sich anschließenden Beestenmarkt (Ablegestelle für Grachtenrundfahrten), vorbei am **Windmühlenmuseum De Valk** (Rww. Warmond), erreichen Sie die Straße Schuttersveld, die nahe dem Bahnhof in die Straße Schipholweg einmündet. Sie halten sich zunächst rechts, an der Kreuzung mit einer mehrspurigen Umgehungsstraße links (Rww. Warmond) und überqueren eine Straßen- und Kanalbrücke. Entlang der Bahnlinie Leiden–Haarlem führt ein Radweg aus der Stadt hinaus.

In **Warmond** wenden Sie sich an der ersten Straßenkreuzung nach rechts (Rww. Sassenheim) und fahren in der Sweilandstraat durch den Ort. Gegen Ortsende passieren Sie einige Villen und Herrenhäuser und überqueren die Bahnlinie Leiden–Sassenheim und die Autobahn Den Haag–Amsterdam. Kurz darauf folgen Sie nach rechts einer Durchgangsstraße nach **Sassenheim**, verlassen im Ort die Durchgangsstraße nach links (Rww. Centrum) und kehren durch das Ortszentrum zu Ihrem Ausgangspunkt zurück.

Nützliche Informationen

Ausgangsort: Sassenheim (Prov. Zuid-Holland), ruhige Kleinstadt ca. 27 km südwestlich von Amsterdam.
Anfahrt: A 44, Amsterdam–Den Haag, Ausfahrt 3 (Noordwijkerhout); 1 km auf der N 208 bis Sassenheim; Parkplätze am Rand des Ortszentrums. Leiden ist Bahnstation an den Linien Den Haag–Den Helder und Leiden–Utrecht; bei Anfahrt mit dem Zug Tourenbeginn in Leiden.
Etappen: Sassenheim – Buitenkaag 4 km – Oude-Wetering 6,5 km (10,5 km) – Roelofarendsveen 3 km (13,5 km) – Rijpwetering 5,5 km (19 km) – Oud-Ade 3 km (22 km) – Leiden 6 km (28 km) – Warmond 6 km (34 km) – Sassenheim 6 km (40 km).
Radmarkierung: Keine; zahlreiche Radwegweiser.
Campingplatz: De Braassem (*), Galgekade 2A, Roelofarendsveen, Tel. 01 72-44 49 32; östlich von Sassenheim.
Einkehr unterwegs: In Sassenheim, Buitenkaag; Café-Restaurant Hanepoel zwischen Buitenkaag und Weteringbrug; in Oude-Wetering, Roelofarendsveen, Rijpwetering, Leiden, Warmond.
Bademöglichkeiten: Subtropisches Schwimmbad Wasbeek in Sassenheim; in Oude-Wetering, Leiden, Warmond.
Sehens- und Wissenswertes: In Leiden:
• *Hortus Botanicus der Rijksuniversiteit*, Rapenburg 73, geöffnet April–Sept. Mo.–Sa. 9–17, So. ab 10 Uhr; Eintrittsgebühr; zählt zu den ältesten botanischen Gärten Europas.
• *Rijksmuseum van Oudheden/Het Koninklijk Penningkabinet*, Rapenburg 28, geöffnet Di.–Sa. 10–17, So. 12–17 Uhr; archäologisches Museum sowie Sammlung von Geldscheinen und Münzen. • *Molenmuseum De Valk*, Binnenvestgracht 1a, geöffnet Di.–Sa. 10–17, So. 13–17 Uhr; Windmühle (1743) mit Wohnräumen, schöner Ausblick. • *Grachtenrundfahrt in Leiden*, Beestenmarkt, Juni–Aug. täglich 11, 12, 13.30, 14.45, 16, 17 Uhr, April–Mai und Sept. 12, 14, 16 Uhr; Dauer 60 Min.
Fahrradverleih: Rijwielshop am Bahnhof von Leiden, Tel. 071-5 12 00 68.
Auskunft: VVV, Wilhelminalaan 25, 2171 CS Sassenheim, Tel. 02 52-21 91 00 (nur Prospektdienst)
Karte: Provinciekaart 1:100 000, Zuid-Holland.

Grachten, Brücken, Patrizierhäuser – sehr ansprechend ist das Stadtbild von Leiden.

14 Durch die Blumenfelder um Lisse

Noordwijk aan Zee – Noordwijkerhout – Lisse – Blumenpark Keukenhof – De Zilk – Noordwijk aan Zee

> **Tourencharakter:** Abwechslungsreiche Rundtour zwischen Blumenfeldern und durch Dünen; je zur Hälfte auf Radwegen und ruhigen Landstraßen; die letzten 8 km leichtes Auf und Ab in den Dünen; Zugänge zum Strand.
> **Länge der Tour:**
> 33 km.

»De Bollenstreek« wird die Gegend um Noordwijk genannt, das Gebiet der Blumenzwiebelzucht. Strahlend gelb, rot, orange und weiß die Tulpen, rosa und hellblau die Hyazinthen, knallgelb die Narzissen – über Kilometer hinweg reiht sich ein Blumenfeld an das andere. Ein wirkliches Schauspiel, leider nur von kurzer Dauer. Zwischen Mitte April und Anfang Mai blühen die Zwiebelgewächse auf den Feldern, zwischen Mitte März und Mitte Mai im Keukenhof. Ganzjährig informieren kann man sich über die Blumenzwiebelzucht im Museum voor de Bloembollenstreek in Lisse, dem Zentrum von »De Bollenstreek«.

Dort erfährt man, daß Tulpen im 16. Jh. von Mittelasien nach Holland eingeführt und hier gezüchtet wurden. Die exotischen Pflanzen waren alsbald in Aristokratenkreisen sehr beliebt. Eine wahre »Tulpen-Manie« brach aus, die Preise stiegen in schwindelnde Höhen, Tulpen wurden zu Spekulationsobjekten. Heute werden in den Niederlanden rund acht Milliarden Blumenzwiebeln jährlich produziert. Da die Züchter nur Interesse an den Zwiebeln haben, werden die farbenprächtigen Schönheiten ziemlich schnell nach dem Beginn der Blüte »geköpft«, so daß die Pflanze alle Nährstoffe zum Entwickeln einer möglichst dicken Zwiebel nutzen kann. Die Zwiebeln werden nach zwei bis drei Monaten ausgegraben, getrocknet, gereinigt und sortiert.

Um im Frühjahr die Farbenpracht für die Besucher etwas länger zu erhalten, wurde in den fünfziger Jahren bei Lisse eine Blumenausstellung angelegt. Im Keukenhof, ehemals eine gräfliche Parkanlage, in der auch Gemüse und Kräuter für die Küche (keuken) angebaut wurden, werden in verschiedenen Themengärten jährlich etwa sechs Millionen Zwiebelblumen gepflanzt und von rund 800 000 Besuchern bestaunt.

Streckenbeschreibung

Vom Parkplatz in **Noordwijk aan Zee** verlassen Sie auf der Straße Wantveld nach rechts den Ort, folgen der weiterführenden Straße Northgodreef entlang dem Ortsrand, halten sich an einem Kreisverkehr geradeaus und biegen nach mehreren hundert Metern links ab auf das Landsträßchen Westeinde. Vorbei an Gärtnereien und einem Campingplatz erreichen Sie die ersten farbenprächtigen Tulpenfelder und biegen an einem Kongreßzentrum rechts ab. Diese Straße führt zu einem Kreisverkehr, an dem Sie sich geradeaus halten (Rww. Sassenheim) und nun entlang der mehrspurigen Straße s'-Gravendamseweg die Durchgangsstraße Katwijk – Ardenhout unterqueren. Sie passieren den Ortsrand von **Noordwijkerhout** sowie weitere Tulpenfelder, überqueren den Kanal Haarlemmer Trekvaart und die Bahnlinie Leiden–Haarlem, ehe Sie an der nächsten Straßenkreuzung links abbiegen (Rww. Lisse).

Zwischen Tulpenfeldern folgen Sie der zeitweise stark befahrenen Landstraße in Richtung Keukenhof, biegen nach 1 km rechts ab auf das ruhige Sträßchen Speelmannweg und halten sich auf der Straße Akervoorderlaan links. Nach 500 m wenden Sie sich erneut nach links, überqueren einen Kanal und, kurz vor dem Stadtrand von Lisse, die Straße Spekkelaan. Hier folgen Sie nach rechts einer Unterführung der Durchgangsstraße Sassenheim – Hillegom.

Am Stadtrand von **Lisse** halten Sie sich wenige Meter nach rechts, fahren in der Straße Achterweg durch ein Wohngebiet und überqueren die Lindenlaan. Nach einem sanften Anstieg erreichen Sie am Rand des Stadtzentrums einen kleinen, von einigen Geschäften, Cafés und dem Museum voor de Bloembollenstreek gesäumten Platz.

Tour 14 · Durch die Blumenfelder um Lisse   71

Narzissen, Hyazinthen, Tulpen – die unterschiedlichsten Zwiebelgewächse blühen zwischen Mitte April und Anfang Mai zu Millionen in der Umgebung von Lisse.

Geradeaus fahren Sie durch die Straße Heereweg zur Haupteinkaufstraße Berkhoutlaan, folgen ihr nach links und überqueren die breite Straße Westerdreef. Die geradeaus durch ein Wohngebiet weiterführende Berkhoutlaan verlassen Sie in einer Rechtskurve der Straße nach links auf einem Radweg und stoßen auf eine Ampelkreuzung der Durchgangsstraße. Diese überqueren Sie nach links, passieren den ersten der Parkplätze des **Keukenhofs** und kurz darauf einen der Eingänge dieses weltberühmten Blumenparks. Die Straße verlassen Sie an der Westecke des Parks nach rechts auf der Landstraße Loosterweg-Noord und erreichen einen weiteren Parkeingang mit einem Fahrradabstellplatz.

Zwischen Tulpen- und Hyazinthenfeldern fahren Sie weiter, nach einigen Minuten gegen die Fahrtrichtung der hier zur Einbahnstraße erklärten Straße und auf die Kleinstadt Hillegom zu. Kurz vor Hillegom zweigt links in Richtung Vogelenzang die Straße 3e Loosterweg ab, führt an einer Häuserzeile vorbei und mündet in die Straße Hillegom – De Zilk ein.

Sie wenden sich nach links, überqueren zunächst einen Kanal und die Bahnlinie Leiden–Haarlem, wenig später den Kanal Haarlemmer Trekvaart und verlassen kurz nach dem Ortsschild von **De Zilk** auf dem ersten links abzweigenden Sträßchen, dem Zilkerbinnenweg, den Ort.

Zwischen Gewächshäusern und Tulpenfeldern führt das Sträßchen zum Ortsrand von **Ruigenhoek**, wo Sie der von Lisse herführenden Straße nach rechts durch den Ort folgen und nach Unterqueren der Durchgangsstraße N 206 die Auffahrt zur N 206 kreuzen.

Nach rechts führt ein Radweg (Rww. Langenvelderslag, Strand) durch ein Waldgebiet und kreuzt die Zufahrtsstraße zum Strand Langenvelderslag (Abstecher hin und zurück 3 km). Nachdem Sie eine weitere zum Strand führende Straße überquert haben, biegen Sie gegenüber einem Café rechts ab (Ausschilderung: Hollands Duin) auf einen Fuß- und Radweg, steigen in den Dünen leicht an und folgen nach wenigen hundert Metern einem links abzweigenden Radweg (Rww. Noordwijk a. Z.).

Ständig leicht ansteigend und wieder fallend führt der Weg durch die hier bewaldeten **Dünen** und mündet in einen querlaufenden Radweg, auf dem Sie sich rechts halten. Sie passieren einen Golfplatz, kreuzen dessen Zufahrt, dann einen Zugangsweg zu einem Kiosk am Strand und folgen einem rechts abzweigenden Radweg zu den ersten Häusern von **Noordwijk aan Zee**.

Nach links verlassen Sie auf der Straße Oranje die Dünen und kehren auf der Ihnen vom Beginn der Tour her bekannten Straße Wantveld zu Ihrem Ausgangspunkt zurück.

Nützliche Informationen

Ausgangsort: Noordwijk aan Zee (Prov. Zuid-Holland), bekanntes Seebad an der Westküste.
Anfahrt: A 44/N 44, Den Haag–Knotenpunkt Burgerveen (– Amsterdam), Ausfahrt 6 (Voorhout); 4 km bis Noordwijk und geradeaus durch die Stadt zum Strand; auf dem Koningin-Wihelmina-Boulevard nach rechts, an den Dünen zunächst kurz nach rechts, dann links abbiegen zu gebührenpflichtigem Parkplatz in der Straße Wantveld. Kein Bahnanschluß.
Etappen: Noordwijk aan Zee – Noordwijkerhout 4 km – Lisse 8 km (12 km) – Keukenhof 2 km (14 km) – De Zilk 4 km (18 km) – Ruigenhoek 3 km (21 km) – Noordwijk aan Zee 12 km (33 km).
Radmarkierung: Keine; zahlreiche Radwegweiser.
Jugendherberge: De Duinark, Langevelderlaan 45, Tel. 02 52-37 29 20; nördlich von Noordwijk.
Campingplatz: U. a. Jan de Wit (***), Kapelleboslaan, Tel. 02 52-37 24 85; Radverleih, Trekkerhütten; nördlich von Noordwijk.
Einkehr unterwegs: In Noordwijk aan Zee, Noordwijkerhout, Lisse, im Tulpenpark Keukenhof, in De Zilk, in Ruigenhoek; Café bei einer Jugendherberge zwischen Ruigenhoek und Noordwijk aan Zee; Strandkiosk 3 km vor Noordwijk.
Bademöglichkeiten: Sandstrand bei Noordwijk aan Zee; Hallenbad in Lisse; in den Dünen mehrere Zugänge zu den Stränden

nördlich von Noordwijk aan Zee (Abstecher hin und zurück zwischen 600 m und 1 km).
Sehens- und Wissenswertes: • *Museum voor de Bloembollenstreek*, am Marktplatz in Lisse; geöffnet täglich außer Mo. 13–17 Uhr. • *Keukenhof*, geöffnet 21.3.–22.5. täglich 8–19.30 Uhr, letzter Zugang 18 Uhr.

Fahrradverleih: Kees' Fietsshop, Van Speykstraat 8, Noordwijk aan Zee, Tel. 071-3620347; ganz in der Nähe des Parkplatzes gelegen.
Auskunft: VVV, de Grent 8, Postbus 1508, 2200 BE Noordwijk ZH, Tel. 071-3619321.
Karte: Provinciekaart 1:100000, Zuid-Holland.

Kurz nur ist das farbenprächtige Schauspiel der Tulpenblüte, dann werden die Blumenköpfe abgeschnitten, so daß die Zwiebeln sich besser entwickeln können.

74 Der Westen

15 Polderlandschaft südlich von Amsterdam

Abcoude – Stokkelaarsbrug – Waver – Nes aan de Amstel – Ouderkerk aan de Amstel – Voetangelbrug – Abcoude

 Tourencharakter: Beschauliche Rundtour entlang Flüssen in Polderlandschaft; vorwiegend auf ruhigen Landstraßen; nahezu durchgehend markiert.

Länge der Tour: 29 km.

Nur wenige Kilometer südlich des Zentrums von Amsterdam verläuft diese Tour. Doch von der Großstadt ist hier nichts zu spüren; sie ist nur ferne Kulisse für die ruhige Polderlandschaft mit den kleinen Dörfern, den gewundenen Flüßchen und den schmalen Dammstraßen, die einige Meter erhöht den Polder De Ronde Hoep umrunden. 2 m unterhalb des Meeresspiegels liegt die unbewohnte Polderfläche, die sich nach der Entwässerung absenkte. Noch weitere drei Meter tiefer liegt eine im Süden sich anschließende trockengelegte Fläche.

Streckenbeschreibung

Von Ihrem Parkplatz in der Nähe des Rathauses von **Abcoude** folgen Sie, vom Fluß Angstel her gesehen, der von der Hauptstraße in Richtung Autobahn links abzweigenden Straße Koppeldijk (Rww. Waver, Baambrugge), die am Ortsrand in die schmale, auf einem Damm verlaufende Landstraße Winkeldijk übergeht. Wenig später gabelt sich die Straße. Sie halten sich rechts (Radmarkierung: Fortenroute) entlang dem Flüßchen Winkel, unterqueren die Autobahn Amsterdam–Utrecht und folgen weiterhin der nach links führenden Straße Winkeldijk. Zwischen einzelnen Bauernhöfen und vorbei an einem Bootshafen gelangen Sie auf der den Windungen des Flusses Winkel angepaßten, auf einem Damm verlaufenden Landstraße zu den wenigen Höfen von **Stokkelaarsbrug**.

Auf einer Hebebrücke überqueren Sie den Fluß Waver – linker Hand ein Café – und wenden sich nach links. Die auf dem Deich des Polders De Ronde Hoep entlang dem Fluß Oude Waver verlaufende Straße führt durch den Weiler **Waver** hindurch und vorbei an dem am anderen Flußufer liegenden Dorf Gemaal (jetzt Radmarkierung »Amstelroute«). Kurz vor der Einmündung des Flusses in den breiten Fluß Amstel knickt die Straße rechts ab und führt zu einigen auf dieser Flußseite gelegenen Häusern des Dorfes **Nes aan de Amstel**. Der eigentliche Ort liegt am westlichen Flußufer und kann mangels einer Brücke nicht besucht werden.

Nach mehreren Kilometern entlang dem Fluß Amstel passieren Sie einen Bootshafen mit einer Werft, unterqueren die A9, Alkmaar–Utrecht, und gelangen wenig später zu den ersten Häusern der Kleinstadt **Ouderkerk aan de Amstel**, wo Sie sich nach rechts auf die querlaufende Straße Polderweg wenden.

Wer sich einen jahrhundertealten jüdisch-portugiesischen Friedhof ansehen möchte (Abstecher hin und zurück 300 m), folgt der Straße nach links und überquert den Fluß Bullewijk. Der unmittelbar am Fluß gelegene Friedhof ist von der Straße aus einzusehen.

Sie verlassen die Stadt, unterqueren wieder die Autobahn und folgen dem links abknickenden Sträßchen entlang der Autobahn zu einer entlang dem Fluß Bullewijk verlau-

Tour 15 · Polderlandschaft südlich von Amsterdam 75

Der lebhafte Bootsverkehr auf Kanälen und Flüssen erfordert bewegliche Brücken.

fenden Landstraße, auf der Sie nach rechts die wenigen Gehöfte von **Voetangelbrug** und ein Café-Restaurant erreichen. Hier halten Sie sich links (nicht der »Amstelroute« geradeaus folgen!) und gelangen auf dem Damm des Flusses Holendrecht und nach Unterqueren der A 2, Amsterdam–Utrecht, an das Ufer des Sees **Abcoudermeer**.

Kurz darauf erreichen Sie **Abcoude**, wenden sich in der Ortsmitte an der Kirche nach rechts in die Hoogstraat – wer im See Abcoudermeer baden möchte, wendet sich nach links, überquert einen Kanal und biegt gleich wieder links ab (Abstecher hin und zurück 1 km) – und gelangen über den Fluß Angstel an Ihren Ausgangspunkt beim Rathaus zurück.

Nützliche Informationen

Ausgangsort: Abcoude (Prov. Utrecht), hübsche Kleinstadt, 8 km südlich von Amsterdam.
Anfahrt: A 2, Amsterdam–Utrecht, Ausfahrt 3 (Abcoude); 0,5 km bis Abcoude; Parkmöglichkeiten in den Seitenstraßen beim Rathaus, noch vor der Hebebrücke über den Fluß Angstel. Station an der Bahnlinie Amsterdam CS–Utrecht.
Etappen: Abcoude – Stokkelaarsbrug 8 km – Waver 2 km (10 km) – Nes aan de Amstel 5 km (15 km) – Ouderkerk aan de Amstel 6 km (21 km) – Voetangelbrug 4 km (25 km) – Abcoude 4 km (29 km).
Radmarkierung: Zwischen Abcoude und Waver »Fortenroute«, zwischen Waver und Voetangelbrug »Amstelroute« (rote Schrift auf sechseckigem Täfelchen).
Campingplatz: Gaaspercamping (*), Loosdrechtdreef 7, Amsterdam Zuidoost, Tel. 020-6967326; A 9, Ausfahrt Gaasperplas.
Einkehrmöglichkeiten: In Abcoude; einfaches Café in Stokkelaarsbrug; in Ouderkerk, u. a. De Oude Smidse (Mo./Di. Ruhetag) mit Terrasse an der Hebebrücke; Café-Restaurant Voetangel mit Terrasse, seit 1632 Herberge.
Bademöglichkeit: Strandbad am See Abcoudermeer (Abstecher hin und zurück 1 km).
Fahrradverleih: Fa. Van der Schanz, Stationsstraat 5, Abcoude, Tel. 0294-281692; Di./So. geschlossen.
Auskunft: Kein VVV-Büro in Abcoude.
Karte: Provinciekaart 1:100 000, Utrecht.

16 Malerische Städtchen in Noord-Holland

Purmerend – Edam – Volendam – Marken – Monnickendam – Ilpendam – Purmerend

> **Tourencharakter:** Abwechslungsreiche Rundtour um den Polder De Purmerend und mit Fähre zum einstigen Fischerdorf Marken; überwiegend auf Radwegen; nahezu durchgehend markiert.
>
> **Länge der Tour:**
> 39 km.

»Echt holländisch«, das wäre die richtige Beschreibung dieser Tour, führt sie doch durch die Städtchen Edam, Volendam und Monnickendam, beinahe schon kitschig in ihrer Idylle, zum Fischerdorf Marken, über Deiche entlang der Küste und durch grüne Polderlandschaft.

Einer der ersten, der im 17. Jh. entwässert wurde, das ist der **Purmer-Polder**, auf dessen Deich die Radstrecke für einige Kilometer entlang dem Ringkanal verläuft. Dieser führte das Wasser eines Sees ab, der hier dadurch entstanden war, daß Torf bis weit unter den Grundwasserspiegel abgegraben worden war. Auf Initiative reicher Amsterdamer Kaufleute wurde dieser mit Hilfe von Windmühlen trockengelegt. Auf dem neugewonnenen Land, das 3–4 m unterhalb des Meeresspiegels liegt, wurde Getreide angebaut, das die Versorgung der Amsterdamer Bevölkerung sicherstellte und für die Kaufleute ein einträgliches Geschäft war, oder weideten Kühe, die Milchlieferanten für den in aller Welt bekannten **Edamer Käse**, von dem damals bereits 500000 Laibe jährlich verkauft wurden.

Von Fischen statt von Käse lebten die Bewohner von **Marken**, einem kleinen, idyllischen Inseldorf, dessen Häuser der zahlreichen schweren Überflutungen wegen auf Pfählen und Warften erbaut wurden. Und

Kleine Geschäfte mit farbigen Fronten – hier ein Friseurgeschäft in Purmerend – bestimmen häufig das Stadtbild.

Tour 16 · Malerische Städtchen in Noord-Holland 77

die Bewohner lebten nicht schlecht vom Fischfang, wie ein Blick in eines der Fischerhäuschen zeigt, die ungewöhnlich prachtvoll eingerichtet sind mit Bildern, Tellern, Prunkbetten. Die Eindeichung der Zuiderzee machte den Überschwemmungen, aber auch der Fischerei ein Ende.

Streckenbeschreibung

Vom Parkplatz am Bahnhof **Purmerend** gelangen Sie durch eine Unterführung am Bahnhofsgebäude zum Busbahnhof und halten sich geradeaus zur ersten Straßenkreuzung, an der Sie sich nach links in die Slenkstraat wenden. Sie überqueren die breite Waterlandlaan und halten sich in einer Grünanlage nach rechts, kreuzen die mehrspurige Goorslaan und erreichen auf einer Allee den Kanal Purmerringvaart, der den Polder De Purmer begrenzt.

Unmittelbar nach Überqueren des Kanals wenden Sie sich nach links (Radmarkierung: Gouwzeeroute) auf das auf dem Kanaldamm verlaufende, für den Pkw-Verkehr gesperrte Sträßchen Purmerdijk. Durch einen Grüngürtel zwischen modernen Wohngebieten erreichen Sie den Stadtrand, unterqueren die Durchgangsstraße Alkmaar – Edam und passieren den Ort **Kwadijk**.

In einem weitgeschwungenen Rechtsbogen führt das Dammsträßchen um den Polder mit einigen einzeln stehenden Bauernhöfen und zahllosen Viehweiden herum und am Industriegebiet von Edam vorbei. Auf einer querlaufenden Landstraße gelangen Sie nach links zur Durchgangsstraße Hoorn–Monnickendam.

Diese unterqueren Sie und folgen der Radmarkierung in das Zentrum des malerischen Städtchens **Edam**. Zwischen kleinen Giebelhäusern erreichen Sie durch die enge,

Bekannt ist Edam in erster Linie für seinen Käsemarkt, doch sehenswert sind auch die Grachten und historischen Gebäude.

gepflasterte Straße den Marktplatz mit kleinen Geschäften und Cafés, wenden sich nach rechts und überqueren einen ersten Kanal, wenig später einen zweiten. Nach links in der Straße Burgemeester Versteeghsingel, anschließend nach rechts durch die Broekgouwstraat – linker Hand eine Windmühle – verlassen Sie den älteren Ortsteil und folgen einem Radweg durch eine Wohnsiedlung zum Ortsrand von **Volendam**.

Zunächst fahren Sie durch ein Industrie- und Gewerbegebiet, anschließend auf einem Radweg durch ein modernes Wohngebiet und folgen schließlich der Straße auf dem Küstendeich in das recht malerische Hafenstädtchen, das von zahllosen Touristen besucht wird.

Gleich der erste Liegeplatz im Hafenbecken ist die Anlegestelle der Personenfähren nach Marken, einem Fischerdorf auf der gleichnamigen Insel bzw. mittlerweile Halbinsel, denn seit dem Jahr 1957 verbindet ein Damm die Insel mit dem Festland. Nach halbstündiger Fahrt erreichen Sie den kleinen Fischer- und Bootshafen, dessen Kai gesäumt ist von grün oder braun gestrichenen Holzhäuschen. In diesen ehemaligen Fischerhäuschen sind heute Geschäfte, Cafés und Restaurants eingerichtet.

Auf dem Kai wenden Sie sich nach links, biegen nach 50 m rechts ab (Ausschilderung u. a. Kerkbuurt Museum) und folgen nach dem Überqueren zweier Hebebrücken der links abzweigenden Westerstraat, die hineinführt in das wie ein Museumsdorf wirkende **Kerkbuurt**: dunkel gestrichene, mit weißen Giebelbalken versehene Holzhäuser, zwischen denen enge, gepflasterte Durchgänge verlaufen, Blumenkästen an den Fenstern, gelegentlich eine Bewohnerin in alter Tracht.

Geradeaus auf der Dorfstraße verlassen Sie den Ort und wenden sich wenig später, kurz vor einer modernen Wohnsiedlung, nach rechts. Ein Radweg entlang der Straße

Durch die Insellage blieb der ursprüngliche Charakter des Fischerdorfes Marken weitgehend erhalten.

Walandweg führt an der »Rückseite« von Kerkbuurt und Marken und in geringer Entfernung zu den zu Ihrer Linken leicht erhöht liegenden Ortschaften **Moeniswerf** und **Rozewerf** vorbei, an einem Parkplatz entlang und über den knapp 2 km langen Markersdijk zum Festland.

Bis Monnickendam, das schon aus großer Entfernung an seinem hohen Kirchturm leicht zu erkennen ist, verläuft ein Radweg auf dem Küstendeich (jetzt wieder Radmarkierung »Gouwzeeroute«) und vorbei an mehreren Strandseen. Am Rand eines Wohngebiets von **Monnickendam** wechseln Sie auf die andere Straßenseite hinüber (nun auch Radmarkierung »Zuiderzeeroute«) und passieren das hinter dem Küstendeich angelegte Freizeitgelände (mit Strandbad) Hemmeland. Kurz darauf erreichen Sie eine Straßenkreuzung, an der Sie sich nach rechts wenden und in das nette Stadtzentrum gelangen. Vorsicht bei der abrupt abfallenden Straßenkante: die mit Ziegeln gepflasterte Straße liegt einen halben Meter höher als der schmale Bürgersteig!

Zwischen hübschen Häusern mit Giebelwänden, die in unterschiedlichen Ziegelmustern gehalten sind, fahren Sie durch die Stadt, halten sich an der Kirche nach rechts in Richtung Purmerend und biegen am Ortsende links ab (Rww. Purmerend) auf ein für den Pkw-Verkehr gesperrtes Sträßchen. Wenig später überqueren Sie eine Hebebrücke, unterqueren die Durchgangsstraße Hoorn–Amsterdam und folgen einem schnurgeraden Radweg entlang dem flußartigen Strandsee Stinke Vuil in den Polder De Purmer hinein. Nach 3,5 km, die Straße knickt hier rechts ab, biegen Sie links ab auf eine schmale Landstraße, die zwischen Viehweiden und einzeln stehenden Bauernhöfen – die Häuser haben einen quadratischen Grundriß und ein auffälliges, in einer Spitze zusammenlaufendes Walmdach – in einigen Rechts- und Linksknicks nach **Ilpendam** führt.

Unmittelbar nach Überqueren des Kanals Purmerringvaart wenden Sie sich am Ortsrand nach rechts in das Sträßchen Molenpad, das nach einigen hundert Metern in einen Radweg übergeht. Entlang dem Kanal fahren Sie auf Purmerend zu, unterqueren am Stadtrand von Purmerend eine Straßenbrücke und biegen 50 m nach Überqueren einer Straße links ab (Rww. Station). Die Radwegweiser »Station« bzw. »Doorgaand verkeer« leiten Sie durch die Dovenlandsestraat, nach links durch die Veenweidestraat und schließlich nach rechts durch die Weteringstraat zum Busbahnhof, von wo Sie durch die Unterführung am Bahnhof zu Ihrem Ausgangspunkt zurückkehren.

Wo heute Rinder weiden, stand bis zum 17. Jh. Wasser, das dann über einen neu angelegten Ringkanal abfließen konnte.

Tour 16 · Malerische Städtchen in Noord-Holland 81

Nützliche Informationen

Ausgangsort: Purmerend (Prov. Noord-Holland), lebhafte Stadt nördlich von Amsterdam.
Anfahrt: A 7, Zaanstad–Hoorn, Ausfahrt 5 (Purmerend); Parkplatz am Bahnhof Purmerend (Infotafel am Stadtrand studieren, da die Anfahrt zum Bahnhof recht umständlich ist!). Station an der Bahnlinie Amsterdam – Enkhuizen.
Etappen: Purmerend (Bhf.) – Kwadijk 4,5 km – Edam 5 km (9,5 km) – Volendam (Hafen) 5 km (14,5 km) – Fähre nach Marken 30 Min. – Monnickendam 10,5 km (25 km) – Ilpendam 8 km (33 km) – Purmerend (Bhf.) 6 km (39 km).
Radmarkierung: »Gouwzeeroute« (grüne Schrift auf sechseckigem Täfelchen); auf der Halbinsel Marken nur Radwegweiser; vor Monnickendam kurzzeitig auch »Zuiderzeeroute«.
Campingplatz: Strandbad, Zeevangszeedijk 7a, Tel. 02 99-37 19 94; in Edam am IJsselmeer.
Einkehr unterwegs: Zahlreiche Cafés und Restaurants in Purmerend, Edam, Volendam, Marken und Monnickendam.
Bademöglichkeiten: Freibad in Volendam; Strandbad in Monnickendam.
Sehens- und Wissenswertes: • *Käsemarkt in Edam*, jeweils mittwochs im Juli/Aug. 10–12.30 Uhr. • *Marken-Express;* Fähre Volendam – Marken, Mitte März–

Mitte Okt. 10–17.30 Uhr alle 30–45 Min.; Dauer 30 Min. • *Marker Museum* in Marken, Kerkbuurt 44–47, geöffnet Ostern–1. Nov. Mo.–Sa. 10–16.30, So. 12–16.30 Uhr: untergebracht in vier einstigen Räucherhäusern, eines eingerichtet als Fischerhaus um 1930.
Fahrradverleih: Rijwielstalling, Purmerend, Tel. 02 99-43 14 02, Mo.–Fr. 9–20.30 , Sa. 9–18.30 Uhr, nach der Unterführung am Bahnhof.
Auskunft: VVV, Kerkstraat 9, Postbus 111, 1440 AC Purmerend, Tel. 02 99-42 53 65.
Karte: Provinciekaart 1:100 000, Noord-Holland.
Variante: Länge 35 km. Wer nicht mit der Fähre zur Halbinsel Marken mit dem gleichnamigen Fischerdorf übersetzen möchte, hält sich in Volendam am Hafen geradeaus und folgt am Ortsrand der links abzweigenden Straße, die entlang der Küste nach Monnickendam führt. Kurz vor Monnickendam folgen Sie der Durchgangsstraße Hoorn–Amsterdam 500 m weit nach links und biegen unweit des Ortsrands rechts ab auf diejenige Straße, die in den Polder De Purmer hineinführt. Zur Fortsetzung der Tour siehe obige Streckenbeschreibung.

17 Zwischen den Hafenstädten Medemblik und Hoorn

Hoorn – Wognum – Nibbixwoud – Hauwert – Medemblik – Twisk – Sijbekarspel – Wognum – Hoorn

 Tourencharakter: Abwechslungsreiche Rundtour durch hübsche Dörfer und entlang dem IJsselmeer zum Hafenort Medemblik; überwiegend auf zumeist ruhigen Landstraßen.
Länge der Tour: 43 km.

Zwei Hafenstädte unterschiedlichen Charakters verbindet diese Tour: Hoorn, eine lebhafte Stadt mit 60 000 Einwohnern und historischer Altstadt, und Medemblik, ein ruhiges Kleinstädtchen, in dessen Hafenanlagen vor allem moderne Jachten und Segelboote liegen. Doch beide haben eines gemein: ihre beste Zeit hatten sie im 17. Jh., im sogenannten Goldenen Zeitalter, als die **Ostindische Handelskompanie** die größte Handelsgesellschaft der Welt war.

Schöne Giebelfronten, ein interessantes Museum, ein malerisches Hafenviertel – Hoorn ist einen Besuch wert.

Tour 17 · Zwischen den Hafenstädten Medemblik und Hoorn 83

Mehrere Kaufleute hatten sich zusammengeschlossen, um Gewürze aus Asien zu holen. Mehr als 100 Schiffe waren unterwegs, Tausende von Menschen fanden hier Arbeit. Zuerst brachten die Schiffe Gewürze, später Textilien, Kaffee und Tee nach Europa, in die Niederlassungen der Kompanie in Enkhuizen, Middelburg, Delft, Rotterdam, Amsterdam und Hoorn.

Im Hafenviertel von **Hoorn**, einer der großen Seefahrerstädte der Niederlande, stehen noch die Kontore der verschiedenen Handelskompanien, die Packhäuser und Käselager in der Bierkade, die Kaufmannshäuser mit Stufengiebeln in der Veermanskade. Hier steht auch das Geburtshaus von Kapitän Bontekoe, der seine sieben Jahre dauernde Reise nach Indien in einem Journal beschrieb, das im Jahr 1646 erschien und ihn zu einem berühmten Seehelden machte. Wer mehr über diese Zeit erfahren möchte, sollte sich das Westfries Museum in Hoorn ansehen.

Streckenbeschreibung

Vom Parkplatz am Sportgelände De Blauwe Berg in **Hoorn** folgen Sie der Wohnstraße Keern nach links 2 km weit bis in eine Rechtskurve der Straße, wo Sie geradeaus auf einem Rad- und Fußweg weiterfahren, eine Autobahnauffahrt unterqueren und entlang der A7, Zaanstad–Sneek, auf eine querlaufende Straße stoßen. Sie unterqueren die Autobahn, wenden sich an der nächsten Kreuzung in **Wognum** nach rechts und verlassen diese Wohnstraße nach 1 km auf einer rechts abzweigenden Straße. Über die Autobahn und über die Gleise einer Museumsbahn, die zwischen Medemblik und Hoorn verkehrt, gelangen Sie nach **Wijzend**.

Zwischen je einer lockeren Häuserzeile beiderseits der kurvenreichen Straße fahren Sie durch den Ort und folgen in **Nibbixwoud** zunächst der querlaufenden Straße Ganker nach rechts, ehe Sie an der Kirche links abbiegen in Richtung Hauwert.

Vorbei an Gärtnereien erreichen Sie das hübsche Straßendorf **Hauwert**, in dem reetgedeckte Bauern- und Wohnhäuser mit üppigen Gärten das Bild bestimmen. An der Kirche biegen Sie links ab in Richtung Oostwoud und verlassen diese Landstraße nach 1,5 km auf dem rechts abzweigenden Sträßchen Pukweg (Ausschilderung: Egboetswater). Dieses knickt nach Überqueren eines Kanals rechts ab, und wenig später folgen Sie am Rand eines Wäldchens einem Fuß- und Radweg nach rechts entlang dem Kanal **Egboetswater**.

Der Weg knickt links ab, führt weiterhin am Egboetswater entlang und um einen verschilften See herum. Nach einigen hundert Metern halten Sie sich links und überqueren einen Kanal. Der Radweg geht in ein Sträßchen über, das in eine querlaufende Straße einmündet, auf der Sie sich links halten, von der Sie aber kurz darauf wieder rechts abbiegen auf die schmale Landstraße Spijkerboor. Das schnurgerade Sträßchen mündet in eine Straße ein, der Sie nach rechts folgen, eine Straßenkreuzung überqueren und, an einer Ferienhaussiedlung

vorbei – hier nicht der Radmarkierung nach rechts folgen! –, auf den Küstendeich stoßen.

Sie überqueren die auf dem Deich verlaufende Straße – hier besteht in einem vom IJsselmeer abgetrennten Bereich die Möglichkeit zu baden – und folgen nach links einem Radweg (kurzzeitig Radmarkierung »Zuiderzeeroute«), der an der alten Pumpstation »Vier Noorder Koggen« vorübergeführt, in der ein Dampfmaschinenmuseum eingerichtet wurde. Entlang dem Ortsrand von **Medemblik** gelangen Sie, vorbei an einer weiteren Bademöglichkeit, zur Wasserburg **Radboud**, im 13. Jh. erbaut, um die Hafeneinfahrt zu schützen, und auch heute noch imposant, obwohl nur noch ein Viertel der Anlage erhalten ist.

Sie fahren um die Wasserburg herum, entlang dem Hafenbecken und nach rechts in das **Ortszentrum von Medemblik**. Durch die breite Nieuwstraat mit einigen älteren Giebelhäusern fahren Sie direkt auf das Rathaus zu. Links neben dem Rathaus steht der alte Bahnhof (VVV-Büro), in dem die Fahrkarten für die Museumsbahn nach Hoorn erhältlich sind (s. Variante).

Am Bahnhof vorbei folgen Sie der Straße Oude Haven, passieren eine Windmühle und halten sich an einem Kreisverkehr leicht links in Richtung Enkhuizen/Hoorn. Nach einer Hebebrücke wenden Sie sich nach links (Ausschilderung: Kasteel Radboud), überqueren einen Kanal und die Gleise der Museumsbahn. Durch ein Industriegebiet, entlang dem Ortsrand und schließlich an einer Kreuzung nach rechts in Richtung Enkhuizen/Opperdoes verlassen Sie Medemblik und folgen an einer weiteren Kreuzung am Ortsrand der Straße Almereweg geradeaus in Richtung Twisk. Die schnurgerade Landstraße mündet in eine von Opperdoes herführende Straße ein, auf der Sie nach links **Twisk** erreichen.

Am Ortsbeginn kreuzen Sie erneut die Gleise der Museumsbahn und fahren nun entlang einem schmalen Kanal 3 km weit durch das malerische, aus zwei Häuserzeilen und gepflegten Gärten bestehende Straßendorf, in dem zahlreiche Häuser auffallen, deren Walmdächer teils mit Ziegeln, teils mit Reet gedeckt sind.

Wenige Minuten nach Verlassen des Dorfes überqueren Sie die A7, Zaanstad–Sneek, und folgen nach links einem Radweg (Rww. Hoorn), der entlang der Autobahn verläuft, an den ersten Häusern von Sijbekarspel vorbeiführt und nach 1 km eine Straße unterquert. Weiter entlang der Autobahn erreichen Sie **Wognum**, passieren die Abzweigung derjenigen Straße, auf der Sie zu Beginn der Tour die Autobahn überquerten, und kehren auf demselben Weg, auf dem Sie von Hoorn hierher gelangten, an Ihren Ausgangspunkt zurück.

Wenn Sie sich noch die **Altstadt von Hoorn** ansehen möchten, folgen Sie der verkehrsreichen Straße Keern geradeaus, überqueren eine Ampelkreuzung, dann die Bahnlinie Hoorn–Amsterdam und wenden sich, wo diese Straße rechts abknickt, nach links. Nach wenigen Metern biegen Sie rechts ab in die Straße Veemarkt und befinden sich nun in der Altstadt. Nach der Rundfahrt durch die Altstadt kehren Sie auf demselben Weg zurück zu Ihrem Ausgangspunkt.

Nützliche Informationen

Ausgangsort: Hoorn (Prov. Noord-Holland), Hafenstadt am Markermeer.
Anfahrt: A7, Amsterdam–Sneek, Ausfahrt 8 (Hoorn); 1 km bis Hoorn, an der ersten Ampelkreuzung links abbiegen in die Straße Keern; nach 200 m erneut links zum Parkplatz an den Sportanlagen De Blauwe Berg. Station an der Bahnlinie Amsterdam–Enkhuizen.
Etappen: Hoorn – Wognum 4 km – Nibbixwoud 3,5 km (7,5 km) – Hauwert 2 km (9,5 km) – Egboetswater 5 km (14,5 km) – Medemblik 8 km (22,5 km) – Twisk 7 km

In strategisch günstiger Lage, an der Einfahrt in die einstige Zuiderzee, wurde im 13. Jh. die Burg Radboud errichtet.

(29,5 km) – Wognum 9 km (38,5 km) – Hoorn 4,5 km (43 km).
Radmarkierung: »Kromme Leekroute« (rote Schrift auf sechseckigem Täfelchen) von Hoorn bis kurz vor Medemblik; vor Medemblik kurzzeitig »Zuiderzeeroute«; von Medemblik bis Hoorn nur wenige Radwegweiser.
Jugendherberge: De Toorts, Schellinkhouterdijk 1a, Tel. 02 29-21 42 56; östlich von Hoorn.
Campingplatz: 't Venhop (*), Venneweg 2, Berkhout, Tel. 02 29-55 13 71; südwestlich von Hoorn.
Einkehr unterwegs: In Hoorn, Wognum, Nibbixwoud, Hauwert, Medemblik und Twisk.
Bademöglichkeiten: An der Küste vor Medemblik Erholungsgebiet Vooroever; Schwimmbad »De Vredehof« in Hoorn.
Sehens- und Wissenswertes: • *Vier Noorder Koggen Stoommachine Museum* in Medemblik, geöffnet Juni–Okt. Mo.–Sa. 10–17, So. 12–17 Uhr, Juni/Sept./Okt. Mo./Di. geschlossen. • *Burg Radboud* in Medemblik, geöffnet Mitte Mai–Mitte Sept. täglich 10–17, sonst So. 14–17 Uhr. • *Bakkerijmuseum* in Medemblik, geöffnet April–Okt. täglich 12–17 Uhr. • *Westfries Museum* in Hoorn, Roode Steen 1, geöffnet Mo.–Fr. 11–17, Sa./So. 14–17 Uhr. • *Dampfzug Medemblik – Hoorn*, April–Okt. 2–4mal täglich, letzter Zug gegen 16 Uhr; Dauer 1 Std; 1885 erbaut als Regionalbahn, heute Museumsbahn mit Restaurantwagen.
Fahrradverleih: Ruiter Rijwielshop, Stationsplein 1, Hoorn, Tel. 02 29-21 70 96.
Auskunft: VVV, Veemarkt 4, 1621 JC Hoorn, Tel. 06 34-03 10 55.
Karte: Provinciekaart 1:100 000, Noord-Holland.
Variante: Länge 23 km. Von Hoorn bis Medemblik siehe obige Streckenbeschreibung. Von Medemblik mit einer Museumsbahn (beschränkte Kapazitäten für Fahrräder!) zurück nach Hoorn. Vom Bahnhof Hoorn nach rechts zur stark befahrenen Straße Keern und ihr nach rechts folgen über die Bahnlinie Hoorn–Amsterdam, über die mehrspurige Straße Provincialeweg und wenig später nach links zurück zu Ihrem Ausgangspunkt.

18 Enkhuizen – historische Stadt am IJsselmeer

Enkhuizen – Tersluis – Venhuizen – Hem – Hoogkarspel – Freizeitgelände Streekbos – Enkhuizen

Tourencharakter: Markierte Rundtour am Ufer des Markermeer und durch Dörfer im Landesinneren, vorbei am Freizeitgelände Streekbos und am Freilichtmuseum in Enkhuizen; überwiegend auf ruhigen Landstraßen.
Länge der Tour: 39 km.

IJsselmeer heißt die Wasserfläche heute, Zuiderzee hieß sie bis in die dreißiger Jahre; bis dahin eine Meeresbucht mit Salzwasser und großem Fischreichtum, heute der größte Binnensee der Niederlande, vom Meer durch einen 30 km langen Deich abgetrennt. Aus Salzwasser wurde Süßwasser, Fischarten verschwanden, Heringen und Anchovis, die in die Zuiderzee gekommen waren, um zu laichen, war nun der Zugang versperrt. Für die Bewohner der Fischerdörfer veränderte sich das Leben. Nicht nur die Fischer hatten nun wesentlich weniger Arbeit, mußten sich deshalb um neue Berufe kümmern, sondern auch all diejenigen, die mit der Fischerei zu tun hatten: Böttcher, Korbmacher, Segelmacher, Betreiber von Schiffswerften und Räuchereien. Eine ganze Kultur schien verlorenzugehen. Bis die Idee geboren wurde, die typischen Fischerhäuser, Kleinbetriebe, Mühlen, Fischerboote und vieles mehr in einem Museumsdorf zu sammeln. Das Ergebnis ist das faszinierende Zuiderzee Museum in **Enkhuizen**, einer einst bedeutenden Hafenstadt, im 17. Jh. durch den Heringsfang und als Standort der Ostindischen Handelskompanie reich geworden, heute größter Heimathafen für traditionelle Segelschiffe.

Sowohl für die Einwohner der Stadt als auch für alle übrigen Anwohner hatte die Eindeichung der Zuiderzee einen gewaltigen Vorteil: die ständige Gefahr von Überflutungen war gestoppt. Noch im Januar 1916 wa-

Tour 18 · Enkhuizen – historische Stadt am IJsselmeer

ren nach tagelangen heftigen Stürmen die **Deiche** gebrochen, waren Teile Noord-Hollands unter Wasser gesetzt worden. Denn trotz des geringen Unterschieds zwischen Ebbe und Flut – 130 cm im nördlichen, 30 cm im südlichen Teil der Zuiderzee – gaben die Deiche immer wieder nach. Ständige Verbesserungen über die Jahrhunderte hatten nicht geholfen, weder die Befestigung durch Steine statt, wie bis zum 18. Jh. üblich, mit Holzpfählen noch die Entlastung der Deiche durch das Anlegen neuer Straßen hinter statt, wie bis zur Jahrhundertwende üblich, auf den Deichen. Heute sind diese alten Sträßchen, einst die wichtigsten Verbindungswege zwischen den Dörfern, beliebte Radstrecken, wie z. B. südlich von Enkhuizen, wo man auf dem Omringdijk fährt. Dieser wurde bereits im 12. Jh. nach schweren Sturmfluten entlang der Küste angelegt.

Streckenbeschreibung

Vom Parkplatz am Busbahnhof in **Enkhuizen** kehren Sie zurück in Richtung Buitenhaven, biegen aber noch vor dem Bahnhofsgebäude scharf links ab in die Parklaan. Den Markierungen »Drechterlandroute« folgen Sie durch ein hübsches Wohnviertel, stoßen auf die in die Altstadt hineinführende Straße Westeinde und verlassen auf ihr nach links, vorbei am ehemaligen **Stadttor Koepoort**, die Stadt.

Wenig später folgen Sie der Durchgangsstraße N 302, Hoorn–Lelystad, und halten sich, wo die Durchgangsstraße links abknickt, geradeaus in Richtung Hoorn. Entlang einem Gewerbegebiet, anschließend auf dem **Uferdamm am Markermeer**, einem durch den Markerwaardijk vom IJsselmeer abgetrennten Teil der einstigen Meeresbucht, erreichen Sie eine Pumpstation. Die Radroute knickt links ab und passiert den Dorfrand von **Oostergouw**, dann den Weiler **Tersluis.** Nach 2,5 km verläßt sie den Damm auf einer Landstraße in Richtung Venhuizen.

Zwischen Gärtnereien, Wiesen und Feldern erreichen Sie den Ortsrand von **Venhuizen**, wo Sie sich nach links wenden und kurz darauf die Ortschaft **Hem** erreichen, die auf einer niederen natürlichen Erhebung liegt. An der Kirche halten Sie sich rechts und folgen, streckenweise auf Alleen, den Radmarkierungen zur Verbindungsstraße zwischen Hoorn und Enkhuizen.

Aus den Fischerdörfern rund um die einstige Zuiderzee wurden typische Häuser, Mühlen und Boote in das Zuiderzee-Museum in Enkhuizen gebracht.

Parallel zur ausgebauten Straße führt nach rechts die alte Straße in Richtung Hoogkarspel. Nach 2 km wenden Sie sich an einer Ampelkreuzung nach links und erreichen auf einem Radweg entlang der schnurgeraden Straße den Ort **Hoogkarspel**, ebenfalls auf einer natürlichen Erhebung erbaut.

Die Route führt durch das Dorf hindurch, überquert die Durchgangsstraße Hoorn–Enkhuizen, passiert einige Gärtnereien und mündet in die nach Wervershoof führende Straße. Hier wenden Sie sich nach rechts, überqueren erneut die Durchgangsstraße Hoorn–Enkhuizen und folgen nun nach links einem Radweg, der etwa 4 km weit parallel zur Durchgangsstraße verläuft, durch einen Kanal und einen breiten Grünstreifen von der Straße getrennt. Vorbei an zwei Ortsteilen von **Stede Broec** erreichen Sie die nach Bovenkarspel, ebenfalls Ortsteil von Stede Broec, abzweigende Straße.

Hier überqueren Sie die Durchgangsstraße ein drittes Mal und gelangen zum **Freizeitgelände Streekbos** mit Badesee, Café-Kiosk und Spielplatz – auf dem Gelände ist das Radfahren nicht gestattet!

Etwa 150 m nach der Zufahrt biegen Sie rechts ab auf einen Radweg, der durch ein kleines Waldgebiet verläuft, einen Kanal überquert und in ein Wohngebiet von **Enkhuizen** führt. Dort leiten die Markierungen Sie zu der von Hoorn kommenden Durchgangsstraße.

Nach links fahren Sie auf die **Altstadt von Enkhuizen** zu, halten sich an einer Ampelkreuzung geradeaus und biegen nach 250 m rechts ab auf einen Fuß- und Radweg, der den einst zur Befestigungsanlage gehörenden Wassergraben überquert und auf den Befestigungswall hinaufführt. Am Friedhof kreuzen Sie die Straße Noorderweg und folgen nach 50 m einem links abzweigenden Fuß- und Radweg, der auf einem alten Deich entlang dem Freizeitareal Enkhuizer Zand durch eine Parkanlage führt und Sie zum Eingang des **Zuiderzeemuseums** bringt.

Tour 18 · Enkhuizen – historische Stadt am IJsselmeer

Enkhuizen, im 16./17. Jh. reichste Handelsstadt an der Zuiderzee, ist heute Heimathafen zahlreicher traditioneller Segelschiffe.

Sie biegen nach 100 m an dem im einstigen Pfefferhaus der Ostindischen Handelskompagnie untergebrachten **Binnenmuseum** – hier sind die Eintrittskarten für das Zuiderzeemuseum erhältlich – rechts ab in die Compagniestraat und überqueren den Ooster Haven. Rechts der Straße steht das einstige Gefängnis, erbaut Anfang des 17. Jh., das nächste Gebäude ist das Ende des 17. Jh. errichtete Rathaus. Nach weiteren 50 m wenden Sie sich an einem Kanal nach links, biegen am **»Flessenscheepjesmuseum«**, einem Buddelschiff-Museum, rechts ab und sehen **Drommedaris** vor sich, einen Turm aus der Mitte des 16. Jh., der die Einfahrt des Oude Haven schützte. Durch eine Passage in diesem Gebäude erreichen Sie den **Buitenhaven**, folgen der Straße entlang des Hafenbeckens zum Bahnhof und kehren zu Ihrem Ausgangspunkt zurück.

Nützliche Informationen

Ausgangsort: Enkhuizen (Prov. Noord-Holland), historische Hafenstadt am IJsselmeer.

Anfahrt: A 7, Amsterdam–Sneek, Ausfahrt 9 (Hoorn-Noord); 18 km auf der N 302 nach Enkhuizen; Parkplatz hinter dem Bahnhof beim Busbahnhof. Endstation der Bahnlinie Amsterdam–Enkhuizen.

Etappen: Enkhuizen – Venhuizen 12,5 km – Hem 1 km (13,5 km) – Hoogkarspel 7,5 km (21 km) – Freizeitanlage Streekbos 11 km (32 km) – Enkhuizen (Parkplatz) 7 km (39 km).

Radmarkierung: »Drechterlandroute« (rote Schrift auf sechseckigem Täfelchen).

Campingplatz: Enkhuizer Zand (***), Kooizanderweg 4, Tel. 02 28-31 72 89; nördlich des Stadtzentrums von Enkhuizen am IJsselmeer.

Einkehr unterwegs: Broekerhaven, Hem, Venhuizen; Kiosk in der Freizeitanlage Streekbos. In Enkhuizen Cafés in beiden Museen sowie mehrere Lokale in der Stadt.

Bademöglichkeit: Am Meer südlich von Enkhuizen; Naturbad in der Freizeitanlage Streekbos nördlich von Enkhuizen; subtropisches Schwimmparadies Enkhuizer Zand.

Sehens- und Wissenswertes: • *Zuiderzeemuseum*, besteht aus Freilichtmuseum

(Buitenmuseum) und Binnenmuseum; Freilichtmuseum geöffnet Anfang April– Ende Okt., Binnenmuseum täglich 10–17 Uhr; Eintrittskarten nur im Binnenmuseum im Haus Peperzolder erhältlich. Eintrittskarte berechtigt zum Besuch beider Museen.
• *Buddelschiffmuseum*, geöffnet täglich Okt.–Mai 10–18, Juni/Sept. 10–20, Juli/Aug. 10–21 Uhr; umfangreichste Buddelschiffsammlung der Welt in Gebäude aus dem 17. Jh. • *Sprookjeswonderland*, Märchenpark im Erholungsgebiet Enkhuizer Zand, geöffnet täglich 10–17.30 Uhr.
Fahrradverleih: Fietshandel Dekker, Nieuwstraat 2–6, Enkhuizen, Tel. 02 28-31 29 61.
Auskunft: VVV, Tussen Twee Havens 1, 1601 AD Enkhuizen, Tel. 02 28-31 31 64.
Karte: Provinciekaart 1:100 000, Noord-Holland.

19 Durch die Dünen bei Alkmaar

Bergen – Alkmaar – Noord-Hollands Duinreservaat – Bergen aan Zee – Schoorl – Bergen

> **Tourencharakter:** Kurzweilige Rundtour durch die historische Altstadt von Alkmaar, die Badeorte Bergen aan Zee und Schoorl sowie durch Dünenlandschaft; vorwiegend auf Radwegen, ansonsten auf ruhigen Landstraßen; mehrere leichte Anstiege in den Dünen.
> **Länge der Tour:** 36 km.

Selbst wer nicht viel weiß über die Niederlande, der kennt den Namen **Alkmaar**, kennt die Bilder der Käseträger, die mit bunten Strohhüten und hölzernen Tragen zwischen Bergen gelben Käses hin und her rennen vor der Kulisse der alten Stadtwaage. Hier werden in den zwei Stunden, die dieses Spektakel dauert, rund 20 000 kg Käse geprüft, verkauft, gewogen und in die Autos der Käsehändler verfrachtet. Vor rund 350 Jahren schon fand dieser Markt hier statt, der heute in dieser Form doch eher ein Zugeständnis an die Touristen ist, die auch tatsächlich zu Tausenden den Markt besuchen. Wer diese Massen fürchtet, kann dem zur selben Zeit stattfindenden Orgelkonzert in der Laurentiuskirche (15./16. Jh.) lauschen, die bekannt ist für zwei der ältesten Orgeln der Niederlande, den unweit vom Käsemarkt ebenfalls am Freitagmorgen stattfindenden Fischmarkt besuchen oder die Windmühle Molen van Piet besichtigen, die jeden Freitag in Betrieb gesetzt wird. Immer, nicht nur freitags, kann man sich mit einem Kahn durch die Grachten schippern lassen, sich über die Herstellung des Käses im Käsemuseum informieren, sich vom Interieur im Stadhuis (16. Jh.) beeindrucken lassen und bei einem der 80 verschiedenen Biere, die im Nationaal Biermuseum ausgeschenkt werden, wieder erholen vom Spaziergang durch die engen Gassen mit den Grachten, Zugbrücken und hübschen Hausfassaden.

Streckenbeschreibung

Von Ihrem Parkplatz am Stadtrand von **Bergen** kehren Sie zurück auf der Straße Meerweg, auf der Sie zuvor zu diesem Parkplatz gelangten, passieren die Einmündung der Straße Nesdijk – rechter Hand eine Windmühle – und wenden sich an der nächsten Kreuzung nach links auf das Sträßchen Groeneweg, das nach gut 2 km in die Straße Alkmaar–Bergen einmündet. Sie folgen einem Radweg nach rechts entlang der Straße, überqueren an der nächsten Ampel die Straße und gelangen nun in **Alkmaar** mit Hilfe der Radwegweiser »Centrum« zunächst unter der Durchgangsstraße N9 hindurch, dann weiter durch die Stadt an den zur einstigen Stadtbefestigung gehörenden Wassergraben Singelgracht.

Geradeaus fahren Sie in die **Altstadt**, wenden sich nach 100 m an der St.-Laurentius-Kirche nach links. Auf der ersten rechts abzweigenden Straße, der Straße Gedempte Nieuwesloot, passieren Sie den Hof van Sonoy, einst Sitz des Gouverneurs des Prinzen von Oranien, und erreichen durch die enge Gasse Magdalenenstraat (Fußgängerzone) den Waagplein (Kaasmarkt). Nach rechts

Tour 19 · Durch die Dünen bei Alkmaar **91**

Bei Touristen sehr beliebt: eine Grachtenfahrt durch Alkmaar.

Alkmaar – bekannt für seinen Käsemarkt.

entlang einem Kanal und geradeaus durch die Sträßchen Mient, Huig-Brouwerstraat und Hofstraat gelangen Sie an einen weiteren Kanal, folgen nach Überqueren des Kanals nach rechts der Oude Gracht, dann nach links der Straße Ritsevoort und gleich darauf wieder nach rechts der engen Vrouwenstraat. Über den ehemaligen Festungsgraben Singelgracht und geradeaus auf der breiten Nassaulaan erreichen Sie den Nassauplein mit einer Grünanlage.

Von nun an folgen Sie den Radwegweisern »Egmond« bzw. »Bergen« in mehreren Links- und Rechtsknicks und auf einem Fuß- und Radweg unter der Bahnlinie Alkmaar–Amsterdam hindurch zur stärker befahrenen Terborchlaan, auf der Sie nach rechts die Stadt verlassen.

Kurz nach Unterqueren der Umgehungsstraße N9 biegen Sie am Parkplatz eines Sportgeländes links ab, überqueren gleich darauf nach rechts einen Kanal und folgen wenig später nach rechts einem kurvenreichen Dammsträßchen. Nach mehreren Kilometern stoßen Sie auf die Straße Alkmaar–Egmond aan de Hoef, halten sich kurzzeitig nach links in Richtung Egmond und biegen rechts ab auf eine schmale Landstraße. Zwischen Viehweiden, vereinzelten Tulpenfeldern und vorbei an einer Windmühle stoßen Sie auf die Straße Bergen–Egmond aan de Hoef, die am Rand des Noord-Hollands Duinreservaat verläuft, eines Naturschutzgebiets, das sich auf 40 km Länge die Küste entlangzieht.

Sie wenden sich nach rechts und biegen schräg gegenüber dem Restaurant **Gasterij 't Woud** links ab auf einen Fahrweg, passieren einen Parkplatz mit einem Automaten für die Eintrittsgebühr in das Naturschutzgebiet und gelangen auf einem Fuß- und Radweg durch die teilweise bewaldeten Dünen nach **Bergen aan Zee**, einen recht dörflich wirkenden Badeort, der einzige an der holländischen Küste, der sich nicht aus einem Fischerdorf entwickelte, sondern als Badeort geplant angelegt wurde.

Am Ortsbeginn halten Sie sich links, passieren am Strandboulevard ein Aquarium und biegen an einem Kreisverkehr rechts ab. Leicht bergab fahren Sie durch die Ortsmitte, an der Kirche vorbei und nach links (Rww. Bergen) zum Naturfreundehaus »Het Zeehuis« am Ortsrand. Nach rechts (Rww. Bergen, Schoorl) verlassen Sie den Ort und folgen dem teilweise gepflasterten, teilweise befestigten Radweg erneut durch die hier großteils bewaldeten Dünen. An einer Weggabelung halten Sie sich links (Rww. Schoorl), lassen eine weitere Linksabzweigung unbeachtet und folgen wenig später dem links abzweigenden Sträßchen Julianalaan (Rww. Schoorl) zu dem **Ausflugslokal »Berenkuil«**. Die nach Schoorl führende Straße steigt zunächst leicht an, fällt dann zum Ortsrand von **Schoorl** ab. Ein Abstecher nach links bringt Sie zum **Besucherzentrum »Het Zandspoor«** (hin und zurück 500 m).

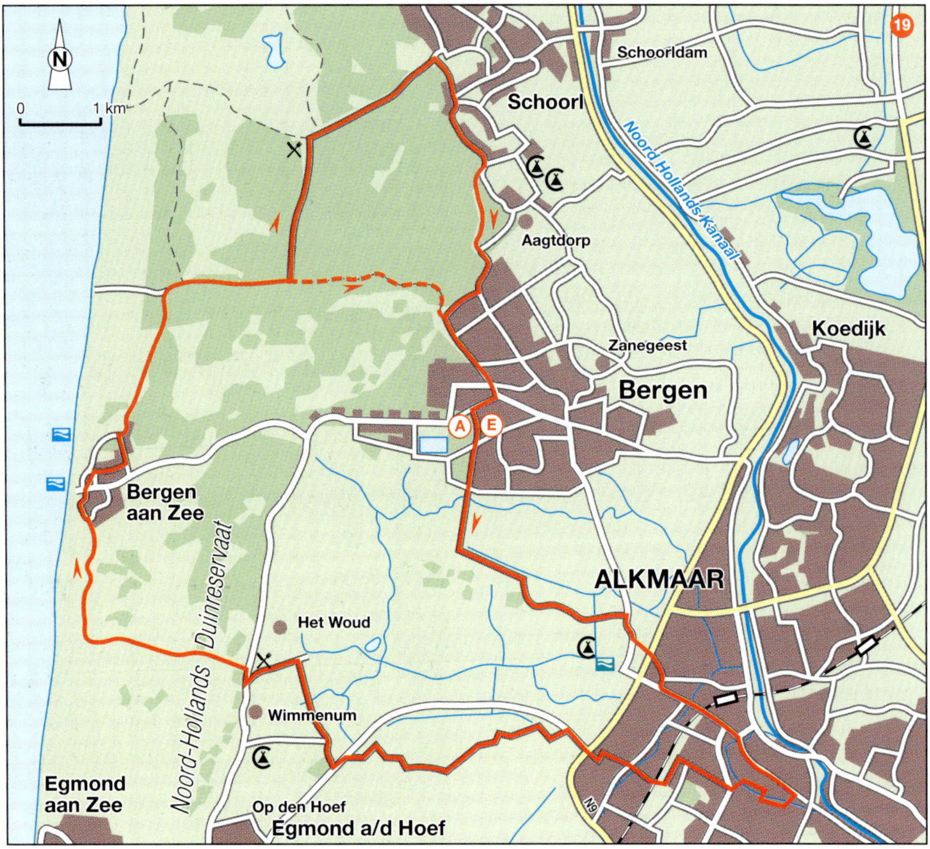

Tour 19 · Durch die Dünen bei Alkmaar **93**

Für den Autoverkehr gesperrt ist das Naturschutzgebiet Noord-Hollands Duinreservaat, das sich auf 40 km Länge an der Küste entlangzieht.

Sie folgen der Straße, die zunächst am Ortsrand des Touristenorts Schoorl verläuft, dann als Hauptstraße durch das Ortszentrum führt. Geradeaus fahren Sie weiter entlang den bewaldeten Dünen und biegen nach 1 km rechts ab auf das schmale Waldsträßchen Postweg, das an einigen am Waldrand stehenden Häusern des Dorfes **Aagtdorp** vorbeiführt und wieder in die nach Bergen führende Straße einmündet. Ein Radweg an der Straße bringt Sie zum Ortsbeginn von **Bergen**, wo Sie der rechts abzweigenden Straße Duinweg entlang dem Waldrand folgen.

Die Straße knickt links ab und führt, jetzt als Breelaan, mitten hinein in das Stadtzentrum. Sie halten sich geradeaus und biegen unmittelbar nach der Kirche rechts ab in die Raadhuisstraat (Rww. Alkmaar). Die aus der Stadt hinausführende Hoflaan verlassen Sie nach 300 m auf Höhe des in einem Palais eingerichteten **Museums Kranenburgh** auf der links abzweigenden Straße, der Maasdammerlaan, und kehren zu Ihrem Ausgangspunkt zurück.

Nützliche Informationen

Ausgangsort: Bergen (Prov. Noord-Holland), beliebter Touristenort am Rand des Noord-Hollands Duinreservaat; nordwestlich von Alkmaar.
Anfahrt: Auf der A 9 zum Stadtrand von Alkmaar; von der N 9 (westliche Stadtumgehung) in Richtung Den Helder nach 4,5 km links abbiegen in Richtung Bergen; am Stadtrand von Bergen links abbiegen auf die Straße Nesdijk, nach 1,5 km am Waldrand nach rechts und auf der Straße Meerweg 500 m weit zu einem kleinen Parkplatz an einer Straßenkreuzung. Bahnlinie Den Haag–Den Helder bis Alkmaar; Tour dann in Alkmaar beginnen.
Etappen: Bergen – Alkmaar 6 km – Noord-Hollands Duinreservaat 10 km (16 km) – Bergen aan Zee 4 km (20 km) – Ausflugslokal Berenkuil 7,5 km (27,5 km) – Schoorl 3 km (30,5 km) – Bergen (Ausgangspunkt) 5,5 km (36 km).
Radmarkierung: Keine; nur bei Bergen aan Zee kurzzeitig »LF 1b«; außer in Alkmaar ist

die Orientierung problemlos, da immer wieder Radwegweiser.
Campingplatz: Koningshof (***), Duinweg 99, Tel. 072-5091510; zwischen Bergen und Schoorl.
Einkehr unterwegs: In Bergen, in Alkmaar; Café/Restaurant Gasterij 't Woud mit Sandboden und nostalgischer Einrichtung, Gartenwirtschaft, geöffnet Mi.–So.; am Zugang zum Dünenreservat; Berenkuil, Kiosk mit Gartenwirtschaft in den Dünen; in Bergen aan Zee und in Schoorl; Pannekoekenhuis kurz vor Bergen.
Bademöglichkeit: Strand von Bergen aan Zee.
Sehens- und Wissenswertes: • *Kinderspielpark Batavier*, geöffnet 1.5.–31.8. täglich 10–18 Uhr, April/Sept. nur Mi./Sa./So.; am Ortsrand von Alkmaar. • *Käsemuseum* in Alkmaar, Waagplein 2, geöffnet April–Okt. Mo.–Sa. 10–16, Fr. ab 9 Uhr. • *Käsemarkt* in Alkmaar, Mitte April–Mitte Sept. Fr. 10–12 Uhr, auf dem Waagplein. • *Grachtenrundfahrt* in Alkmaar, Abfahrtsstelle Mient, in der Nähe der Stadtwaage, Dauer 45 Min., Abfahrten an den Käsemarkt-Freitagen ab 9.30 Uhr alle 20 Min; sonst täglich ab 11 Uhr jede volle Stunde, April/Sept./Okt. nicht an So. • *Windmühle Molen van Piet* in Alkmaar, Ritsevoort, geöffnet April–Sept. Fr. 10–18 Uhr.
• *Stadhuis* in Alkmaar, Langestraat, geöffnet Mo.–Fr. 9–12 und 14–16 Uhr. • *Nationaal Biermuseum* in Alkmaar, Houttil 1, geöffnet April–Sept. Di.–Sa. 10–16, So. 13–16, Okt.–März Do.–So. 13–17 Uhr. • *Zee Aquarium* in Bergen aan Zee, geöffnet April–Okt. täglich 10–18, Okt.–April 11–17 Uhr. • *Besucherzentrum Het Zandspoor* in Schoorl, geöffnet Juli/Aug. Di.–Do. 9–17, sonst 9–12 und 13–17, Sa./So. immer 10–17 Uhr; Ausstellung zu den Schoorlse Dünen. • *Museum Kranenburgh* in Bergen, Hoflaan 26, geöffnet Di.–So. 13–17 Uhr; Gemäldegalerie in Herrenhaus (19. Jh.).
Fahrradverleih: Radladen Busker, Kerkstraat 1, Bergen, Tel. 072-5895196; unweit des VVV-Büros.
Auskunft: VVV, Plein 1, 1861 JX Bergen, Tel. 072-5812124.
Karte: Provinciekaart 1:100000, Noord-Holland.

20 Die Watteninsel Texel

Fähranlegestelle 't Horntje – Oudeschild – De Waal – Informationszentrum Ecomare – Den Hoorn – 't Horntje

> **Tourencharakter:** Abwechslungsreiche Rundtour um den Südteil der Insel Texel, durch Wald und Dünen sowie reizvolle Orte mit kleinen Museen; je zur Hälfte auf Radwegen und ruhigen Landstraßen.
> **Länge der Tour:** 42 km.

Wer glaubt, auf der **Watteninsel Texel** nur Sand und Dünen, nur eintönige Landschaft vorzufinden, der täuscht sich. Denn außer einem 25 km langen Strand- und Dünengürtel entlang der Westküste gibt es auch Heideflächen, ausgedehnte Wälder, die angelegt wurden, um die Sandverwehung zu stoppen, von üppig bewachsenen Wällen eingefaßte Weiden, auf denen Schafe grasen, dazwischen Gehöfte und Schafställe, Felder, auf denen Blumenzwiebeln gezüchtet werden, Polder und Naturschutzgebiete, wo zahlreiche Vogelarten brüten.

Gründe dieser Vielfalt sind die unterschiedliche Bodenschichtung und die lange Besiedlung. Seit einigen tausend Jahren schon leben Menschen hier, trotz ständiger Überflutungen, gegen die sie sich zunächst nur dadurch zu schützen wußten, daß sie sich auf wenige Meter hohen eiszeitlichen Lehmhügeln niederließen. Hier entstanden dann auch die Dörfer Den Burg, De Waal, Den Hoorn und Oosterend. Erst um das Jahr 1300 begannen die Inselbewohner, Deiche zu bauen, um das niedrig gelegene Land zu schützen. Heute zieht sich ein mehr als 7 m hoher Deich die Ostküste entlang, an der Westküste hingegen bilden die Dünen einen natürlichen Schutzwall. Matten und Anpflanzungen von Strandhafer sollen helfen, die Dünen zu festigen, doch immer wieder verschwinden bei heftigen Nordweststürmen ganze Dünenabschnitte im Meer. Buhnen werden gebaut, Sand wird vom Meeresboden gesogen und auf den Strand gespült; dennoch brechen im Norden Dünen weg, wird dafür Sand im Süden der Insel angelagert, wo diese ständig wächst.

Streckenbeschreibung

Von der Fähranlegestelle folgen Sie nach rechts der Straße in Richtung 't Horntje, halten sich kurz darauf an einer Straßengabelung vor einem Windrad links und fahren auf der nun schmalen Straße um die wenigen in den Dünen stehenden Häuser von **'t Horntje** herum. Das entlang dem Küstendeich verlaufende Sträßchen führt an einzelnen Bauernhöfen vorbei, die von dichten Baumreihen vor dem ständigem Wind geschützt werden, und mündet in ein Sträßchen ein, dem Sie nach rechts folgen. Nach 500 m passieren Sie die Wälle des **Fort De Schans**, im Jahr 1574 als eine Festung in einer ganzen Reihe von Festungen erbaut, die die niederländischen Seerouten schützen sollten.

Hier folgen Sie nicht weiter der Radmarkierung nach links zum Aussichtspunkt Hoge Berg, sondern fahren entlang dem Deich nach **Oudeschild** mit dem Maritim-Museum und einem lebhaften Hafen.

Am Kai entlang und an einem Jachthafen vorbei folgen Sie einem auf dem Deich verlaufenden Weg und passieren einige Windräder sowie das Schöpfwerk Dijkmanshuizen. An einem winzigen Sandstrand zu Beginn des Dünen- und Strandseegebiets **Zandkes** biegen Sie links ab auf die schmale, kurvenreiche Straße Dijkmanshuizen und erreichen eine Straßengabelung, an der Sie sich nach rechts wenden. An einer zweiten Gabelung halten Sie sich links, fahren an den wenigen Gehöften von **Spang** vorbei und folgen, wiederum nach links, dem Sträßchen Spangerweg, das schließlich in die Durchgangsstraße Den Burg – Oosterend einmündet. Ein Radweg an der Straße bringt Sie nach links zu einer Straßenkreuzung, von wo eine Pflasterstraße in das hübsche Dorf **De Waal** hineinführt.

An einem Museum vor der Kirche wenden Sie sich nach links und stoßen wieder auf die Durchgangsstraße. Nach rechts folgen Sie dem Radweg wenige hundert Meter weit, ehe Sie, 50 m nach einer rechts abzweigenden Straße, rechts abbiegen auf einen Radweg (Rww. De Koog), der nun auf einem niederen Damm verläuft und nacheinander drei Straßen kreuzt. Auf der querlaufenden Straße Oude Dijk wenden Sie sich nach links, folgen nach 1 km am Rand des Badeorts **De Koog** erneut nach links der zwischen hohen Buchenhecken verlaufenden Straße Mienterglop und stoßen auf die Durchgangsstraße 't Horntje–De Koog. Nach rechts fahren Sie auf De Koog zu, biegen nach 300 m links ab und passieren das Erlebnisbad Calluna, kurz darauf einen speziell auf Kinder ausgerichteten Ponyhof.

Wenn Sie den äußerst beliebten Badeort **De Koog** mit seinem breiten Sandstrand besuchen möchten, fahren Sie entlang der Durchgangsstraße weiter in die Ortsmitte und kehren anschließend hierher zurück.

Sie verlassen diese Straße nach rechts, fahren durch eine im Wald angelegte Ferienhaussiedlung, auf der Pflasterstraße Pelikaanweg nach rechts und stoßen auf eine von De Koog herführende Straße. Nach links verläuft die Straße entlang den hier bewaldeten Dünen, führt am **Informationszentrum Ecomare** vorbei – von hier aus ist ein Abstecher zum Strand möglich (hin und zurück 2 km) – und gabelt sich.

Sie halten sich rechts und folgen nun im

Neben dem Tourismus ist die Schafzucht der wichtigste Wirtschaftszweig auf der Insel Texel.

Der Westen

Wald der Radmarkierung sowohl auf einem Radweg als auch auf der Straße, passieren eine Grillstelle und, am Waldrand, ein Hotel mit Café. Entlang dem Waldrand, streckenweise gegen die Fahrtrichtung einer Einbahnstraße, erreichen Sie ein querlaufendes Sträßchen, halten sich links und fahren wenig später entlang den Dünen auf das an seinem Kirchturm schon von weitem erkennbare Dorf **Den Hoorn** zu. Am Ortsschild biegen Sie links ab auf die schmale Straße Lagewegje und gelangen, an der am Ortsrand stehenden Kirche vorbei, in das Dorf.

Auf der gepflasterten Dorfstraße fahren Sie zwischen hübschen Häuschen durch die Dorfmitte, wenden sich nach links in die Straße Naalrand und verlassen auf dem Sträßchen Mokweg den Ort. Zwischen vereinzelten Bauernhöfen stoßen Sie wieder auf eine ausgedehnte Dünenlandschaft, die sich am Südzipfel der Insel gebildet hat, und folgen der breiteren Straße Molwerk nach links. Zunächst entlang den Dünen, dann entlang einem Deich, hinter dem sich die flache Bucht Mokbaai erstreckt, und auf der Straße Watermolenweg nach rechts erreichen Sie schließlich die Durchgangsstraße, neben der Sie zur Fähranlegestelle zurückkehren.

Im Hafen des kleinen Städtchens Oudeschild liegt die Fischfangflotte von Texel vor Anker.

Der Westen

Nützliche Informationen

Ausgangsort: Fährhafen 't Horntje auf Texel (Prov. Noord-Holland).
Anfahrt: A 9, Amsterdam–Alkmaar, anschließend N 9, Alkmaar–Den Helder. Wenn auf Texel nur eine Radtour geplant ist, empfiehlt es sich wegen der Kosten für die Überfahrt, den Pkw auf dem Parkplatz an der Anlegestelle der Fähre in Den Helder abzustellen. Fähre Den Helder – Texel täglich 6.35–21.35 Uhr alle 60 Min., Dauer 20 Min.
Etappen: Fähranlegestelle 't Horntje – Oudeschild 7,5 km – De Waal 8 km (15,5 km) – Ecomare 12 km (27,5 km) – Den Hoorn 9,5 km (37 km) – 't Horntje 5 km (42 km).
Radmarkierung: »Thijsseroute« (grüne Schrift auf sechseckigem Täfelchen).
Jugendherberge: Panorama, Schansweg 7, Tel. 02 22-31 54 41; zwischen Oudeschild und Den Burg.
Campingplatz: Loodsmansduin (***), Rommelpot 19, Den Hoorn, Tel. 02 22-31 92 03.
Einkehr unterwegs: In Oudeschild Restaurants, Fischimbiß; in De Waal Hotel-Cafés; Restaurant im Ecomare, Hotel Bos en Duin am Waldrand zwischen Ecomare und Den Hoorn; in Den Hoorn.
Bademöglichkeit: An Westküste breiter Sand- und Dünenstreifen; beim Ecomare Abstecher möglich (hin und zurück 2 km); Zwemparadijs Calluna, Spaßbad am Ortsrand von De Koog.
Sehens- und Wissenswertes: • *Maritiem en Juttersmuseum* in Oudeschild, geöffnet 1.4.–31.10. Mo.–Sa. 9–17 Uhr, in den übrigen Monaten Mo. geschlossen; Museum für Seewesen und Strandräuberei; auf Mühlengelände. • *Agrarisch en Wagenmuseum* in De Waal, geöffnet Ostern–Ende Okt. Mo. 13–17, Di.–Fr. 10–17, Sa. 10–16, So. 14–16 Uhr; Landwirtschaftsmuseum mit arbeitender Schmiede. • *Informationszentrum Ecomare*, geöffnet täglich 9–17 Uhr; Ausstellung zur Natur von Texel, Seehund- und Vogelaufzuchtstation, Dünenpark mit Wanderwegen.
Fahrradverleih: Heijne, Pontweg 2, Tel. 02 22-31 95 88; am Fährhafen 't Horntje auf Texel.
Auskunft: VVV, Emmalaan 66, 1791 AV Den Burg, Tel. 02 22-31 47 41.
Karte: Provinciekaart 1:100 000, Noord-Holland.

Gehöfte, Heckenreihen, Schafweiden, Heideflächen – abwechslungsreich ist die Landschaft auf Texel, der größten der niederländischen Watteninseln.

Die Mitte

Maas, Waal, Lek, Kromme Rijn, Oude Rijn, Nederrijn, IJssel, Merwedekanaal, Amsterdam-Rijn-Kanaal – ungeordnet und unübersichtlich erscheint das Gewirr an Flüssen, an Rheinarmen, an künstlichen Wasserstraßen bei einem Blick auf die Landkarte. Denn hier in den zentral gelegenen Provinzen **Utrecht**, **Overijssel** und **Gelderland** suchen sich die aus Mitteleuropa kommenden Ströme Maas und Waal, wie der Rhein ab der deutsch-holländischen Grenze genannt wird, ihren Weg zur Westküste. Parallel zueinander fließen Maas, Waal und dessen Abzweigungen Nederrijn/Lek entlang den etwas höher gelegenen Regionen von Noord-Brabant und Utrecht, bilden ein riesiges Flußgebiet, das durch weitere Flußabzweigungen, die in Richtung Norden abfließenden IJssel und Vecht, mit dem IJsselmeer verbunden ist.

Verständlich wird angesichts dieses weitverzweigten Systems, daß Flüsse die wichtigsten Verbindungswege waren, daß die ersten Siedler sich auf den erhöhten Flußufern niederließen, die durch Ablagerungen von Sand und Klei bei den ständigen Frühjahrsüberflutungen entstanden waren, daß an wichtigen Flußübergängen sich die ersten städtischen Siedlungen entwickelten. **Nijmegen** am Waal und Utrecht, am Kromme Rijn gelegen, sind die ältesten Städte des Landes, beide erwachsen aus Siedlungen der Römer, die die Grenze ihres Reiches bis zum Kromme Rijn/Oude Rijn vorgeschoben hatten, damals der Hauptarm des Rijn. An einer Furt errichteten sie ein Kastell, bauten später die Franken eine erste kleine Kirche, wurde bereits um 690 eine erste Domkirche errichtet, steht heute die älteste gotische Kirche des Landes, der Dom zu Utrecht. Zu Recht also wird die **Provinz Utrecht** als »historisches Herz« der Niederlande bezeichnet, denn schon zu Römerzeiten spielte sie eine wichtige Rolle, war sie bereits relativ dicht besiedelt.

Daran hat sich bis heute nichts geändert. In der kleinsten Provinz des Landes leben 700 Einwohner pro Quadratkilometer, ist der Wohnungspreis so hoch wie nirgendwo in Holland, zerschneiden Schnellstraßen, Eisenbahnlinien, Kanäle, Hochspannungsleitungen das Land. Reizvolle Landschaften, die sich zum **Radfahren** eignen, finden sich dennoch in dieser Provinz, die als »Spiegel der Niederlande« gilt, da hier alle Landschaftsformen vertreten sind: Heidefelder und Wälder, wie das Waldgebiet Vuursche (Tour 22), Obstgärten, angelegt auf dem früher überschwemmten Boden, der sich bestens für den Obstanbau eignet, in Betuwe und in der Gegend um Doorn (Tour 23), Weidegebiete, Seen und Flußtäler, u.a. das liebliche Vechttal, in dem hübsche Landsitze stehen (Tour 21).

Einen ganz anderen Charakter hat das **IJsseltal**, das die Provinz **Gelderland** in zwei Regionen teilt. Breit und ausgeufert ist das Bett des einst mächtigen Stroms. Versandung sowie menschliche Eingriffe reduzierten die abfließenden Wassermassen und damit auch seine einstige Bedeutung. Über Jahrhunderte war der Fluß im Mittelalter diejenige Wasserstraße, auf der Güter aus Mitteleuropa ihren Weg nach Norden fanden. In den **Hansestädten** am Fluß wurden die Waren gelagert, umgeschlagen. Noch heute ist in den Städten Kampen, Deventer, Zutphen (Tour 28) und Hattem (Tour 29) der einstige Reichtum nicht zu übersehen.

Auffallend wenige Siedlungen haben sich im Gegensatz dazu in den Regionen entwickelt, die östlich und westlich an das Tal grenzen. Denn hier ziehen sich bis zu 80 m hohe Hügelrücken entlang, entstanden vor ca. 150 000 Jahren, als von Norden her Gletschermassen im IJsseltal nach Süden flossen, dabei auf beiden Seiten des Tals Kies- und Sandablagerungen zusammenschoben.

Zuviel Sand, das war der Grund dafür, daß im **Veluwe-Hügelland** westlich des Flusses IJssel frühe Siedlungen um das Jahr 1000 wieder verschwanden. Sand, bloßgelegt durch Überweidung, durch Abbrennen der Heidefelder und dadurch dem Wind ausgesetzt, türmte sich auf zu Dünen, begrub ganze Dörfer unter sich. Neue wurden deshalb an den Rändern des Hügelgebiets angelegt, wo die Menschen sich sicherer fühlten. Aus einem solchen Heidedorf entwickelte sich **Apeldoorn**, heute die größte Stadt der Provinz Gelderland, eine grüne Gartenstadt und seit Jahrhunderten die Sommerresidenz des Hauses von Oranien. Denn erholen kann man sich im landschaftlich reizvollen Gebiet Veluwe, das wissen nicht nur die Einwohner der Städte Apeldoorn und **Arnhem** (Tour 25) zu schätzen. Zahlreiche Besucher zieht es jährlich hierher in das zum Nationalpark erklärte Gebiet, wo seit Ende des letzten Jahrhunderts aufgeforstet wird, wo Wälder, Sanddünen und Heideflächen eine abwechslungsreiche Mischung ergeben (Tour 24).

Ganz anders sieht es östlich des Flusses aus, in **Achterhoek**, der hinteren Ecke, wie dieser Teil der Provinz Gelderland genannt wird. Wer sich auf den Weg hierher macht, findet eine der ältesten Kulturlandschaften der Niederlande vor: keine größeren Städte, kaum Fernstraßen, statt dessen alte Gehöfte, gewundene Sträßchen, Wälder, Weiden und Landgüter inmitten prächtiger Parkanlagen (Touren 26 und 27). Erhalten werden soll diese Landschaft, trotz effektiven Ackerbaus, das versuchen wenigstens Umweltschützer und Bauern zu realisieren, denn der Tourismus ist inzwischen zu einem wichtigen Faktor geworden. Von Touristen in Massen kann jedoch nicht die Rede sein, hierher finden nur diejenigen den Weg, die Ruhe suchen, sich an Details erfreuen, an kleinen Dorfcafés, an schönen Gehöften, an dem hier noch üblichen Gruß des Einheimischen.

Schon mehr los ist in der Provinz **Overijssel**, im Garten der Niederlande, wie diese sich stolz nennt. Hier zieht es die Touristen, und nicht allein die Wassersportler, hauptsächlich in die im Norden der Provinz gelegene Region **Waterland**. Seen, Flüsse, Kanäle, Wassergräben bestimmen hier das Bild, vor allem in den landschaftlich äußerst reizvollen Gebieten De Weerribben und De Wieden, frühere Torfabbaugebiete. Von dieser einstigen Tätigkeit ist im Gebiet De Wieden (Tour 31) nicht mehr viel zu sehen, denn dort, wo die bis 6 m tiefen, beim Torfabstechen entstandenen Gräben verliefen, erstrecken sich heute, nach einer Überflutung durch die Zuiderzee, zwei große Seen. Anders im Gebiet De Weerribben: Hier wurden die Gräben weniger tief, die Landstreifen dazwischen, auf denen der Torf zum

Wasserstraßen wie der Fluß Vecht (Tour 21) bestimmen in den zentralen Provinzen das Landschaftsbild.

Trocknen ausgelegt wurde, weniger schmal gemacht, blieb deshalb, trotz Überflutungen, diese Struktur erhalten. Beide Gebiete, die den Status eines Nationalparks erhalten sollen, sind reizvoll für Radtouren.

Zum Radfahren ideal ist auch die Region **Salland**, das größte zusammenhängende Naturgebiet der Niederlande, ein Hügelland mit Höhen bis zu 81 m. Größere Städte finden sich hier nur entlang dem Fluß IJssel, die alten Handelsstädte Deventer und Zwolle, die ihr historisches Stadtbild bewahrt haben.

Nichts davon hingegen blieb in den großen Städten der Region **Twente** erhalten, in Almelo, Hengelo und Enschede, modernen Industrie- und Einkaufsstädten, deren historische Substanz durch Stadtbrand, Krieg und Industrialisierung abhanden kam. Malerischer ist es da schon in Ootmarsum (Tour 40), der ältesten Stadt der Provinz, oder in den alten Dörfern mit den gut erhaltenen Gehöften. Daß man hier gut Fahrrad fahren kann, dafür spricht schon die Tatsache, daß hier im Jahr 1989 die erste »landelijke fietsroute«, eine überregionale Fernstrecke, markiert wurde.

21 Im reizvollen Vechttal

Maarssen – Wasserschloß De Haar – Portengen(sebrug) – Loenersloot – Loenen – Breukelen – Maarssen

Tourencharakter: Abwechslungsreiche Rundtour, vorbei an prachtvollem Wasserschloß, durch ein Weidegebiet mit Einzelhöfen und durch das Vechttal; überwiegend auf ruhigen Landstraßen.

Länge der Tour: 38 km.

Da sie im Sommer den von den Grachten aufsteigenden Gerüchen entfliehen wollten, verließen die wohlhabenden Kaufleute des »Goldenen Jahrhunderts« (17. Jh.) ihre Grachtenhäuser in Amsterdam und zogen in die Sommerhäuser im **Tal der Vecht**. Haus Goudestein in Maarssen war das erste, das im Jahr 1618 vom Direktor der Ostindischen Handelskompanie in Auftrag gegeben wurde. Andere folgten in Loenen und Breukelen, wo auch die mittelalterlichen Burgen Oudaen, Gunterstein und Nijenrode stehen. Um die Sommerhäuser wurden Ziergärten angelegt, später Teepavillons am Ufer errichtet. Nicht verwunderlich also, daß dieses Tal nicht nur bei Radfahrern, sondern auch bei Freizeitkapitänen äußerst beliebt ist.

Ein herrschaftlicher Sitz ganz anderer Art ist die westlich des Tals gelegene **Burg De Haar**: verspielte Türme, kleine Fenster mit rot-weißen Läden, Erkerchen; erbaut aus Backsteinen und umgeben von einem breiten Wassergraben – kein Wunder, daß die Burg als eine der schönsten in den Niederlanden gilt. Beeindruckend sicherlich, aber mittelalterlich nicht, denn die heutige Burg wurde in den Jahren 1892 bis 1907 erbaut, an Stelle einer im Mittelalter mehrmals zerstörten Burg, die bereits verfallen war, als die Besitzer, die berühmte Familie Van Zuylen, durch Heirat plötzlich zu Reichtum kam. 15 Jahre lang wurde gebaut, wurden die Räume kostbar ausgestattet, wurde das Dorf Haarzuilens um 2 km nach Osten versetzt und an dieser Stelle ein Park angelegt.

Streckenbeschreibung

Vom Parkplatz am außerhalb der Stadt gelegenen Friedhof von **Maarssen** kehren Sie zurück nach Maarssen, biegen rechts ab in Richtung Vleuten und überqueren den Amsterdam-Rijnkanaal. Geradeaus entlang der »Schlafstadt« Maarssen-Broek – hier leben ca. 25 000 Einwohner –, über die A2, Amsterdam–Utrecht, anschließend zwischen Viehweiden erreichen Sie den Ortsbeginn von **Vleuten**, wo Sie einer rechts abzweigenden Straße in Richtung De Haar folgen. Bei den ersten Gehöften von **Haarzuilens** wenden Sie sich nach links, nach 100 m wieder nach rechts und gelangen zum Eingangstor des Wasserschlosses **De Haar**.

An der nächsten Straßenkreuzung biegen Sie rechts ab in Richtung Breukelen und halten sich an einem Kreisverkehr beim Weiler **Laagnieuwkoop** geradeaus. Sie passieren die

Ortschaft Gieltjesdorp, überqueren die Bahnlinie Woerden–Breukelen und erreichen auf der schnurgerade verlaufenden Landstraße das Straßendorf **Portengen** (Portengensebrug).

Im Dorf überqueren Sie eine Straßenkreuzung, halten sich nach 2 km an einer weiteren Kreuzung geradeaus und biegen kurz danach vor einem reetgedeckten Wohnhaus rechts ab. Ein auf einem Damm verlaufender Radweg führt an einigen Parkplätzen vorbei und mündet in eine Landstraße ein, auf der Sie sich nach links wenden (Rww. Vinkeveen). An einer Straßengabelung halten Sie sich rechts und stoßen auf die Landstraße Oukoop, die nach links (Rww. Vinkeveense Plassen) zu einer Autobahnbrücke über einen Kanal und über die Durchgangsstraße N 201, Aalsmeer–Hilversum, führt.

Wenige Meter vor der Brücke steigt rechts (Rww. Vinkeveense Plassen) ein schmaler Radweg zur Autobahn an und führt unmittelbar entlang den Fahrspuren über die Brücke – eine Betonmauer trennt den Radweg von der Fahrbahn – und nach links hinunter zur Durchgangsstraße Aalsmeer–Hilversum. Sie unterqueren die Brücke (Rww. Loenen), passieren das Dorf **Loenersloot** – im Dorf steht ein halb verfallenes Wasserschloß – und überqueren den Amsterdam-Rijnkanaal, ehe Sie der rechts abzweigenden Straße zur Kleinstadt **Loenen** folgen.

Im Ort biegen Sie unmittelbar nach einer Rechtskurve der Straße links ab in die enge Grutterstraat, überqueren den Fluß Vecht und wenden sich nach rechts auf das Sträßchen Oud Over (Radmarkierung: Buitsenplassenroute). Entlang dem Flußufer führt die Straße durch die Ortschaft **Nieuwersluis** und vorbei an zahlreichen Villen. Sie passieren den am anderen Flußufer sich erstreckenden Ort **Breukelen**, das links an der Straße gelegene Wasserschlößchen **Gunterstein** und, einige Minuten später, **Oudaen**, das ebenfalls von einem Wassergraben umgeben ist.

Wie aus einem Märchen wirkt das um 1900 erbaute Wasserschloß De Haar, das von einer gepflegten Parkanlage umgeben ist.

Am Stadtrand von Maarssen folgen Sie der rechts abzweigenden Straße Diependaalsedijk, passieren das rechts der Straße am Flußufer gelegene Schloß **Goudestein**, in dem heute die Stadtverwaltung untergebracht ist, und wenden sich in der Stadtmitte nach rechts in die schmale Einkaufsstraße Kaatsbaan. Wenig später überqueren Sie mitten in der Stadt den Fluß, biegen sofort rechts ab auf das Pflastersträßchen Schippersgracht und folgen der sich anschließenden Wilhelminastraat zur Durchgangsstraße Maarssen–Breukelen, auf der Sie nach rechts zu Ihrem Ausgangspunkt zurückkehren.

Nützliche Informationen

Ausgangsort: Maarssen (Prov. Utrecht), Ferienort im Vechttal, nordwestlich von Utrecht.
Anfahrt: A 2, Amsterdam–Utrecht, Ausfahrt 6 (Maarssen); der Ausschilderung Maarssen-Dorp folgen, den Amsterdam-Rijnkanaal überqueren und in Richtung Breukelen/Loenen zu einem Parkplatz am Friedhof (Begraafplats) außerhalb der Stadt. Station an der Bahnlinie Amsterdam–Utrecht.
Etappen: Maarssen – Wasserschloß De Haar 8 km – Portengen(sebrug) 4 km (12 km) – Loenersloot 12 km (24 km) – Loenen 2 km (26 km) – Breukelen 4 km (30 km) – Maarssen (Friedhof) 8 km (38 km).
Radmarkierung: Zahlreiche Radwegweiser; ab Loenen Radmarkierung »Buitsenplassenroute«.
Campingplatz: Camping van Ede, Maarsseveensevaart 3, Tel. 03 46-56 14 75; östlich von Maarssen.
Einkehr unterwegs: In Haarzuilens Restaurant De Vier Balken (Mo. Ruhetag) und Pannekoekenhuis 't Wapen van Haarzuilen; in Loenen, u. a. Pannekoekenhuis Vriens mit Garten an der Vecht (Mo. Ruhetag); in Nieuwersluis Café mit Garten; Cafés in Breukelen; vor Maarssen Pannekoekenhuis Geesberge mit Terrasse (Mi. Ruhetag); Cafés und Restaurants in Maarssen.
Bademöglichkeit: Erholungsbad Bisonspoor im Stadtteil Maarssen-Broek; bei Nieuwersluis.
Sehens- und Wissenswertes: • *Burg De Haar*, Führungen zu jeder vollen Stunde, Dauer 45 Min.; geöffnet 1. 6.–15. 8. Mo.–Fr. 11–16, Sa./So. 13–16 Uhr, Mitte Okt.–Mitte Nov. und Mitte März–Ende Mai Di.–So. 13–16 Uhr, sonst nur So. 13–16 Uhr; keine Führungen Mitte Aug.–Mitte Okt.; auch der Park, der sonst von 9–17 Uhr besichtigt werden kann, ist dann geschlossen. Räder müssen abgestellt werden (auf dem Schloßgelände).
Fahrradverleih: Bonhof Tweewielerspecialist, Duivenkamp 388, Maarssen, Tel. 03 46-56 19 02.
Auskunft: In Maarssen kein VVV-Büro; in Loenen ist im Buchladen Koopman, Rijksstraatweg 141, Info-Material erhältlich.
Karte: Provinciekaart 1:100 000, Utrecht.

22 Im Waldgebiet Vuursche

Baarn – Palais Soestdijk – Eijckenstein – Lage Vuursche – Schloß Groeneveld – Baarn

> **Tourencharakter:** Schattige Rundtour im Waldgebiet De Vuursche; zur Hälfte auf Radwegen, ansonsten auf ruhigen Straßen und befestigten Wegen; mehrere Ausflugslokale; gut geeignet für heiße Tage.
> **Länge der Tour:** 25 km.

Zwischen den drei großen Städten Utrecht, Hilversum und Amersfoort liegt, eingefaßt von Autobahnen, eine grüne »Oase«. Ausgedehnte Waldgebiete wie das von **Vuursche**, wo nichts vom Verkehr und der Hektik der Städte zu spüren ist. Ein Stück Natur, das sich hier auf dem Hügelrücken Utrechtse Heuvelrug erhalten hat, wohl aufgrund der

Äußerst beliebt bei Freizeitkapitänen: das Vechttal mit hübschen kleinen Orten wie Loenen.

Tatsache, daß der Boden zum Ackerbau schlecht geeignet ist.

Die waldreiche Gegend um das Dorf **Baarn** zog bereits im 17./18. Jh. reiche Kaufleute und adlige Familien an, die sich hier Landhäuser und Jagdschlößchen erbauten, wie Kasteel Groeneveld und Palais Soestdijk, die sie mit ausgedehnten Parkanlagen umgaben. Weitere wohlhabende Stadtflüchter folgten, als im Jahr 1874 die Eisenbahnlinie Amsterdam–Amersfoort eröffnet wurde. Geräumige Villen ließen sie erbauen, prachtvolle Gärten anlegen, und so wurde aus dem Dorf, dessen Mittelpunkt heute noch der »Brink« mit der Pauluskirche (um 1300) ist, ein grüner Villenort. Auch die königliche Familie weiß die Gegend zu schätzen: Ex-Königin Juliana lebte während ihrer 32jährigen Regentschaft im Palais Soestdijk am Ortsrand von Baarn; das Kasteel Drakensteyn bei Lage Vuursche ist Eigentum der derzeitigen Königin Beatrix.

In den dreißiger Jahren kaufte der Staat einige der Besitzungen auf, vor allem die Heidefelder, und ließ sie im Zuge einer Arbeitsbeschaffungsmaßnahme aufforsten. Neben diesen rechteckigen Parzellen mit schnurgeraden Waldwegen blieben aber die alten Buchenalleen, die Weiher und Parkanlagen der Landgüter bestehen. Dieser Grüngürtel ist heute ein beliebtes Naherholungsgebiet. 1½ Millionen Besucher kommen jährlich hierher, um zu reiten, zu wandern, radzufahren und einzukehren im »Pannekoekendorp« Lage Vuursche, wo die meisten der einstigen Gehöfte in Cafés und Restaurants umgewandelt wurden.

Streckenbeschreibung

Vom Bahnhof **Baarn** fahren Sie zwischen einem VVV-Büro und einem Fahrradabstellplatz hindurch, überqueren die Bahnlinie Baarn–Amersfoort und folgen einer Allee zur Kreuzung mit der mehrspurigen Durchgangsstraße N 221. Diese überqueren Sie und folgen ihr nach links (Rww. Soest/Soestdijk), wobei Sie vor dem Stadtrand von Soest das rechts der Straße gelegene königliche Palais **Soestdijk** passieren.

Kurz danach überqueren Sie die rechts abzweigende N 234 und folgen nach rechts (Rww. Bilthoven; Radmarkierung: Vuurscheroute) einem Radweg, der in das Sträßchen Jachthuislaan einmündet. Entlang einem Außenbezirk von Soest führt diese Allee, parallel zur N 234, zur querlaufenden Beckeringstraat, auf der Sie sich nach rechts wenden. Auf einem Radweg entlang der nun im Wald verlaufenden N 234 passieren Sie ein Restaurant, verlassen den Wald wieder und biegen nach wenigen hundert Metern rechts ab auf eine Landstraße in Richtung Maartensdijk/Lage Vuursche (Rww. Lage Vuursche; nicht weiter der »Vuurscheroute« folgen!).

Typisch holländisch: ein »Pannekoekenhuis«, in dem Pfannkuchen in allen Variationen serviert werden.

Durch Wald und zwischen Feldern führt die schnurgerade Straße zu einer Straßenkreuzung, an der Sie sich geradeaus halten – die Ausschilderung »Lage Vuursche« lassen Sie unbeachtet. Kurz nach einer in Richtung Bilthoven links abzweigenden Straße biegen Sie rechts ab auf ein Sträßchen, das an einem Café vorbeiführt und an einem Gehöft mit Käserei endet. Sie fahren geradeaus weiter entlang einem Forstweg, halten sich auf einem querlaufenden Forstweg rechts (Rww. Lage Vuursche; nicht der »Vuurscheroute« nach links folgen!), wenig später an einer Weggabelung erneut rechts und gelangen nach **Lage Vuursche**, einem mitten im Wald gelegenen Dörfchen, das ein beliebtes Ausflugsziel geworden ist.

Nach links auf der Dorpstraat fahren Sie durch den alten Ortsteil, halten sich, wo die Straße auf Höhe des Schlosses Drakensteyn rechts abknickt, geradeaus (Rww. Hilversum) und gelangen auf dem Forstweg Kloosterlaan, vorbei an einem Golfplatz, zu einem Querweg. Sie wenden sich nach rechts (Rww. Laren; Radmarkierung: Vuurscheroute), passieren eine Gaststätte und überqueren am Hotel-Restaurant Kievitsdal die Durchgangsstraße N 415.

Wer eine Badepause in einem Wald-Freibad einlegen möchte, folgt der N 415 nach rechts (hin und zurück 6 km).

Sie kreuzen die Straße (Rww. Laren), nach mehreren hundert Metern die Bahnlinie Hilversum–Baarn und biegen von dem hier beginnenden Sträßchen an einem Café rechts ab (Rww. Baarn; Radmarkierung: Eemlandroute). Dort, wo eine Baumschule endet, verlassen Sie die Straße nach rechts auf der Wildenburglaan und wenden sich im Schloßpark auf einem befestigten Weg nach links zum **Schloß Groeneveld**.

Von der Frontseite des Schlosses fahren Sie zur Durchgangsstraße N 221, überqueren diese und halten sich nach links zum Stadtrand von **Baarn**, wo Sie rechts abbiegen auf die Straße Drakenburgerweg. Kurz darauf wenden Sie sich erneut nach rechts auf die Chopin Laan und gelangen nach 1,5 km an einen Kreisverkehr, an dem Sie nach rechts der leicht ansteigenden Nieuw Baarnstraat zu einer Kreuzung am Rand des Stadtzentrums folgen.

Von der geradeaus weiterführenden Prins Hendrik Laan biegen Sie in die erste rechts abzweigende Straße Koningsweg ab, in der Sie Ihre Tour begonnen haben.

Nützliche Informationen

Ausgangsort: Baarn (Prov. Utrecht), »grüner« Villenort ca. 15 km nordöstlich von Utrecht.
Anfahrt: A 1, Apeldoorn–Amsterdam, Ausfahrt 10 (Soest); auf der N 221 in Richtung Soest, nach 3 km links abbiegen und 1 km zum Bahnhof Baarn; Parkmöglichkeiten nahe des Bahnhofs in der Seitenstraße Koningsweg. Station an der Bahnlinie Amsterdam–Amersfoort.
Etappen: Baarn – Palais Soestdijk 2 km – Lage Vuursche 10,5 km (12,5 km) – Durchgangsstraße N 415 4 km (16,5 km) – Schloß Groeneveld 4,5 km (21 km) – Baarn (Bhf.) 4 km (25 km).
Radmarkierung: Zahlreiche Radwegweiser; streckenweise Radmarkierung »Vuurscheroute«; bei Baarn kurzzeitig auch Radmarkierung »Eemlandroute«.
Campingplatz: De Zeven Linden, Zevenlindenweg 4, Tel. 0 35-6 66 83 30; im Waldgebiet südwestlich von Baarn.
Einkehr unterwegs: In Baarn, u. a. Café/Restaurant De Generaal im ehemaligen Bahn-

108 *Die Mitte*

hof; Restaurant 't Spiehuis an der N 234 (Di. Ruhetag); Café Mauritshoeve mit Terrasse, reetgedecktes Ausflugslokal an der N 234; fünf Cafés bzw. Restaurants in Lage Vuursche; Café Boschoord mit Terrasse, im Waldgebiet Vuursche; Restaurant Kievitsdal mit Terrasse, an der N 415; Café im Kasteel Groeneveld.
Bademöglichkeit: Waldbad Hooge Vuursche, westlich von Baarn.
Sehens- und Wissenswertes: • *Oranje Museum* in Baarn, Lt. Generaal van Heutszlaan 7, Erinnerungsstücke an das Haus Oranien; geöffnet März–Okt. Di.–Sa. 10–17, So. 12–17 Uhr. • *Kasteel Groeneveld*, im Jahr 1793 erbautes Landgut, das nach 1900 zerfiel; heute wiederaufgebaut, einige Zimmer im originalen Stil eingerichtet; heute ist hier das »National Centrum voor Bos, Natuur en Landschap« untergebracht, wechselnde Ausstellungen; geöffnet Di.–Fr. 10–17, Sa./So. 12–17 Uhr; der englische Landschaftspark (19. Jh.) sowie der Gemüsegarten aus dem 18. Jh. sind gleichzeitig geöffnet.
Fahrradverleih: Stationsstalling am Bahnhof in Baarn, Tel. 0 35-5 41 40 07.
Auskunft: VVV, Stationsplein 7, 3743 KK Baarn, Tel. 0 35-5 41 32 26.
Karte: Provinciekaart 1:100 000, Utrecht.

23 Durch den Obstgarten der Niederlande

Doorn – Werkhoven – Cothen – Wijk bij Duurstede – Langbroek – Doorn

> **Tourencharakter:** Beschauliche Rundtour, an mehreren Herrenhäusern vorbei; überwiegend auf ruhigen Landstraßen.
> **Länge der Tour:** 33 km.

Obstbaumplantagen, am schönsten zur Zeit der Blüte im Frühjahr, zahlreiche Landgüter in Parkanlagen, das historische Städtchen Wijk bij Duurstede am heutigen Hauptstrom des Rijn, dem Lek – Unterschiedliches hat diese Radtour zu bieten, führt sie doch durch ein von alters her besiedeltes Gebiet, das durch Eingriffe des Menschen in den letzten Jahrhunderten stark verändert wurde.

Zu Römerzeiten noch war der **Kromme Rijn** der ca. 100 m breite Hauptstrom des Rijn. Dort, wo sich der Fluß in Kromme Rijn und Lek teilte, entstand auf römischen Mauern die Handelssiedlung Dorestad. Um diese vor den ständigen Hochwassern zu schüt-

Verlaufen Radwege durch Wald, wie hier bei Lage Vuursche, sind sie häufig mit feinem Splitt versehen und problemlos zu befahren.

Tour 23 · Durch den Obstgarten der Niederlande

Obstanbau wird heute auf fruchtbarem Schwemmland betrieben, dem einstigen Überflutungsgebiet des Rijn.

zen, wurde im Jahr 1122 ein Damm gebaut, mit dessen Hilfe man die Wassermassen besser zwischen den beiden Flußarmen verteilen konnte. Die Folge war, daß die Mündung des Rijn bei Katwijk infolge zu geringer Strömung versandete und der Fluß auf ca. 10 m Breite reduziert wurde. Das bisher morastige Überflutungsgebiet konnte nun urbar gemacht werden.

Zunächst gruben Kolonisten den Entwässerungskanal Langbroeker Wetering, von dem aus schmale, lange Fluren (100 m breit und 1250 m lang) angelegt wurden. Auf diesen ließen sich wohlhabende Adlige nieder, die gut zu verteidigende Wohntürme errichteten, sogenannte Donjons. Rund 40 solcher »**Ridderhofstads**« standen um 1400 in diesem Gebiet. Die übriggebliebenen Donjons wurden zwischen dem 17. und 20. Jh. zu komfortablen Landsitzen umgebaut und sind heute meist von einem Park umgeben, wie die an dieser Route liegenden Anwesen Moersbergen, Sterkenburg, Beverweerd und Rhijnestein.

Auch die beiden Wohntürme im **Kasteel Duurstede** sind mittelalterlichen Ursprungs.

Im 12. Jh. wurde bei den Resten der im Jahr 863 durch Normannen zerstörten Handelssiedlung Dorestad ein rechteckiger Donjon errichtet, in dessen Nähe sich die heutige Stadt Wijk entwickelte, im 15./16. Jh. Sitz der Bischöfe von Utrecht. Diese ließen auch den zweiten Turm in der Burg erbauen, um die herum Mitte des 19. Jh. ein Park angelegt wurde. Wer sich für die Geschichte der Stadt interessiert, findet im Museum Dorestad interessante Ausgrabungsfunde.

Ebenfalls aus dem Mittelalter stammt der erste Bau des **Kasteel Doorn**, das jedoch Ende des 18. Jh. neu konzipiert wurde. Zwischen 1920 und 1941 lebte hier der deutsche Kaiser Wilhelm II., dem nach dem Ersten Weltkrieg in den Niederlanden politisches Asyl gewährt wurde. Auf seinen Wunsch hin wurde er hier in einem Mausoleum beigesetzt.

Streckenbeschreibung

Vom Parkplatz am Rathaus in **Doorn** fahren Sie auf der Hauptstraße nach rechts zur zentralen Kreuzung, folgen nach rechts der

N 227 in Richtung Wijk bij Duurstede und passieren wenig später das in einem Park gelegene **Kasteel Huis Doorn**.

Am Stadtrand folgen Sie der parallel zur N 227 verlaufenden alten Straße und biegen nach 1 km rechts ab auf die schmale Landstraße Gooyerdijk, die zwischen einzelnen Bauernhöfen und kleinen Waldgebieten verläuft. Sie passieren das Herrenhaus **Moersbergen**, biegen an einem im Jahr 1845 errichteten Schafstall links ab und gelangen – auffällig hier die zahlreichen Kopfweiden entlang den Wassergräben – an eine querlaufende Landstraße, der Sie nach rechts zum Wasserschloß **Sterkenburg** folgen.

Das Sträßchen entlang dem Kanal Langbroeker Wetering verlassen Sie wenig später nach links und folgen einer schnurgeraden Allee, die rechts abknickt und zunächst entlang dem Waldrand verläuft, dann entlang dem Herrenhaus **Beverweerd**, heute ein Internat, und nach Überqueren des Kromme Rijn zur Durchgangsstraße N 229, Utrecht–Wijk bij Duurstede, führt. Nach links folgen Sie einem Radweg (Rww. Cothen, Werkhoven), unterqueren die Straße und erreichen, vorbei an Obstplantagen und einer Windmühle, das unscheinbare **Werkhoven**.

Am Ortsende wenden Sie sich nach rechts auf das Landsträßchen Hollendewagenweg, fahren zwischen Obstplantagen hindurch und passieren ein modernes Kloster, ehe Sie der querlaufenden Straße Tuurdijk nach links folgen, gleich darauf wieder rechts abbiegen und zum zweiten Mal das Flüßchen Kromme Rijn überqueren. Nach wenigen hundert Metern überqueren Sie einen Kanal und erreichen auf der links abzweigenden Landstraße, vorbei an einer Käserei, die Ortschaft **Cothen**.

Auf der Straße Willem Alexanderweg fahren Sie nach links in die Dorfmitte, wenden sich in der Dorpstraat nach rechts – zum Herrenhaus **Rijnestein** halten Sie sich hier links – und stoßen wenig später auf die N 229, neben welcher die alte Straße verläuft. Geradeaus über einen Kreisverkehr und durch eine Wohnsiedlung gelangen Sie über den einstigen Festungsgraben in die nette Altstadt von **Wijk bij Duurstede** mit einer Windmühle am Ufer des Neder Rijn und, in einer Parkanlage 200 m weiter westlich, der Ruine einer Wasserburg.

Auf demselben Weg, auf dem Sie in die Stadt kamen, kehren Sie zurück, biegen noch im Ort rechts ab auf die Landstraße Langbroekerweg und erreichen nach 2,5 km zwischen Obstwiesen und Viehweiden eine Kreuzung. Sie wenden sich nach links in Richtung Doorn und fahren am Herrenhaus **Sandenburg**, kurz danach am Herrenhaus **Walenburg** vorbei. Entlang einem Kanal mit reetgedeckten Bauernhöfen und Wohnhäusern, führt die Straße nach **Langbroek**, wo Sie der Durchgangsstraße nach rechts folgen und wieder nach **Doorn** zurückkehren.

Nützliche Informationen

Ausgangsort: Doorn (Prov. Utrecht), lebhafte Kleinstadt östlich von Utrecht.
Anfahrt: A 1, Arnhem–Utrecht, Ausfahrt 20 (Driebergen); N 25 über Driebergen nach Doorn; Parkplatz in Seitenstraße am Rathaus, 200 m vor der Hauptkreuzung. Keine Bahnverbindung.
Etappen: Doorn – Sterkenburg 6,5 km – Werkhoven 5 km (11,5 km) – Cothen 8 km (19,5 km) – Wijk bij Duurstede 3 km (22,5 km) – Langbroek 7,5 km (30 km) – Doorn 3 km (33 km).
Radmarkierung: Keine; einige Radwegweiser.

Tour 24 · Der Nationalpark De Hoge Veluwe 111

24 Der Nationalpark De Hoge Veluwe

Parkeingang Otterlo – Jagdschloß St. Hubertus – Rijksmuseum Kröller-Müller – Besucherzentrum – Parkeingang Otterlo

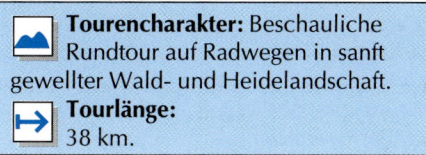

Tourencharakter: Beschauliche Rundtour auf Radwegen in sanft gewellter Wald- und Heidelandschaft.
Tourlänge: 38 km.

Wahrzeichen von Wijk bij Duurstede: die auf einem ehemaligen Stadttor erbaute Windmühle.

Campingplatz: Bonte Vlucht (***), Leersumsestraat 23, Tel. 03 43-41 24 76; Trekkerhütten, Radverleih; östlich von Doorn an der N 225 in Richtung Arnhem.
Einkehr unterwegs: In Werkhoven, Cothen, in Wijk bij Duurstede; Restaurant mit Terrasse in Langbroek; Hotel/Café Rodestein mit Terrasse gegenüber dem Schloßeingang in Doorn; im Kasteel Doorn ein Café, in der Orangerie ein Restaurant.
Bademöglichkeit: Hallenbad Woestduin in Doorn.
Sehens- und Wissenswertes: • *Kasteel Duurstede*, Gelände jederzeit zugänglich. • *Museum Dorestad*, Volderstraat 15, im Zentrum von Wijk bij Duurstede, geöffnet Di.–So. 13.30–17 Uhr. • *Kasteel Huis Doorn*, geöffnet Mitte März–Ende Okt. Di.–Sa. 10–17, So. 13–17, Nov.–Mitte März Di.–So. 13–17 Uhr; letzter Einlaß 16 Uhr; Dauer der Führung ca. 1 Std.
Fahrradverleih: Fa. Van den Berg, Amersfoortseweg 57, Doorn, Tel. 03 43-41 27 92.
Auskunft: VVV, Dorpsstraat 4, Postbus 45, 3940 AA Doorn, Tel. 03 43-41 20 15.
Karte: Provinciekaart 1:100 000, Utrecht.

Natur und Kultur, beides hat der **Nationalpark De Hoge Veluwe** in einer ungewöhnlichen Mischung zu bieten: Eine sanft gewellte Landschaft mit Flugsandflächen, weiten Grasflächen, offener Heide, die zwischen Mitte August und Mitte September blüht, sowie lichten Kiefernwäldern, bevölkert von Hunderten von Rothirschen, Mufflons, Rehen und Wildschweinen. Mitten in dieser Naturlandschaft eine weltberühmte Gemäldegalerie, das **Reichsmuseum Kröller-Müller.** Ungewöhnlich auch die Entstehungsgeschichte des Parks: Das wohlhabende deutsch-holländische Ehepaar Kröller-Müller begann um die Jahrhundertwende damit, Dinge aufzukaufen, die ihnen wichtig waren. Sie erwarb Kunstwerke, er kaufte Ödland, das er als Jagdgebiet nutzte. Auf dem riesigen Gelände Hoge Veluwe ließen sie zwischen 1914 und 1920 das **Jagdschloß St. Hubertus** erbauen, in dem sie bis zu ihrem Tode lebten. In den dreißiger Jahren übergaben sie das heutige Parkgelände dem Staat, ebenso die Kunstsammlung, allerdings mit der Auflage, im Park ein Museum einzurichten. Heute ist die Galerie bekannt für die zahlreichen Werke aus dem 19. und 20. Jh., vor allem von Vincent van Gogh, aber auch für den weitläufigen Skulpturengarten, in dem u. a. Skulpturen von Auguste Rodin und Henry Moore stehen.

Wer sich mehr für die Geologie und Natur des Parks interessiert, erhält Informationen im **Besucherzentrum De Aanschouw**, in dem sich auch der Eingang zum Museonder befindet, einem Museum, das über das unterirdische Leben informiert.

Streckenbeschreibung

Vom Parkeingang Otterlo folgen Sie dem Radweg entlang der Zufahrtsstraße zum Rijksmuseum bzw. Besucherzentrum zu einer Weggabelung am Rand einer ausgedehnten Sandfläche, dem **Otterlose Zand**. Sie wenden sich nach links, passieren das Denkmal des Generals De Wet und stoßen kurz vor dem See, an dessen Nordufer das **Jagdschloß St. Hubertus** steht, auf eine weitere Weggabelung, an der Sie sich links halten und das Jagdschloß erreichen, das besichtigt werden kann.

Der Radweg führt um das Jagdschloß herum und in zahlreichen Kurven durch Wald. Kurz nach Überqueren eines Sträßchens folgen Sie einem querlaufenden Radweg wenige hundert Meter nach rechts, biegen links ab und kreuzen die Straße, die vom Parkeingang Hoenderloo zum Besucherzentrum führt. Am Rand des **Deelense Veld**, einer mehrere Quadratkilometer großen, nahezu baumlosen Ebene, folgen Sie einem querlaufenden Radweg nach rechts und durchqueren dieses nahezu ausgetrocknete Feuchtgebiet, von dem nur noch einige kleinere Seen und Wasserlöcher übriggeblieben sind.

Vorbei an spärlich bewachsenen Dünen, dem **Deelense Zand**, und durch lichten Kiefernwald erreichen Sie am Kompagnieberg eine Weggabelung, an der Sie sich links halten und auf diejenige Straße stoßen, die vom Parkeingang Rijzenburg zum Rijksmuseum Kröller-Müller führt. Nach links entlang der Straße gelangen Sie zum **Parkeingang Rijzenburg** und zu einem Café.

Auf demselben Weg kehren Sie zurück, halten sich nun aber an derjenigen Stelle, an der Sie auf Ihrer Herfahrt auf die Straße stießen, geradeaus entlang der Straße. Während wenig später die Straße rechts abknickt, führt der Radweg geradeaus weiter und mündet in der Heidelandschaft Oud-Reemsterzand in ein Sträßchen ein. Von hier aus läßt sich häufig Wild beobachten – zumeist allerdings erst am frühen Abend, wenn die Tiere zum Äsen den Wald verlassen.

Dem Sträßchen folgen Sie nach rechts ca. 1 km weit, biegen kurz nach einer Rechtskurve links ab auf einen Radweg und gelangen im Waldgebiet De Plijmen zu einem Sichtschutz, von dem aus Wildschweine beobachtet werden können. In leichtem Auf und Ab führt der Radweg zum **Rijksmuseum Kröller-Müller**.

Sie kreuzen die Straße, die von Otterlo zum Besucherzentrum führt, wenden sich nach rechts und gelangen zum **Besucherzentrum De Aanschouw**.

Auf demselben Weg kehren Sie zurück, passieren nacheinander die Abzweigungen zum Rijksmuseum und zu St. Hubertus. Auf dem gleichen Weg, auf dem Sie die Tour begonnen haben, kehren Sie zu Ihrem Ausgangspunkt zurück.

Nützliche Informationen

Ausgangsort: Eingang zum Nationalpark Hoge Veluwe beim Ferienort Otterlo (Prov. Gelderland).

Anfahrt: A 50, Arnheim–Apeldoorn, Ausfahrt 22 (Hoenderloo); auf Landstraße 5 km nach Hoenderloo, 8 km auf der N 304 nach Otterlo; Parkplatz am Eingang des Nationalparks. Bus: tägliche Verbindungen ab Bahnhof Apeldoorn und Bahnhof Ede/Wageningen, im Sommer auch ab Bahnhof Arnhem jede Stunde.

Etappen: Parkeingang Otterlo – St. Hubertus 5 km – Deelense Zand 4,5 km (9,5 km) – Café/Restaurant Rijzenburg 12 km

Tour 24 · Der Nationalpark De Hoge Veluwe **113**

(21,5 km) – Rijksmuseum Kröller-Müller 12 km (33,5 km) – Besucherzentrum De Aanschouw 1 km (34,5 km) – Parkeingang Otterlo 3,5 km (38 km).
Radmarkierung: Keine; zahlreiche Radwegweiser.
Campingplatz: Vakantiepark De Zanding, Vijverlaan 2, Tel. 03 18-59 19 41; 1.4.–27.10.; südlich des Parkeingangs Otterlo.
Einkehr unterwegs: Cafeteria am Parkeingang Rijzenburg, im Sommer Kiosk beim Jagdschloß St. Hubertus; Cafeteria im Rijksmuseum Kröller-Müller; Selbstbedienungsrestaurant mit Terrasse beim Besucherzentrum De Aanschouw.
Bademöglichkeit: Naturbad 1 km südlich von Otterlo (Abstecher hin und zurück 3 km).
Sehens- und Wissenswertes: • *Nationalpark De Hoge Veluwe*, täglich geöffnet April 8–20, Mai 8–21, Juni–Aug. 8–22, Sept. 9–20, Okt. 9–19, Nov.–März 9–17 Uhr; Eintrittsgebühren pro Person und Auto, Ticket berechtigt zum Betreten aller Sehenswürdigkeiten im Park sowie zur Benutzung der parkeigenen Fahrräder. • *Besucherzentrum De Aanschouw und Museonder*, täglich geöffnet April–Aug. 9–17, Sept.–März 10–17 Uhr. • *Rijksmusem Kröller-Müller*, geöffnet täglich außer Mo. 10–17 Uhr; Zugang zum Skulpturengarten (beeldentuin) 1.4.–31.10. täglich außer Mo. 10–16.30 Uhr. • *Jagdschloß St. Hubertus*, Führungen April–Okt. 11–12.30 und 14–16.30 Uhr alle 30 Min., Nov.–März um 14/15/16 Uhr.
Radverleih: 800 Fahrräder stehen an den drei Parkeingängen sowie beim Besucherzentrum kostenlos bereit.
Auskunft: VVV, Arnhemseweg 14, 6731 BS Otterlo, Tel. 03 18-59 12 54.
Karte: Provinciekaart Gelderland, 1:100 000, Blatt 1.

Das größte Naturschutzgebiet der Niederlande: der Nationalpark De Hoge Veluwe mit ausgedehnten Heideflächen und Waldgebieten, die auf Radwegen von ca. 40 km Länge erkundet werden können.

25 Im Naherholungsgebiet von Arnhem

Arnhem – Schloß Rosendael – Heidelandschaft Rozendaalse Veld – Freilichtmuseum – Schloß Zijpendaal – Arnhem

> **Tourencharakter:** Kurzweilige Rundtour zu den Sehenswürdigkeiten in der hügeligen Heidelandschaft um Arnhem; größtenteils auf asphaltierten Radwegen; mehrere leichte Anstiege und ein längerer, steiler Anstieg.
> **Länge der Tour:** 25 km.

»Stadt der Parks«, ein treffender Name für die Großstadt **Arnhem**, deren Stadtkern nach schweren Zerstörungen im Zweiten Weltkrieg neu aufgebaut wurde und der heute umgeben ist von Grünanlagen. Sowohl in der Stadt als auch in der direkten Umgebung liegen Herrenhäuser inmitten weitläufiger Parkanlagen: **Sonsbeek** mit der »Witte Villa«, heute eine Kunstgalerie, und einer alten Wassermühle sowie einem Besucherzentrum; **Kasteel Zijpendaal**, ein kleines Wasserschloß, das im Jahr 1762 im Auftrag eines Arnhemer Staatssekretärs erbaut wurde; **Kasteel Rosendael**, einst die Residenz der Grafen und Herzöge von Gelre, mit eleganten Gemächern und einer umfangreichen Bibliothek sowie einer Parkanlage, in der unverhofft losspritzende Fontänen, die sogenannten Betrügerlein, an heißen Tagen für Abkühlung sorgen.

Eine weitere Attraktion ist das **Nederlands Openluchtmuseum**, wo seit 1912 Gebäude aus allen Teilen der Niederlande zusammengetragen und dadurch vor dem Verfall gerettet werden: Mühlen, stolze Bauerngehöfte und bescheidene Taglöhnerhäuschen; Dorfschule, Kirche, Brauerei, Backhaus, Holzschuhmacherei und Laden ergänzen das Bild eines lebenden Dorfes, in dem in einigen Gebäuden wie zu Großmutters Zeiten Wäsche gewaschen, Honigkuchen gebacken und Bier gebraut wird.

Ganz anderes hat **Burger's Zoo** zu bieten, der mit seiner Konzeption neue Wege ging: Neben einem Safaripark gibt es zwei naturgetreu nachgebaute Landschaften, Wüste und Dschungel, die in riesigen Hallen untergebracht sind und auf Pfaden erkundet werden können.

Streckenbeschreibung

Von Ihrem Parkplatz in Arnhem kehren Sie zurück zur Straße Apeldoornseweg, folgen ihr nach rechts und biegen wenig später rechts ab in die breite Straße Dalweg. Nach einigen hundert Metern steigen Sie auf der Thomas Kempis Laan zunächst an und gelangen kurz nach einer Grünanlage an eine Ampelkreuzung. Sie wenden sich nach links auf die Ausfallstraße Rosendaalseweg, unterqueren die Autobahn Zevenaar–Utrecht und stoßen auf die Umgehungsstraße Schelmseweg. Ihr folgen Sie nach rechts 250 m weit, biegen links ab (Ausschilderung: Rosendael) und erreichen entlang dem Ortsrand von Velp **Schloß Rosendael**.

Durch das schmiedeeiserne Parktor, vorbei am Schloß, führt ein Sträßchen zu einem Waldfriedhof, wo ein schattiger Radweg auf 2 km Länge streckenweise steil ansteigt zu einem Park- und Picknickplatz am Rand der Heidelandschaft **Rozendaalse Veld**. Diese Heide ist nur ein Teil der viele Quadratkilometer großen, für niederländische Verhält-

Tour 25 · Im Naherholungsgebiet von Arnhem **115**

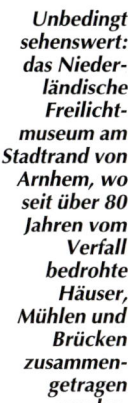

Unbedingt sehenswert: das Niederländische Freilichtmuseum am Stadtrand von Arnhem, wo seit über 80 Jahren vom Verfall bedrohte Häuser, Mühlen und Brücken zusammengetragen werden.

nisse ungewöhnlich hoch gelegenen Hügellandschaft De Hoge Veluwe – höchster Punkt bei ca. 120 m –, die sich zwischen Arnhem und Apeldoorn erstreckt.

Nach links folgen Sie wenige hundert Meter weit einer Straße, die in einem weiteren Parkplatz endet. Ein Radweg führt am Rand der Heidefläche 2 km weit in leichtem Auf und Ab zu einer Wegespinne. Sie wenden sich nach links auf den schnurgeraden Koningsweg, kreuzen die ausgebaute Landstraße Apeldoornseweg und überqueren wenig später die Autobahn Arnhem–Apeldoorn.

Nach 1,5 km biegen Sie vor einem Park- und Picknickplatz links ab auf einen Radweg, der entlang einem Kasernengelände verläuft und am Südrand einer flachen Talmulde in einen querlaufenden Radweg einmündet. Nach rechts (Markierung: LF 4b, Midden-Nederlandroute) führt dieser kurvenreiche Weg durch das Waldgebiet Koningsheide. Kurz vor der Autobahn stoßen Sie auf ein Sträßchen, dem Sie nach rechts zum Waldrand folgen und nun entlang der Autobahn zu einer ausgebauten Landstraße gelangen.

Sie wenden sich nach links, unterqueren die Autobahn und folgen der leicht ansteigenden Straße durch Wald zur links abzweigenden Straße Cattepoelseweg, erreichen die Einbahnstraße Oeferlaan, auf der Sie, gegen die Fahrtrichtung, zum **Niederländischen Freilichtmuseum** gelangen.

Vom Freilichtmuseum steigen Sie leicht an zur Umgehungsstraße Schelmseweg, wenden sich nach rechts und passieren wenig später den Eingang von **Burger's Zoo**. 300 m nach dem Zoo-Eingang verlassen Sie die Straße nach links auf dem Radweg Deelenseweg, der durch ein Waldstück führt und in die Straße Zijpendaalseweg einmündet, auf der Sie nach links das **Wasserschloß Zijpendaal** erreichen.

Da die Wege in der Parkanlage Zijpendaal und dem sich anschließenden Waldpark Sonsbeek nur für Fußgänger bestimmt sind, bleiben Sie auf der Straße am Rand des Parks und erreichen ein Wohngebiet. Jetzt wieder auf einem Radweg entlang der Straße passieren Sie ein zu Ihrer Linken an einem See gelegenes Restaurant-Café, kurz darauf das ebenfalls links der Straße eingerichtete **Besucherzentrum De Watermolen**.

Die erste links abzweigende Straße, der Sonsbeekweg, steigt am Rand des Waldparks Sonsbeek leicht an und mündet in die Ausfallstraße Apeldoornseweg ein, auf der Sie nach links zu Ihrem Ausgangspunkt zurückkehren.

Die Mitte

Nützliche Informationen

Ausgangsort: Arnhem (Prov. Gelderland), Großstadt am Neder Rijn.
Anfahrt: A 12, Zevenaar–Utrecht, Ausfahrt 26 (Arnhem-Noord); auf dem mehrspurigen Apeldoornseweg in Richtung Arnhem-Zentrum; nach 3 km – rechter Hand der Park Sonsbeek – Parkmöglichkeiten in einer der Seitenstraßen nahe einem auffällig großen Gebäude. Kreuzungspunkt mehrerer Bahnlinien; direkte Verbindung von Deutschland.
Etappen: Arnhem – Schloß Rosendael 5,5 km – Koningsweg 4,5 km (10 km) – Freilichtmuseum 10 km (20 km) – Burger's Zoo 1 km (21 km) – Schloß Zijpendaal 1 km (22 km) – Arnhem (Parkplatz) 3 km (25 km).
Radmarkierung: Keine; zahlreiche Radwegweiser (außer in Arnhem).
Jugendherberge: Alteveer, Diepenbrocklaan 27, 6815 AH Arnhem, Tel. 0 26-4 42 01 14; ganzjährig geöffnet; im nördlichen Außenbezirk der Stadt.
Campingplatz: De Hoge Veluwe (****), Koningsweg 14, Tel. 0 26-4 43 22 72; geöffnet Ende März–Ende Okt.; Trekkerhütten; im Nordwesten von Arnhem.
Einkehr unterwegs: Café in Schloß Rosendael; Restaurants im Freilichtmuseum und Zoo; Café im Park Sonsbeek am Stadtrand.
Bademöglichkeit: Freibad in Arnhem.
Sehens- und Wissenswertes: • *Schloß Rosendael*, Führungen im Schloß April–Okt. Di.–Sa. 10–17, So. 13–17 Uhr, letzter Zugang 16 Uhr; Park im April noch geschlossen. • *Nederlandse Openluchtmuseum*, April–Okt. Mo.–Fr. 9.30–17, Sa./So. 10–17 Uhr. • *Burger's Zoo*, im Sommer täglich 9–19 Uhr, im Winter bis Sonnenuntergang. • *Kasteel Zijpendaal*, 15.4.–1.11. Di.–Fr. und So. 13–17 Uhr; Führungen jede volle Stunde. • *Besucherzentrum De Watermolen*, Di.–Fr. 9.30 bis 16.30, Sa./So. 12.30–16.30 Uhr, gratis. Mühle Di.–Do. 9.30–12.30 und 13.30 bis 15.30 Uhr.
Fahrradverleih: Rijwielstalling am Bahnhof in Arnhem, Tel. 0 85-42 17 82.
Auskunft: Arnhem Region Tourist Office, Stationsplein 45, 6811 KL Arnhem, Tel. 06-3 20-2 40 75.
Karte: Provinciekaart 1:100 000, Gelderland, Blatt 1.

26 Alte Kulturlandschaft Achterhoek

Winterswijk – Ratum – Kotten – Woold – Winterswijk

 Tourencharakter: Ausgesprochen ruhige Tour in einer durch Waldstücke und Hecken gegliederten Landschaft mit stattlichen Bauernhöfen; abwechselnd auf schmalen Landstraßen und befestigten Fahrwegen.
 Länge der Tour: 45 km.

Achterhoek, das bedeutet bereits »hintere Ecke«, und Winterswijk, der Ausgangspunkt dieser Tour, liegt nochmals in der östlichen Ecke von Achterhoek, also ganz nah an der Grenze zu Deutschland. Ruhig ist es hier, etwas vergessen, so will es scheinen angesichts der weiten Entfernung von der Hauptstadt. Und so radelt man abseits großer Städte auf ruhigen Sträßchen, die teilweise (noch) nicht asphaltiert sind, durch eine alte Kulturlandschaft, vorbei an stattlichen Bauernhöfen mit verzierten Giebeln. Verstreut liegen diese Gehöfte, gewöhnlich gruppiert um eine Kreuzung, wo sich manchmal ein Laden oder eine Schule befindet, ein Dorfzentrum aber fehlt. Als **»Buurtschap«** wird diese durch die Bodenverhältnisse bedingte Siedlungsform bezeichnet.

Als die ersten Bauern sich hier niederließen, fanden sie heidebewachsene, flache Täler vor, durch die sich kleine Bäche wanden, dazwischen niedrige, sandige Rücken. Nur diese inselartigen Erhöhungen boten sich zum Ackerbau an, jedoch waren sie teilweise so schmal, daß sie nur einem Gehöft ausreichend Platz boten. Die Heideflächen, Gemeinbesitz, auf denen die Schafe weideten, wurden über die Jahrhunderte abgestochen, denn der einzig verfügbare Dünger waren Heidebodenstücke voller Schafmist. Diese wurden auf die Äcker gelegt, so daß gewölbte Feldfluren entstanden, sogenannte »essen«, die zum Schutz gegen Wind mit Hecken eingefaßt wurden.

Diese einst für weite Teile der Niederlande typische Kulturlandschaft begann sich zu verändern, als Kunstdünger den Mist ersetzte. Nun wurden die Heideflächen urbar gemacht, die Heckenreihen entfernt, großflächige Felder und schnurgerade verlaufende Wege angelegt. In der Gegend um Winterswijk fand dieser Prozeß nicht statt, so daß die abwechslungsreiche Landschaft erhalten blieb. Aufgrund der ab 1800 schwindenden Verfügungsgewalt der feudalen Grundherren, hier der Bischöfe von Münster, nahm die Eigenständigkeit der Bauern zu. In Ermangelung einer durchsetzungsfähigen Obrigkeit mit entsprechenden finanziellen und organisatorischen Mitteln fanden tiefgreifende Veränderungen wie der Bau von Durchgangsstraßen oder eine die gesamte Region umfassende Flurbereinigung, die Anlage von Mittelpunktsdörfern usw. nicht statt.

Bekannt ist die Gegend um Winterswijk besonders bei geologisch Interessierten, findet sich doch bei Ratum ein **Kalksteinbruch**, wo fossilienreiche Ablagerungen aufgeschlossen sind, die sich vor ca. 200 Millionen Jahren auf dem Boden eines flachen Sees bildeten. Furore machte dieser Steinbruch vor einigen Jahren, als man hier Fußspuren von Vorläufern der Dinosaurier fand (Funde im Heimatmuseum Freriks in Winterswijk).

Streckenbeschreibung

Vom Parkplatz nahe dem Bahnhof **Winterswijk** gelangen Sie durch die Einkaufsstraße Westerstraat zum Marktplatz, wenden sich an der Kirche nach links (Rww. Groenlo) und überqueren die Altstadtumgehung Singelweg. Nach 100 m biegen Sie rechts ab (Radmarkierung: Buurtschappenroute; Rww. Ratum) in ein Wohngebiet und verlassen die Stadt.

Auf schmalen, sowohl asphaltierten als auch gepflasterten Landsträßchen und auf befestigten Fahrwegen folgen Sie der ausgezeichneten Radmarkierung in zahlreichen Rechts- und Linksknicks zwischen Viehweiden, Wiesen und durch kleine Waldgebiete, passieren einzeln stehende Bauernhöfe und immer wieder Baumgruppen und Baumreihen.

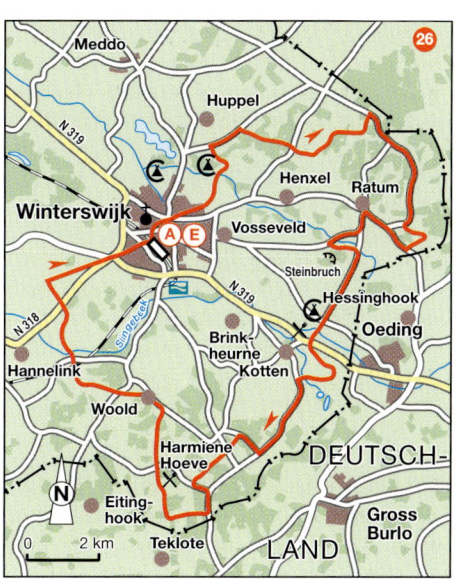

»Eet-Cafés« werden diejenigen Gaststätten genannt, die außer Kaffee und anderen Getränken auch kleine Gerichte auf der Karte haben.

Nach ca. 10 km stoßen Sie auf das Sträßchen Dwarsweg, das unweit der niederländisch-deutschen Grenze verläuft, überqueren den Bach Ratumsebeek und folgen nach links der Allee Hesselinkweg, in ihrer Fortsetzung einer Pflasterstraße zu den wenigen Häusern von **Ratum**.

Hier halten Sie sich an einer Straßenkreuzung links und stoßen nach 2 km auf die Straße Steengroeveweg, die, wiederum nach links, an einem für die dort gemachten Fossilienfunde bekannten **Steinbruch** entlangführt. An der nächsten Straßengabelung wenden Sie sich nach rechts und stoßen auf die Durchgangsstraße N 319. Sie überqueren die Straße, folgen nach links dem befestigten Verinkweg und passieren auf den ständig rechts oder links abknickenden Sträßchen große, teilweise zu gepflegten Wohnhäusern ausgebaute Gehöfte, u. a. Harmiene Hoeve, wo Sie einkehren und Käse kaufen können.

Unmittelbar an der Grenze knickt das Sträßchen rechts ab, führt zwischen zwei Gehöften des Weilers **Roerdink** hindurch und zu einer Kreuzung im Wald, an der ein Gedenkstein an das Ende des Zweiten Weltkriegs erinnert. In **Woold**, einem Weiler mit nur wenigen weit auseinanderstehenden Bauernhöfen und einer etwas dichter bebauten Dorfstraße, folgen Sie an einer Kreuzung nach halb links einem befestigten Weg.

Nach mehreren Links- und Rechtsknicks überqueren Sie die Bahnlinie Winterswijk–Doetinchem, wenig später den Bach Bovenslinge (Slingebeek) und nach weiteren 2 km die Durchgangsstraße N 318.

An der folgenden Kreuzung wenden Sie sich nach rechts, gelangen auf einem schnurgeraden Fahrweg an die Kreuzung der N 318 mit der N 319 und folgen auf der anderen Straßenseite einem Radweg zum Stadtrand von **Winterswijk**. In der Stadt überqueren Sie die Bahngleise und kehren nach rechts in der Stationsstraat an Ihren Ausgangspunkt zurück.

Nützliche Informationen

Ausgangsort: Winterswijk (Prov. Gelderland), geschäftige Einkaufsstadt; südlich von Enschede unweit der deutschen Grenze.
Anfahrt: Von der A 12, Arnhem–Emmerich (Deutschland), abbiegen auf die A 18, Ausfahrt 5 (Varsseveld); N 18 und N 318 über Aalten nach Winterswijk; Parkplatz am Rand des Stadtzentrums in der Nähe des Bahnhofs. Station an der Bahnlinie Arnhem–Winterswijk.
Etappen: Winterswijk – Ratum 18 km – N 318 (Kotten) 6 km (24 km) – Woold 12 km (36 km) – N 318 4,5 km (40,5 km) – Winterswijk 4,5 km (45 km).

Verstreut liegende Gehöfte in blühenden Gärten – um Winterswijk ist die alte Kulturlandschaft noch gut erhalten.

Tour 27 · Auf Schlössertour in Achterhoek **119**

Kasteel Vorden ist als einziges der acht an der Radstrecke gelegenen Herrenhäuser nicht mehr in Privatbesitz, sondern dient als Rathaus der Stadt Vorden.

Radmarkierung: »Buurtschappenroute« (sechseckige Täfelchen).
Campingplatz: De Twee Bruggen (****), Meenkmolenweg 11, Tel. 05 43-56 53 66; südwestlich von Winterswijk.
Einkehr unterwegs: In Winterswijk; Café Schreurs an der N 319 (Kotten); Harmiene Hoeve, ca. 3 km vor Roerdink, geöffnet 1.4.–1.10. täglich außer Mo., Juli/Aug. auch Mo., sonst nur Sa./So.; Verkauf von Käse, Führungen, Spielplatz.
Bademöglichkeit: Naturbad südlich von Winterswijk (Abstecher hin und zurück 5 km).
Sehens- und Wissenswertes: • *Streekmuseum Freriks* in Winterswijk, Groenloseweg 86, geöffnet Di.–Fr. 9–12 und 14–17 Uhr, Sa./So. 14–17 Uhr. • *Käsebauernhof Harmiene Hoeve*, Führungen Sa. gegen 11 Uhr, in den Sommerferien Di.–Sa.
Fahrradverleih: Fa. Oonk, Misterstraat 47, Winterswijk, Tel. 05 43-51 25 19; in der Fußgängerzone.
Auskunft: VVV, Markt 17a, Postbus 90, 7100 AB Winterswijk, Tel. 05 43-51 23 02.
Karte: Provinciekaart 1:100 000, Gelderland, Blatt 3.

27 Auf Schlössertour in Achterhoek

Vorden – Hackfort – Den Bramel – Wildenborch – Huize Onstein – Linde – Vorden

Tourencharakter: Beschauliche Rundtour durch dünn besiedelte Landschaft, vorbei an mehreren Herrensitzen; überwiegend auf ruhigen Alleen; durchgängig markiert.
Länge der Tour: 28 km.

Als **»Achtkastelenroute«** wird diese Rundtour bezeichnet, und das zu Recht, denn acht stattliche Herrenhäuser liegen an der Route. Diese Herrensitze sind umgeben von Parkanlagen, von Waldgebieten, von Weide- und Ackerland mit Hecken, hinter denen die Gehöfte sich verstecken.

Prachtvolle Alleen führen auf die **Herrenhäuser** zu, von denen die meisten aus dem Mittelalter stammen, als sie im Besitz von teilweise streitlustigen adligen Herren waren, die, wie die Ritter van Wisch zu Wildenborch, Raubzüge unternahmen. Die meisten Häuser wechselten seither die Besitzer, wurden zwischen dem 16. und 18. Jh. umgebaut, sind in Privatbesitz und folglich nicht zu besichtigen. Nur **Kasteel Vorden**, das, obwohl das heutige Gebäude aus dem 17. Jh. stammt, aufgrund des Wassergrabens noch immer an eine mittelalterliche Burg erinnert, ist zugänglich, da es als Rathaus der Gemeinde Vorden dient. Die anderen haben großteils die ursprüngliche Struktur eines Landguts bewahrt: Das umliegende Land wird an Bauern verpachtet, deren Zugehörigkeit zu einem bestimmten Landgut manchmal noch an den Farben der Fensterläden zu erkennen ist.

Besichtigt werden können der Blumengarten mit Rosen und Rhododendren um das **Landgut Wiersse**, allerdings nur an einigen Tagen im Jahr, sowie die Parkanlage um das **Kasteel Hackfort**, wo auch eine Windmühle (um 1700) erhalten ist. Hier sowie bei einigen der anderen Häuser stehen prächtige Laubbäume: zwei alte Buchen beim **Kasteel Bramel**, von denen eine den stolzen Durchmesser von 7,40 m erreicht, die 350 Jahre alte Lodewijks Linde, unter der bereits Ludwig XIV., der Sonnenkönig, im Jahr 1672 Tee getrunken haben soll, beim **Kasteel Vorden** und etwas entfernt, inmitten einer Viehweide, die »Dikke Eik (Eiche) van Vorden«.

Streckenbeschreibung

Vom Parkplatz an der Kirche in **Vorden** fahren Sie auf der Hauptstraße nach rechts in Richtung Zutphen, biegen an der nächsten Kreuzung links ab in Richtung Wichmond und folgen der Radmarkierung zum Ortsrand. Dort halten Sie sich auf der Durchgangsstraße N 316 rechts, verlassen sie nach 300 m nach links und gelangen zu einer querlaufenden Landstraße, wo Sie sich nach rechts wenden und das von riesigen Buchen umstandene **Herrenhaus Hackfort** passieren.

An der folgenden Straßenkreuzung fahren Sie geradeaus weiter, halten sich an der nächsten Gabelung rechts auf der Straße Strodijk, die zur Durchgangsstraße N 316 führt. Sie überqueren die Straße, fahren am Ortsrand von Vorden entlang und überqueren die Durchgangsstraße N 319, kurz danach die Bahnlinie Zutphen–Ruurlo.

Nach links folgen Sie der Straße Almenseweg, biegen nach knapp 1 km links ab auf eine befestigte Allee, die am **Herrenhaus**

Eine breite Allee führt auf das mitten im Wald gelegene Herrenhaus Onstein zu.

Tour 27 · Auf Schlössertour in Achterhoek **121**

Den Bramel vorbeiführt und wieder in die Straße einmündet. Nach wenigen hundert Metern biegen Sie am Waldrand rechts ab, halten sich an einer Kreuzung nach rechts auf einem sandigen Forstweg und biegen an der folgenden Kreuzung links ab. Die Birkenallee Galgengoorweg führt an teilweise reetgedeckten Bauernhöfen, Wiesen, Feldern und kleinen Waldgebieten vorbei und knickt rechts ab. An zwei Gehöften wenden Sie sich nach links und folgen einer sehr schmalen Landstraße zu einer querlaufenden Straße. Nach links fahren Sie 100 m weit und sehen zu Ihrer Rechten das prachtvolle, von Teichen umgebene **Herrenhaus Wildenborch**.

Sie kehren wieder zurück und biegen wenig später links ab auf ein Landsträßchen, das in die Straße Mosselseweg einmündet. Sie wenden sich nach links, biegen kurz darauf rechts ab und halten sich nach 1,5 km an einer Kreuzung erneut rechts. Wer einen Blick auf das **Herrenhaus De Wiersse** werfen möchte, folgt der Durchgangsstraße N 319 nach links 300 m weit und biegt in einer Rechtskurve der Straße links ab auf einen befestigten Weg, der auf das Herrenhaus zuführt.

Auf demselben Weg kehren Sie zurück, passieren eine Gaststätte und biegen wenig später – nach rechts führt eine Allee auf das **Herrenhaus Medler** zu – links ab auf einen Fahrweg, der die Bahnlinie Vorden–Ruurlo kreuzt. Nach rechts passieren Sie das **Herrenhaus Huize Onstein**, halten sich auf der querlaufenden Schuttestraat links und an zwei aufeinanderfolgenden Gabelungen jeweils rechts. In Kurven führt die Straße zu einer Windmühle beim Dorf **Linde**, die zu einem Theater umfunktioniert wurde.

Sie fahren zwischen Wiesen, Feldern und durch ein Waldgebiet hindurch und biegen auf Höhe des links gelegenen **Herrenhauses Kiefskamp** rechts ab auf einen Forstweg, der in ein Sträßchen übergeht. An einer Wegespinne am Waldrand – durch eine Schneise ist das Herrenhaus Vorden zu sehen – wenden Sie sich scharf nach rechts auf einen Forstweg, überqueren das Flüßchen Veengoot und folgen einem querlaufenden Sträßchen nach links. Gleich nach Überqueren des Flüßchens Baakse Beek wenden Sie sich nach links zum **Herrenhaus Vorden**, erreichen den Ortsrand von **Vorden** und kehren über einen Kreisverkehr zu Ihrem Ausgangspunkt in der Ortsmitte zurück.

Nützliche Informationen

Ausgangsort: Vorden (Prov. Gelderland), nettes Dorf ca. 25 km nordöstlich von Arnhem.
Anfahrt: Von Arnhem auf der N 348 nach Zutphen, auf der N 319 nach Vorden; Parkplatz an der Kirche. Station an der Bahnlinie Zutphen–Winterswijk.

Etappen: Vorden – Herrenhaus Hackfort 3,5 km – Herrenhaus Den Bramel 4,5 km (8 km) – Herrenhaus Wildenborch 6 km (14 km) – Herrenhaus Huize Onstein 6,5 km (20,5 km) – Linde 2,5 km (23 km) – Vorden 5 km (28 km).
Radmarkierung: »Kastelenroute« (sechseckige, gelbe Täfelchen).
Campingplatz: De Reehorst (***), Enzerinckweg 12, Tel. 0575-551582; nordöstlich von Vorden.
Einkehr unterwegs: In Vorden; Café zwischen Ortsrand Vorden und Herrenhaus Den Bramel; Café/Restaurant an der N319 beim Herrenhaus Medler (Terrasse, Spielplatz); Café in Linde.
Bademöglichkeit: Naturbad »In de Dennen«, Oude Zutphenseweg; östlich von Vorden (nicht an Radstrecke).
Sehens- und Wissenswertes: • *Garten des Herrenhauses De Wiersse*, an einigen Sonntagen im Sommer geöffnet; aktuelle Daten beim VVV Vorden erfragen.
Fahrradverleih: Radgeschäft Bleumink, Dorpsstraat 12, Vorden, Tel. 0575-551393, gegenüber der Kirche.
Auskunft: VVV, Kerkstraat 6, Postbus 99, 7250 AB Vorden, Tel. 0575-553222.
Karte: Provinciekaart 1:100 000, Gelderland, Blatt 3.

28 Von Hansestadt zu Hansestadt

Zutphen – Voorst – Deventer – Epse – Gorssel – Zutphen

> 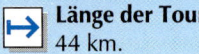 **Tourencharakter:** Beschauliche Rundtour am Fluß IJssel zwischen den ehemaligen Hansestädten Zutphen und Deventer; überwiegend auf ruhigen Landstraßen.
> **Länge der Tour:** 44 km.

Renaissancefassaden mit Treppengiebeln, enge Straßen, große Kirchen, weite Marktplätze, kompakter Stadtkern – sowohl **Zutphen**, Ausgangspunkt, als auch **Deventer**, Wendepunkt der Tour, haben einiges aus dem Mittelalter bewahrt, als sie Mitglieder des Kaufmannsverbunds der Hanse und bedeutende Handelsstädte waren. Stehengeblieben jedoch ist die Zeit auch hier nicht; beide sind lebhafte Städte, wo sich in den Fußgängerzonen die Käufer drängeln und die Straßencafés gut gefüllt sind, wo auf den Marktplätzen an jedem Samstag die Waren angeboten werden vor dem Hintergrund spitzgiebeliger Backsteinhäuser, die einst reichen Kaufleuten gehörten.

Zu Reichtum kamen diese durch den **Handel**, der im 11. Jh. seinen Anfang nahm und bis ins 15. Jh. andauerte. Durch die Lage an der IJssel, damals ein wichtiger Handelsweg, wurden die Siedlungen zu Umschlagplätzen für den Fernhandel zwischen Nord- und Mitteleuropa, für Tuche aus Flandern, Stockfisch aus Norwegen, Heringe aus dem schwedischen Schonen, für Töpferwaren aus dem Kölner Raum, für Holz, Salz und Korn. So wuchsen hier Städte heran, die zu den ältesten der Niederlande gehören.

In **Deventer**, der größeren und einst bedeutenderen der beiden, steht heute das älteste Haus (von 1130) der Niederlande (Sandrasteeg 8) und stand eine der ersten Kirchen. Um 765 erbaute hier der angelsächsische Missionar Lebuinus eine einfache Holzkirche und begann von hier aus die Christianisierung des Landes. Deventer wurde im 9./10. Jh. Bischofssitz. Erhalten sind drei Kirchen – Grote oder Lebuinuskerk (11. Jh.), St. Nicolaas- oder Bergkerk (12. Jh.) und Broederenkerk (14. Jh.).

Aber auch **Zutphen** hat eine bemerkenswerte Kirche: die St. Walburgskerk, eine gotische Hallenkirche mit Wandmalereien aus dem 15. Jh. und der ältesten Bibliothek der Niederlande, der um 1550 an die Kirche angebauten Librije mit der ursprünglichen Büchersammlung. Sehenswert sind auch die Reste der mittelalterlichen Stadtbefestigung (15. Jh.) sowie die schönen Giebelhäuser auf dem Zaadmarkt und Groenmarkt.

Streckenbeschreibung

Vom Parkplatz am Bahnhof **Zutphen** überqueren Sie die am Bahnhof vorbeiführende Straße, folgen der parallel verlaufenden

Tour 28 · Von Hansestadt zu Hansestadt **123**

Straße Molengracht nach rechts und stoßen am anderen Ufer des Flusses IJssel auf die Durchgangsstraße N 345. Nach rechts unterqueren Sie die Bahnlinie Zutphen–Apeldoorn und biegen rechts ab (Radmarkierung: LF 3b, Hanzeroute) auf eine schmale, entlang dem IJsseldamm verlaufende Landstraße. Nach 2 km folgen Sie der rechts abzweigenden Straße Dovenkampweg, halten sich an einer ersten Straßengabelung links, nach mehreren Kurven an einer zweiten Gabelung rechts und erreichen das Dorf **Voorst**.

Kurz nach der Kirche wenden Sie sich nach rechts zur Durchgangsstraße Zutphen–Apeldoorn, folgen ihr nach rechts mehrere hundert Meter weit und verlassen die Straße auf einem rechts abzweigenden Fahrweg. Am Fluß passieren Sie die (nicht zugängliche) Ruine Nijenbeek mit einem mächtigen Donjon und folgen dem Uferdamm zur Marsstraat. Sie halten sich rechts entlang dem Fluß, biegen links ab auf das Sträßchen Oyseweg und erreichen nach mehreren Links- und Rechtsknicks die schmale Straße Bolwerksweg, die nach links unter einer das ganze IJsseltal überspannenden Brücke der A 1, Apeldoorn–Enschede, hindurchführt. Sie fahren auf Deventer zu, unterqueren die Durchgangsstraße Deventer–Apeldoorn – linker Hand die Bolwerksmühle, eine achteckige Windmühle aus dem Jahr 1863, die besichtigt werden kann, wenn eine blaue Fahne gehißt ist – und gelangen, mit schönem Blick auf die Flußfront von Deventer, zur Anlegestelle einer Personenfähre.

Der kürzeste Weg in die Altstadt von **Deventer** führt geradeaus durch die Straße Vispoort, schräg nach links über den Nieuwe Markt, geradeaus über den Stromarkt, durch die Fußgängerzone Engestraat und über den Broederenplein. Nach rechts durch die Fußgängerzone Korte Bischopstraat erreichen Sie den langgestreckten Marktplatz (Fahrräder müssen geschoben werden!) mit dem alten Waag-Gebäude.

Die links des Gebäudes De Waag beginnende Straße Zandpoort mündet am Fluß-

Besonders reizvoll: Markt auf dem »Brink« vor den historischen Gebäuden der im Mittelalter bedeutenden Hansestadt Deventer.

124 *Die Mitte*

ufer in die Straße Pothoofd, auf der Sie nach links eine Durchgangsstraße unterqueren und der Ausfallstraße N 348 in Richtung Autobahn nach rechts folgen. Auf einer neben der modernen Straße verlaufenden Zufahrtstraße zu einigen Industrie- und Gewerbebetrieben verlasssen Sie die Stadt und halten sich an einem Hotelparkplatz geradeaus auf einem Radweg, der zunächst den Kanal Schipbeek überquert, dann unter der Autobahn hindurchführt.

Am Ortsbeginn von **Epse** kreuzen Sie die N 348 und fahren auf der Straße Lochemseweg durch den wenig ansehnlichen Ort. Im Wald biegen Sie rechts ab auf den befestigten Fahrweg Huzarenlaan und wenden sich nach ca. 2 km am Ende einer Lichtung an einer Wegkreuzung scharf nach rechts auf den Fahrweg Elfuursweg, der schnurgerade nach **Gorssel** führt.

Sie kreuzen die Durchgangsstraße Deventer–Zutphen, verlassen auf der Straße Ravensweerdsweg den Ort und gelangen, vorbei an teilweise reetgedeckten Gehöften, wieder an den Fluß, der nur zu erahnen ist. Die Straße knickt mehrmals ab und führt durch das Gebiet **Ravensweerden**, alte Flußdünen, die bei den bis ins Mittelalter ständig stattfindenden Überschwemmungen entstanden und wo zahlreiche Hecken auffallen. Auf dem querlaufenden Sträßchen Eekweg wenden Sie sich nach links, dem nächsten querlaufenden Sträßchen folgen Sie nach rechts, biegen wieder links ab auf die Straße Gorsselse Enkweg und wenig später nochmals nach rechts auf die Straße Eefdese Enkweg, die an einer **Aufzuchtstation für Störche** vorbeiführt. An einer Straßenkreuzung wenden Sie sich nach rechts auf die Straße Quatre Brasweg und passieren auf der Straße Mettrayweg die zu **Eefde** gehörenden Häuser. Nach links entlang dem Twente Kanaal unterqueren Sie eine Bahnlinie, stoßen auf die Durchgangsstraße Deventer–Zutphen und folgen ihr nach rechts. In **Zutphen** halten Sie sich geradeaus und kehren, vorbei am See Grote Gracht, an Ihren Ausgangspunkt zurück.

Wer die **Altstadt** erkunden möchte, folgt vom Bahnhof der Stationsstraat und nach rechts der Turfstraat zum Groenmarkt in der Stadtmitte und geradeaus der Lange Hoofstraat zur Walburgkerk mit ihrer berühmten Bibliothek.

Nützliche Informationen

Ausgangsort: Zutphen (Prov. Gelderland), Stadt an der IJssel mit historischem Kern; östlich von Apeldoorn.
Anfahrt: A 1, Enschede–Apeldoorn, Ausfahrt 23 (Deventer); 10 km auf der N 348 nach Zutphen; (gebührenpflichtiger) Parkplatz am Bahnhof. Bahnstation an der Linie Arnhem–Zwolle.
Etappen: Zutphen – Voorst 7,5 km – Deventer 12 km (19,5 km) – Epse 5 km (24,5 km) – Gorssel 4,5 km (29 km) – Zutphen (Stadtrand) 12,5 km (41,5 km) – Zutphen (Bhf.) 2,5 km (44 km).
Radmarkierung: »LF 3b, Hanzeroute« (grüne Schrift auf rechteckigem Täfelchen) zwischen Zutphen und Deventer; in Deventer

Störche, in den feuchten Niederungen des IJsseltals früher keine Seltenheit, werden heute in einer Aufzuchtstation bei Eefde versorgt.

kaum, zwischen Deventer und Zutphen nur wenige Radwegweiser.
Campingplatz: Camping Warnsveld (*), Warkenseweg 7, Tel. 05 75-43 13 38; geöffnet 1.4.–27.10.; östlich von Zutphen.
Einkehr unterwegs: In Zutphen; Pannekoekenhuis und Restaurant in Voorst; in Deventer; Café in Epse; Pannekoekenhuis in Gorssel.
Bademöglichkeit: In Deventer beheiztes Freibad (Borgelerbad) und subtropisches Schwimmparadies De Scheg; in Zutphen subtropisches Graaf Ottobad.
Sehens- und Wissenswertes: • *Kirche St. Walburga mit Bibliothek* in Zutphen, täglich geöffnet. • *Bolwerksmühle* bei Deventer, geöffnet Mai–Sept. Di. und Sa. 9–12.15 und 13.30–17 Uhr. • *Museum De Waag* in Deventer, auf dem Marktplatz; Stadtmuseum mit Spielzeug- und Blechmuseum; geöffnet Di.–Sa. 10–17, So. 14–17 Uhr. • *Grote Kerk* in Deventer, ursprünglich romanische Kirche mit Krypta und Wandmalereien aus dem 16. Jh.; im Glockenturm (1459) altes Glockenspiel; Kirche geöffnet Mo.–Sa. 11–17 Uhr, Turmbesteigung möglich Juli/Aug. Mo.–Sa. 13–17 Uhr.
Fahrradverleih: Bei der Fahrradaufbewahrung (Rijwielstalling) am Bahnhof in Zutphen, Tel. 05 75-51 93 27.
Auskunft: VVV, Groenmarkt 40, Postbus 4106, 7200 BC Zutphen, Tel. 05 75-51 79 28.
Karte: Provinciekaart 1:100 000, Gelderland, Blatt 2 oder Blatt 3.

29 Durch das IJsseltal und die Veluwe-Wälder

Hattem – Wapenveld – Vorchten – Veessen – Heerde – Hattem

Tourencharakter: Beschauliche Rundtour durch kleine Städte und Dörfer, entlang ruhigen Kanälen und der IJssel sowie durch ausgedehntes Waldgebiet; je zur Hälfte auf überwiegend ruhigen Straßen und auf Radwegen.
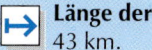 **Länge der Tour:** 43 km.

»**IJssel**« – Wasserstrom, das war die frühere Bedeutung des Wortes. Massen von Wasser waren es auch, die in dem während der letzten Eiszeit durch Gletscher geformten Tal in Richtung Zuiderzee einst abflossen. Wasser, das ständig seinen Lauf veränderte, neue Betten grub, mitgeschwemmten Sand und Lehm ablagerte. Fruchtbar war der Boden, der dadurch entstand, für Wohnplätze geeignet waren die etwas erhöhten Ufer. Nicht verwunderlich also, daß frühe Besiedlungsspuren hier gefunden wurden, daß bereits im Jahr 765 in Wilp bei Deventer eine der ersten Kirchen erbaut wurde, daß Deventer um 1000 zur mächtigsten Siedlung der nördlichen Niederlande heranwuchs und daß durch den Handel der Hanse, einer Vereinigung von Kaufleuten, weitere reiche Städte entstanden wie Zwolle und Kampen. Die Hanse nutzte etwa ab 1300 die IJssel als Handelsroute, obwohl das Befahren mit Segelschiffen nicht immer einfach war. So mußten diese beispielsweise mit Hilfe von Pferden durch die Flußkehre bei Veessen gezogen werden.

Doch den Vorteilen der Lage am Fluß – genügend Trinkwasser, gute Transportmöglichkeiten, fruchtbarer Boden – stand ein schwerwiegender Nachteil gegenüber: ständige Überflutungen. Kilometerweit breitete sich der Fluß vor allem im Winter aus, und so versuchten etwa ab 1400 die Anrainer, den Fluß einzudeichen, ihn in ein einziges Flußbett zu zwingen. Schwerwiegender noch war der Eingriff in die Flußgeschichte, als bei Driel, wo die IJssel vom Rijn abzweigt, ein Wehr errichtet wurde, das nun den Wasserstand regelt.

Zwischen Sommer- und Winterdeichen variiert er heute noch seine Breite, doch seine einstige Bedeutung hat er verloren, da er Anfang des 16. Jh. zu versanden begann und folglich für die Schiffahrt uninteressant wurde. Die einstigen Hansestädte blieben dadurch in ihrer Entwicklung stecken. **Hattem** beispielsweise, Ausgangspunkt der Radtour, ist heute ein verträumtes, idyllisches Städtchen.

Streckenbeschreibung

Vom Parkplatz in **Hattem** folgen Sie der Umgehungsstraße nach links in Richtung Heerde/Apeldoorn und biegen kurz nach dem Ortsrand links ab (Radmarkierung: Leemculeroute) auf einen Radweg, der durch Wald und eine ausgedehnte Wohnsiedlung führt; Vorsicht: mehrere unübersichtliche Stoppstellen an querlaufenden Straßen! Auf Höhe des Dorfes **Berghuizen** passieren Sie eine Fabrikanlage und biegen wenig später an einer weiteren Fabrik links ab auf eine Landstraße, die durch Wald, über den Kanal Nieuwe Wetering und auf einem Damm zwischen Viehweiden zum Pumpwerk Pouwel Bakhuis führt.

Hier folgen Sie nach rechts einem Radweg, der 4,5 km weit auf dem Damm des Kanals **Terwoldse Wetering** verläuft und dabei zwei Straßen kreuzt. 500 m nach der zweiten Straße zweigt ein Fuß- und Radweg links ab und mündet bei einem großen Gehöft in eine Straße ein, auf der Sie nach rechts das Dorf **Vorchten** erreichen. Im Ort halten Sie sich an einer Straßengabelung rechts, verlassen das Dorf und gelangen zwischen Obstwiesen und -plantagen auf den **IJsseldamm**.

Nach rechts führt die Dammstraße zum Ortsbeginn von **Veessen**, wo Sie eine Windmühle passieren. Wenig später biegen Sie rechts ab, fahren in einem Bogen durch den Ort und stoßen am Ortsende wieder auf den Damm.

Nach einigen hundert Metern halten Sie sich rechts in Richtung Heerde, überqueren die Kanäle Terwoldse Wetering, Nieuwe Wetering und den Apeldoornskanaal, ehe Sie das Herrenhaus Bonenburg passieren und **Heerde** erreichen.

Auf der verkehrsreichen Hauptstraße wenden Sie sich nach rechts, biegen nach wenigen hundert Metern links ab auf die Hagestraat/Elburgerweg, folgen einer links abzweigenden Straße in Richtung Elburg 't Harde und überqueren die Autobahn Zwolle–Apeldoorn. Kurz darauf folgen Sie nach rechts der Ausschilderung »Heerderstrand« durch eine Waldsiedlung zum **Freizeitgelände Heerderstrand**, einem Waldsee mit Bademöglichkeit, Spielplatz und Kiosk,

Tour 29 · Durch das IJsseltal und die Veluwe-Wälder **127**

entstanden in den achtziger Jahren, als hier für den Bau der A 50 Sand und Kies abgebaut wurden.

Der Radweg führt links um den See herum und passiert am Nordende des Sees einen Aussichtspunkt, von dem aus ein Teil des riesigen Heidegebiets Veluwe zu sehen ist. Am Parkplatz des Freizeitgeländes steigen Sie leicht an, überqueren wieder die Autobahn und wenig später die Durchgangsstraße Zwolle–Heerde. Ein befestigtes Sträßchen führt in das sanft gewellte Waldgebiet Zwolse Bos hinein, dann leitet Sie die ausgezeichnete Radmarkierung in zahlreichen Links- und Rechtsknicks durch ein unüberschaubares Netz von zwar sandigen, aber recht gut befahrbaren Waldwegen bis dicht an die Autobahn heran und zu einer Landstraße, auf der Sie nach rechts an einen Campingplatz mit einer Ferienhaussiedlung gelangen.

Auf Höhe der Campingplatzeinfahrt biegen Sie links ab (Rww. Hattem), fahren entlang einer Lichtung und passieren das zur Linken leicht erhöht gelegene **Herrenhaus Molecaten** (19. Jh.), kurz danach am Waldrand das Hotel-Restaurant »Herberg Molecaten«.

Die Straße Koeweg führt zu den ersten Häusern von **Hattem**. Hier halten Sie sich an einer Straßengabelung rechts, nach 100 m auf der querlaufenden Stadslaan links und folgen den Radwegweisern »Centrum« über den einstigen Festungsgraben und nach rechts zum Kirchplatz in der malerischen Stadtmitte. Auf der Hauptstraße fahren Sie auf den Torturm Dijkpoort zu, biegen rechts ab in die Ridderstraat und kehren zum Parkplatz an der Umgehungsstraße zurück.

Nützliche Informationen

Ausgangsort: Hattem (Prov. Gelderland), Kleinstadt südlich von Zwolle.
Anfahrt: A 50, Arnhem–Zwolle, Ausfahrt 30 (Hattem); 2 km nach Hattem; ausgeschilderter Parkplatz »De Bleek« an der Umgehungsstraße. Keine Bahnverbindung.
Etappen: Hattem – Wapenveld 4 km – Pumpstation Pouwel Bakhuis 2 km (6 km) – Vorchten 6 km (12 km) – Veessen 5,5 km (17,5 km) – Heerde 5 km (22,5 km) – Heerderstrand 5 km (27,5 km) – Herrenhaus Molecaten 13 km (40,5 km) – Hattem 2,5 km (43 km).
Radmarkierung: »Leemculeroute« (rote Schrift auf sechseckigem Täfelchen).
Campingplatz: Camping Landgoed Molecaten, Koesweg 1, Hattem, Tel. 0 38-4 44 70 44; am südwestlichen Stadtrand.

Regelmäßig überflutete die IJssel im Winter die Niederungen, wurde deshalb eingedeicht und reguliert, worauf sie ihre Bedeutung für die Schiffahrt verlor.

Straßencafés auf den Marktplätzen der historischen Städtchen wie Hattem gehören heute zum Straßenbild.

Einkehr unterwegs: In Hattem; Restaurant Mussennest, am Ortsbeginn von Wapenveld; Bauernhof mit Kaffeegarten »De Appelgaard« in Vorchten (So. Ruhetag); in Veessen Café am Campingplatz De IJsselhoeve und Café IJsselzicht am Jachthafen, beide mit Terrasse an der IJssel; Kiosk am Badesee Heerderstrand; Restaurant/Café »Herberg Molecaten« mit Terrasse kurz vor Hattem.
Bademöglichkeit: Badesee Heerderstrand; Freibad De Watermulder am Ortsanfang von Hattem.
Sehens- und Wissenswertes: In Hattem:
• *Nederlands Bakkerijmuseum »Het warme Land«*, Kerkhofstraat 13. • *Streekmuseum* (Heimatmuseum), Voermanhuis, Achterstraat 46–48; beide geöffnet 1.5.–31.10. Mo.–Sa. 10–17, im Juli/Aug. auch So. 13–17 Uhr, 1.11.–30.4. Di.–Sa. 10–17 Uhr.
Fahrradverleih: Fiets Fun Tweewielercentrum, Ridderstraat 9, Hattem, Tel. 038-4446179; im Zentrum.
Auskunft: VVV, Kerkhofstraat 2, 8051 GG Hattem, Tel. 038-4443014.
Karte: Provinciekaart 1:100000, Gelderland, Blatt 2.

30 Durch die Hügel und Wälder von Salland

Ommen – Junne – Diffelen – Mariënberg – Beerze – Beerzerhaar – Ommen

Tourencharakter: Markierte Rundtour durch Wald sowie durch parkähnliche Landschaft mit Einzelgehöften und altem Baumbestand; überwiegend auf Radwegen.
Länge der Tour: 31 km.

Besthemerberg, Archemerberg, Lemelerberg – ein Blick auf die Karte verrät, daß **Salland**, der zentrale Teil der Provinz Overijssel, nicht dem typischen Bild der Niederlande entspricht. Bis auf 81 m steigt der Lemelerberg an, der höchste Punkt des **Sallandse Heuvelrug** (Hügelrücken), der während der vorletzten Eiszeit entstand. Vor ca. 150000 Jahren schob ein gewaltiger Gletscher, der sich durch das IJsseltal in Richtung Süden

Tour 30 · Durch die Hügel und Wälder von Salland **129**

bewegte, an seinen Rändern Lehm, Kies und Sand zu hohen Wällen zusammen.

Heute ist dieses hügelige, bewaldete Gebiet östlich der IJssel eines der größten zusammenhängenden Naturgebiete der Niederlande. Seinem Reiz erlagen in früheren Jahrhunderten die Mitglieder des Landadels, die sich hier schloßartige Landhäuser erbauen ließen, heute die zahlreichen Touristen, die hier ausgezeichnete Campingplätze und touristische Attraktionen vorfinden. Wer allerdings nur Ruhe sucht, findet auch diese auf einer Radtour wie dieser, die durch ausgedehnte Wälder und entlang windungsreichen Flüßchen führt, vorbei an stattlichen Bauernhöfen.

Ausgangspunkt der Tour ist **Ommen**, das sich bereits im Mittelalter an einer Furt durch die Vecht, damals eine wichtige Wasserstraße zwischen der Zuiderzee und dem Hinterland, entwickelte und eine der ältesten Städte in Salland ist. An dieser Furt stand im 13. Jh. auch die Raubritterburg Het Laer, deren Besitzer von allen vorbeiziehenden Schiffen und Reisenden Zoll verlangte. Raubritter war auch der Herr von Eerde, dessen Burg im 14. Jh. auf dem Besthemerberg stand. Regelmäßig überfiel er jene Kaufleute, die von Deutschland auf dem Weg nach Westen waren, bis der Bischof von Utrecht eingriff und die Burg schleifen ließ. Ein Neubau wurde errichtet, und zwar an der Stelle, an der das heutige **Kasteel Eerde** steht. Im gegenwärtigen Gebäude, das aus dem Jahr 1715 stammt, ist eine internationale Schule eingerichtet, weshalb es nicht zu besichtigen ist.

Streckenbeschreibung

Vom Bahnhof **Ommen** kehren Sie zurück zur Durchgangsstraße, wenden sich nach links und biegen wenig später rechts ab in Richtung Beerze. Am Ortsrand halten Sie sich auf einem Radweg an der zeitweilig stark befahrenen Straße Beerzerweg rechts und fahren durch eine parkartige Landschaft mit einigen reetgedeckten Bauernhöfen. Nach 1 km überqueren Sie die Bahnlinie Ommen–Hardenberg und folgen nach links einem parallel zur Bahnlinie im Wald verlaufenden Radweg. Wenig später kehren Sie wieder zur Straße zurück, verlassen Sie aber schon nach 100 m nach links auf dem schnurgeraden Waldsträßchen Junnerweg. Bei den wenigen reetgedeckten Bauernhöfen des Weilers **Junne** halten Sie sich links und überqueren den Fluß Overijsselse Vecht, der hier aufgestaut ist. Den Höhenunterschied von 1,5 m überwinden die Fische mit Hilfe von Fischtreppen in einer »Umleitung«: mehrere 15 cm hohe Stufen können

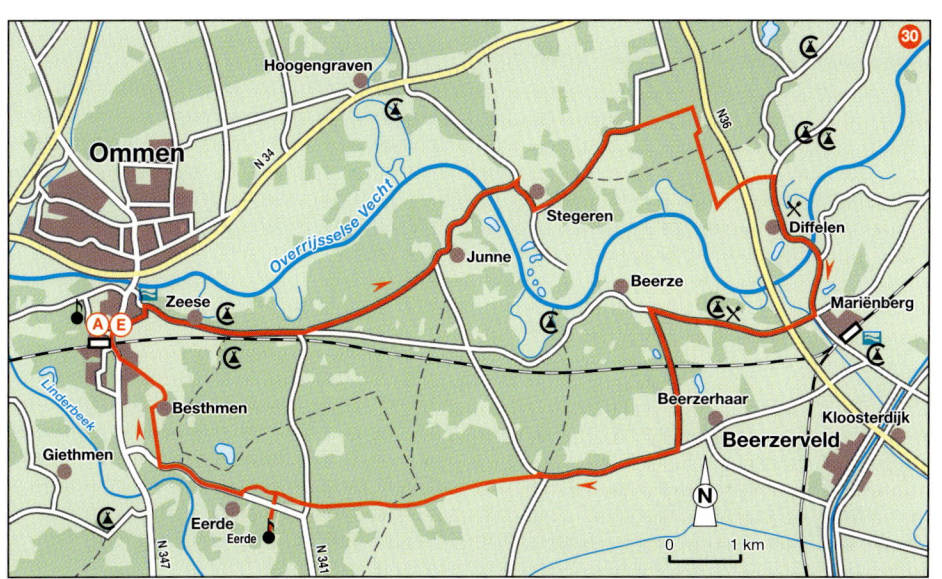

Das Städtchen Ommen entwickelte sich im Mittelalter an einem Übergang über den Fluß Overijsselse Vecht, damals eine wichtige Wasserstraße.

Fische problemlos flußaufwärts überspringen. Bei den wenigen Höfen von Stegeren biegen Sie rechts ab auf die Straße Stegerdijk.

Nach einigen hundert Metern folgen Sie der Radmarkierung auf einem links abzweigenden Sträßchen (Rww. Hardenberg), das in einen Forstweg übergeht. Etwa 2,5 km weit fahren Sie durch ein Heide- und Waldgebiet, ehe Sie rechts abbiegen und nach 1 km auf das Sträßchen Grote Esweg stoßen. Sie wenden sich nach links, unterqueren die Durchgangsstraße N 36 und biegen nach einigen hundert Metern rechts ab. Die kurvenreiche Straße führt durch das Straßendorf **Diffelen**, über den Fluß Overijsselse Vecht und an eine Straßenkreuzung in **Mariënberg**.

Nach rechts folgen Sie einem Radweg an der Straße in Richtung Ommen, kreuzen wieder die N 36 und gelangen, mittlerweile auf der zeitweise stark befahrenen Straße, zu den reetgedeckten Gehöften von **Beerze**. Eine scharf links abzweigende Straße führt durch das Heide- und Waldgebiet Beerzerzand, über die Bahnlinie Ommen–Hardenberg und zu einer Kreuzung im Straßendorf **Beerzerhaar**. Sie folgen nach rechts einer breiten Landstraße, biegen nach gut 2 km kurz vor dem Waldrand links ab auf einen Fahrweg und erreichen entlang dem Waldrand, dann im Wald nach 3,5 km einen Parkplatz. Geradeaus führt der markierte Weg an einem Gebäude vorbei und zur Durchgangsstraße N 341.

Wenn Sie sich das (nicht zugängliche) **Wasserschloß Eerde** ansehen möchten, biegen Sie an dem eben genannten Gebäude links ab, überqueren die N 341 und nähern sich auf der breiten Kasteellaan dem Schloß (Abstecher hin und zurück 1 km).

Von der N 341 biegen Sie nach ca. 1,5 km rechts ab auf einen Forstweg (Rww. Junne),

31 Das Wassersportgebiet De Wieden

Giethoorn – Belt-Schutsloot – Barsbeek – Sint-Jansklooster – Blokzijl – Jonen – Giethoorn

folgen bei den wenigen Bauernhöfen von **Besthmen** dem Sträßchen Bergweg nach rechts und gelangen nach einigen Kurven – bei den letzten Höfen von Besthmen nicht der »Beerzeroute« nach rechts folgen! – zum Ortsrand von **Ommen** und zur N 341. Nach rechts überqueren Sie wenig später die Bahnlinie und kehren zum Bahnhof zurück.

Nützliche Informationen

Ausgangsort: Ommen (Prov. Overijssel), geschäftige Einkaufsstadt sowie Touristenort an der Overijsselse Vecht.
Anfahrt: A 28, Utrecht–Groningen, Ausfahrt 21 (Ommen); auf der N 340 knapp 20 km bis Ommen; auf Höhe des Ortszentrums rechts abbiegen in Richtung Nijverdal, über den Fluß Overijsselse Vecht und nach 700 m erneut rechts abbiegen zum Bahnhof. Station an der Bahnlinie Zwolle–Almelo.
Etappen: Ommen – Junne 6 km – Stegeren 2 km (8 km) – Diffelen 5,5 km (13,5 km) – Mariënberg 2 km (15,5 km) – Beerze 2,5 km (18 km) – Beerzerhaar 2,5 km (20,5 km) – Besthmen 9 km (29,5 km) – Ommen 1,5 km (31 km).
Radmarkierung: »Beerzeroute« (grüne Schrift auf sechseckigem Täfelchen).
Campingplatz: Besthmenerberg (****), Besthemerberg 102, Tel. 05 29-45 13 62; 3 km südöstlich von Ommen.
Einkehr unterwegs: In Ommen; Restaurant De Gloepe in Diffelen (Mo./Di. Ruhetag; warme Küche 12–15 Uhr) mit Terrasse; in Mariënberg; Cafeteria an der Einfahrt zu einem Campingplatz kurz vor Beerze.
Bademöglichkeit: Beheiztes Freibad in Ommen.
Sehens- und Wissenswertes: • *Cultuurhistorisch Museum Oudheidkamer Den Oordt* in Ommen, Den Oordt 7, geöffnet 1. 4. bis 1.11. Mo.–Fr. 10–17, Sa. bis 16 Uhr. • *Tinnen Figuren Museum* in Ommen, Markt 1, geöffnet Di.–Sa. 10–17, So. 14–17 Uhr.
Fahrradverleih: Fa. Lub, Bermerstraat 1, Tel. 05 29-45 14 70; im Zentrum von Ommen gegenüber der Post.
Auskunft: VVV, Markt 1, 7731 DB Ommen, Tel. 05 29-45 16 38.
Karte: Provinciekaart 1:100 000, Overijssel, Blatt 2.

 Tourencharakter: Äußerst reizvolle Rundtour um die Seen Beulaker- und Belterwijde und durch die »Kanaldörfer« Belt-Schutsloot, Dwarsgracht und Giethoorn; je zur Hälfte auf Radwegen und ruhigen Landstraßen.
Länge der Tour: 39 km.

»Waterland« wird dieses Gebiet in der westlichen Ecke der Provinz Overijssel, zwischen den Städten Steenwijk, Zwartsluis, Kampen und Blokzijl genannt. Zu Recht, denn hier reihen sich schilfbewachsene Feuchtgebiete und Seen aneinander, verbunden durch eine Vielzahl an Kanälen. Breite Kanäle wie die Arembergergracht, auf der sich zahllose Freizeitboote fortbewegen, schmale wie die Dorfgrachten in Giethoorn, Belt-Schutsloot und Dwarsgracht, wo der Kanal einst die Straße war und erst in jüngster Zeit ein schmaler Weg angelegt wurde, auf dem sich heute der Ort »erradeln« läßt. Zentrum des Gebiets sind die beiden Seen **Beulakerwijde** und **Belterwijde**, die nur durch einen schmalen Landstreifen voneinander getrennt sind.

Entstanden sind diese Seen vor noch nicht allzu langer Zeit. Als im 16. Jh. die holländischen Städte sich ausdehnten und der Bedarf an Brennstoff stieg, begann man damit, die moorigen Weidegebiete in Friesland und Overijssel einzudeichen und zu entwässern. Anschließend wurde in schmalen Reihen Torf abgestochen, manchmal bis auf 6 m Tiefe, und zum Trocknen auf einem zwischen den Reihen zurückgebliebenen Landstreifen ausgelegt.

Um den Torf zu den westholländischen Städten zu bringen, wurden Kanäle gegraben, z. B. die Arembergergracht im Jahr 1564. Zunächst wurde der Torf zu den an der Zuiderzee gelegenen Hafenorten Blokzijl und Zwartsluis transportiert, von dort

132 *Die Mitte*

ging es weiter nach Amsterdam. Um diesen Handelsweg zu sichern, wurden gegen Ende des 16. Jh. Blokzijl und Zwartsluis befestigt.

Da die Nachfrage nach Torf groß war, wurden beim Torfstechen die Landstreifen zu schmal, die Gräben zu tief gemacht, so daß, als im 18. Jh. die Zuiderzee mehrmals die Deiche überflutete, die Landstreifen weggespült wurden. Große Seen, sogenannte »weren« oder »wieden«, entstanden und Dörfer, z.B. Beulake, verschwanden vollständig.

Streckenbeschreibung

Vom Parkplatz gegenüber dem VVV-Büro in **Giethoorn-Zuid** folgen Sie einem Radweg an der stark befahrenen Durchgangsstraße N 334 nach links in Richtung Zwartsluis (Radmarkierung: Wiedenroute; Rww. Zwartsluis) auf einer schmalen Landbrücke durch den See Beulakerwijde und passieren einen Campingplatz und Jachthafen an der Blauwe Hand genannten Stelle. Sie überqueren eine Hebebrücke über die Verbindung zwischen Beulakerwijde und Belterwijde, durchqueren auf einem Damm den letztgenannten See und erreichen auf einer rechts abzweigenden Landstraße das malerische »Kanaldorf« **Belt-Schutsloot.** Kurz nach dem Ortsschild biegen Sie rechts ab und fahren auf einem schmalen Fuß- und Radweg entlang einem Kanal an den teilweise reetgedeckten Häusern mit ihren Blumengärten vorbei und über zahlreiche Seitenkanäle, die die einzelnen Hausparzellen voneinander trennen. Am Ortsende wenden Sie sich an einem Café beim Bootshafen

Die Arembergergracht wurde im 16. Jh. als Verbindung zwischen den Torfabbaugebieten und den Städten angelegt.

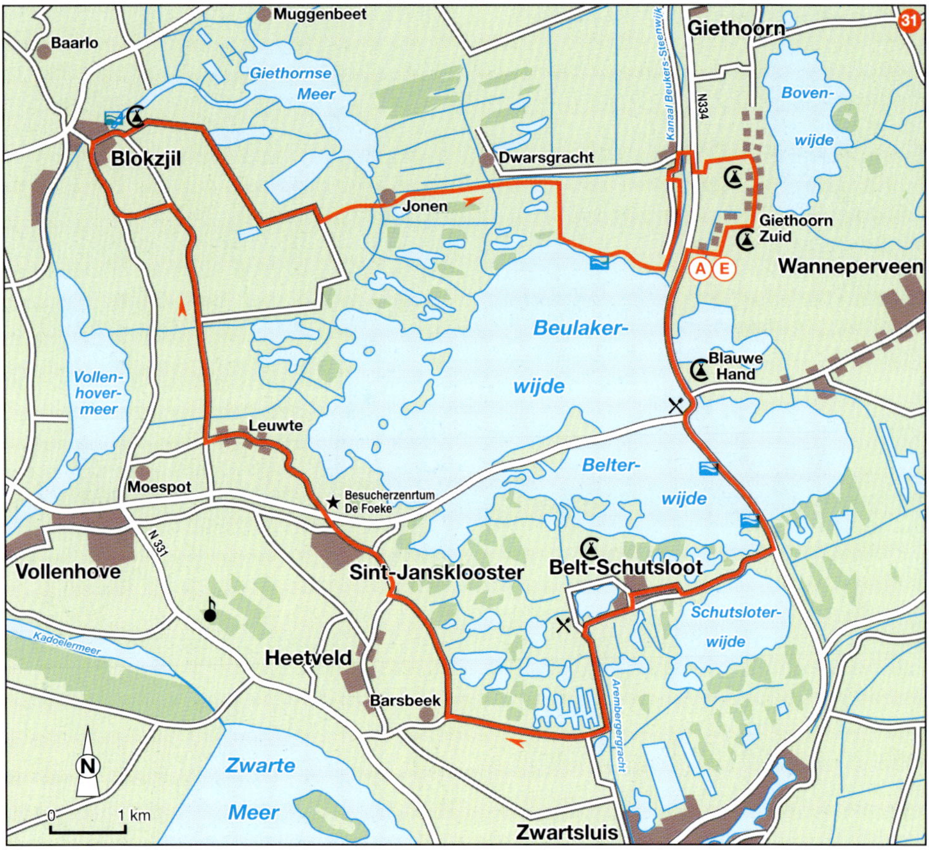

Die Bierkade am Hafen von Blokzijl, wo früher Bierfässer verladen wurden.

nach links, kurz darauf wieder nach rechts und überqueren den bei Freizeitkapitänen beliebten Kanal **Arembergergracht**.

Auf diesem Landsträßchen, das nach gut 1 km rechts abknickt, erreichen Sie das Dörfchen **Barsbeek**, wo Sie einer Allee nach rechts folgen. An einigen reetgedeckten Bauernhöfen vorbei, stoßen Sie auf eine breitere Straße, die nach rechts zum Ortsrand von **Sint-Jansklooster** führt, wo von dem einstigen Kloster nichts mehr zu sehen ist. Zu sehen ist jedoch von hier der See Belterwijde, da das Dorf auf einem ca. 10 m hohen Moränenrücken liegt.

Zwischen teilweise reetgedeckten Häuschen fahren Sie durch das Dorf und biegen am Ortsende links ab (Rww. Doorgaand verkeer). Sie unterqueren eine Durchgangsstraße, passieren wenig später das nahe am Ufer des Sees Beulakerwijde gelegene **Besucherzentrum De Foeke** und folgen der am Hang einer leichten Erhebung verlaufenden Landstraße – gelegentlich ist der See zu sehen – durch das weit auseinandergezogene Straßendorf **Leeuwte**.

Kurz nach einer Käserei biegen Sie an einer Straßenkreuzung rechts ab auf eine schmale Landstraße, die nahezu schnurgerade auf das im Hintergrund schon zu sehende Städtchen Blokzijl zuläuft, überqueren einen breiten Verbindungskanal zwischen den Seen Beulakerwijde und Vollenhovermeer und biegen ca. 1 km vor Blokzijl links ab. Dieses Sträßchen mündet in eine auf einem Damm verlaufende Straße ein, auf der Sie vollends nach **Blokzijl** gelangen, einem vielbesuchten Städtchen mit zentral gelegenem Hafenbecken, das von hübschen Giebelhäusern gesäumt ist; wo früher die torfbeladenen Schiffe anlegten, liegen heute die Freizeitboote vor Anker.

Im Ort überqueren Sie eine Hebebrücke und erreichen nach links den Bootshafen. Auf demselben Weg kehren Sie zurück, wenden sich kurz nach der Hebebrücke nach links und gelangen durch eine Wohnsiedlung zum Ortsrand. Sie halten sich links, verlassen Blokzijl und folgen nach einem Rechts-, Links- und wieder Rechtsknick der Straße einem links abzweigenden Fahrweg zur Anlegestelle einer Personenfähre bei **Jonen**.

Am gegenüberliegenden Kanalufer führt ein Fuß- und Radweg an den wenigen Gebäuden von Jonen vorbei und schnurgerade durch ein Feuchtgebiet nach **Dwarsgracht**, einem malerischen »Kanaldorf«, wo sich ein Abstecher nach links zum Ortsende mit dem Restaurant Otterskooi lohnt.

Geradeaus folgen Sie dem Radweg (Rww. Giethoorn) entlang einem breiten Kanal, überqueren eine schmale Brücke und wenden sich sofort nach rechts (Rww. Giethoorn). Sie fahren am Nordufer des Sees **Beulakerwijde** entlang und stoßen auf den von unzähligen Booten belebten Kanal Beukers-Steenwijk, an dessen anderem Ufer sich der Ort **Giethoorn-Zuid** erstreckt. Entlang dem Kanal gelangen Sie an die Durchgangsstraße N 334. Ihr folgen Sie nach rechts 100 m weit, biegen links ab und erreichen nach einigen hundert Metern **Giethoorn**, das als schönstes der »Kanaldörfer« gilt.

Nach rechts führt ein Fuß- und Radweg entlang einem zweimal abknickenden Kanal durch das Dorf. An einem Parkplatz biegen Sie rechts ab und stoßen wieder auf die Durchgangsstraße, auf der Sie nach wenigen hundert Metern an Ihren Ausgangspunkt zurückkehren.

Tour 31 · Das Wassersportgebiet De Wieden **135**

Nützliche Informationen

Ausgangsort: Giethoorn (Prov. Overijssel), idyllisches Dorf sowie Wassersportzentrum im »Waterland«.
Anfahrt: A 32, Meppel–Leeuwarden, Ausfahrt 6 (Steenwijk); durch Steenwijk und auf der N 334 ca. 7 km zu einem Parkplatz gegenüber dem VVV-Büro in Giethoorn-Zuid. Kein Bahnanschluß.
Etappen: Giethoorn-Zuid (VVV-Büro) – Blauwe Hand 2 km – Belt-Schutsloot 4 km (6 km) – Barsbeek 5 km (11 km) – Sint-Jansklooster 2,5 km (13,5 km) – Besucherzentrum De Foeke 1,5 km (15 km) – Blokzijl 7,5 km (22,5 km) – Jonen 5 km (27,5 km) – Dwarsgracht 1,5 km (29 km) – Giethoorn (Dorf) 7 km (36 km) – Giethoorn-Zuid (VVV-Büro) 3 km (39 km).
Radmarkierung: »Wiedenroute« (rote Schrift auf sechseckigem Täfelchen).
Campingplatz: 't Achterhuus (*), Ds. T. O. Hylkemaweg 43, Giethoorn, Tel. 05 21-36 16 74; im Zentrum.
Einkehr unterwegs: In Belt-Schutsloot; am Jachthafen von Belt-Schutsloot; Restaurant de Belt bei der Brücke über Arembergergracht; in Sint-Jansklooster; in Blokzijl; Theetuin (schönes Gartencafé) in Jonen; in Giethoorn.
Bademöglichkeit: Badeplatz auf dem Damm zwischen den beiden Seen Beulakerwijde und Belterwijde. Freibad am Ortsende von Blokzijl. Mehrere kleine Buchten am See Beulakerwijde gegen Ende der Tour, kurz vor dem Kanaal Beukers-Steenwijk.
Sehens- und Wissenswertes: • *Besucherzentrum De Foeke*, geöffnet täglich außer Mo. 10–17 Uhr; gratis; Ausstellung über das Naturschutzgebiet; mehrere strohgedeckte Häuschen; Naturlehrpfad. • *Käsebauernhof Benthemmer* in Leeuwte, geöffnet Do./Fr. 10.30–12.15 und 13.15–17, Sa. 10–13 Uhr; Verkauf von Käse. • *Fähre Jonen:* Mai–Sept. 9–19 Uhr, April/Okt. 9–18 Uhr, sonst Selbstbedienung (Anleitung hängt aus). • *Museumsbauernhof 't Olde Maat Uus* in Giethoorn, geöffnet Mai–Okt. Mo.–Sa. 11–17, So. 12–17 Uhr, Nov.–April So. 12–17 Uhr. • *Vermietung von Kanus und »Flüsterbooten«* (leiser Elektromotor) sowie Rundfahrten mit Passagierbooten in Giethoorn.
Fahrradverleih: Fa. Prinsen, Beulakerweg 137 (= BP-Tankstelle an der N 334), Giethoorn, Tel. 05 21-36 12 61.
Auskunft: VVV, Beulakerweg, 8355 AM Giethoorn, Tel. 05 21-36 12 48.
Karte: Provinciekaart 1:100 000, Overijssel, Blatt 1.

Zum Baden geeignet ist der See Beulakerwijde, der durch zu intensiven Torfabbau entstand.

Der Norden

»Top of Holland«, damit werben die drei Provinzen Friesland, Drenthe und Groningen. Anzunehmen ist, daß damit nicht nur auf die geographische Lage dieser Provinzen an der nördlichen Spitze der Niederlande, sondern auch auf eine Spitzenstellung im Hinblick auf Sehenswürdigkeiten angespielt wird. Nicht annehmen sollte man allerdings, es handle sich hier auch um die höchstgelegenen Gebiete Hollands. Denn diese finden sich im Süden des Landes.

Nur bis zu 25 m hoch sind hier die Erhebungen, was allerdings in einem Land, das zu einem Drittel unter dem Meeresspiegel liegt, bereits doch eine gewisse Höhe ist. Gletscher der vorletzten Riß-Eiszeit hatten sich von Skandinavien aus bis ins heutige Friesland vorgeschoben, hatten Steine und Sand abgelagert, so daß das **Drenthe-Plateau** entstand. Als das Eis schmolz, floß das Wasser in die niedriger gelegenen Gebiete ab, wo unwegsame Niedermoore entstanden, die das Plateau in eine Art natürliche Festung verwandelten. Auf diesem sicheren und trockenen Gelände ließen sich schon im 4./3. Jahrtausend v.Chr. Menschen nieder, die nur ihre Grabstätten hinterließen, monumentale Hünengräber (Tour 32).

Die sandigen, trockenen Böden des Plateaus eigneten sich vor allem als Weidegebiete für Schafe. Doch in den ersten Jahrhunderten n.Chr. begannen die Bauern den durch die Schafherden erzeugten Mist auf Heideflächen aufzutragen, um diese fruchtbarer zu machen. Die so entstandenen, gewölbten Felder wurden als »essen« (Eschen) bezeichnet. Das dazugehörige Dorf bestand aus einer unregelmäßigen Anordnung von Gehöften, die miteinander durch Pfade über einen mit Bäumen bestandenen »brink« verbunden waren (Touren 32 und 33).

Immer eine etwas vergessene Ecke der Niederlande war Drenthe, das um 1800 nur 40 000 Einwohner hatte und als so unbedeutend galt, daß es, als sich die nördlichen und südlichen Provinzen zur Republik Niederlande vereinigten, nicht einmal eine eigene Vertretung hatte und erst 1815 offiziell zur Provinz erklärt wurde. Obwohl bis heute die Einwohnerzahl um das Zehnfache gestiegen ist und durch die Ansiedlung von Industriebetrieben nach dem Zweiten Weltkrieg auch einige größere Städte wie Assen, Emmen und Hoogeveen entstanden, ist die Provinz noch immer dünn besiedelt.

Unvorstellbar scheint es deshalb, daß es schon um 500 v.Chr. einigen der Bewohner auf dem Drenthe-Plateau wohl zu eng wurde und sie, nachdem es lange keine Überflutungen gegeben hatte, in die tieferliegenden Gebiete an der Küste zogen, ins heutige **Friesland**, wo sie sich auf natürlichen Erhebungen im Marschland niederließen. Doch Überflutungen blieben nicht aus, und so mußten die Bewohner Maßnahmen ergreifen. Aus Grasschollen und Hausmüll warfen sie bis zu 9 m hohe Hügel auf, sogenannte »Terpen«, auf deutsch »Wurten« oder »Warften«, auf denen sie ihre Höfe erbauten. Weitere Hügel wurden angehäuft, und so wurden aus den Einzelhöfen mit der Zeit Dörfer oder gar kleine Städte (Tour 35).

So waren die Gebäude gesichert, die Fluren aber, die sich fächerartig um das Dorf gruppierten, wurden nach wie vor regelmäßig vom salzigen Meerwasser überflutet. Um auch dies zu verhindern, begann man ab dem 10.Jh. mit dem Anlegen von **Deichen**, zunächst zwischen den einzelnen Terpen, dann entlang der Küste, was langfristig die Terpen unnötig machte. Und so wurden ab der Mitte des 19.Jh. die Terpen abgegraben, die fruchtbare Erde zum Düngen der Weideflächen benützt. Nur wenige Terpdörfer sind erhalten, wie z.B. Allingawier und Piaam (Tour 35), die heute als Kulturdenkmäler geschützt sind.

Bekannt ist Friesland aber auch für seine **Städte**. Elf sind es an der Zahl, und alle entwickelten sich aus Handelsplätzen an der Küste bzw. an schiffbaren Wattgräben: Workum, Sneek, Dokkum, Harlingen, Franeker, Drachten, Bolsward, Joure, Hindeloopen, Sloten, mit rund 650 Einwohnern die klein-

Friesland ist die am dünnsten besiedelte Provinz der Niederlande.

ste, und Leeuwarden, die größte und heutige Provinzhauptstadt. Denn mitten durch Friesland verlief im frühen Mittelalter eine wichtige Handelsroute zwischen Ost- und Westeuropa, war Friesland, bedingt durch diesen Handel, das am dichtesten besiedelte Gebiet der Niederlande. Mit dem Entstehen der Hanse, einer Vereinigung von Kaufleuten, jedoch verlor dieser Handel an Bedeutung. Erst einige hundert Jahre später, im 17. Jh., profitierten die friesischen Hafenorte von dem von Amsterdam ausgehenden Handel. So lagen in Hindeloopen große Schiffe, die für die Amsterdamer Kaufleute die Ostsee befuhren. Um nicht leer hinauszufahren, suchten die Händler nach sinnvoller Fracht für ihre Fahrten nach Indien und Amerika. Und so luden sie in den Hafenorten Makkum und Workum ihre Laderäume voll mit aus Muschelschalen gebranntem Kalk sowie mit Töpferwaren und Dachziegeln. Doch mit dem Zusammenbruch des niederländischen Handelsimperiums im 18. Jh. verloren die friesischen Städte erneut ihre Bedeutung.

Auch die Industrialisierung brachte keinen Aufschwung, denn sie ging an Friesland vorbei. Und so blieben alle außer der friesischen Hauptstadt Leeuwarden hinter der Entwicklung zurück, sind sie heute liebenswerte Städtchen mit schmalen Straßen und hübschen Hausfassaden. Für die Touristen eine Freude, für die Friesen jedoch ein Problem, denn neue Arbeitsplätze wurden nicht geschaffen, alte gingen durch die Mechanisierung der Landwirtschaft verloren. Auswanderung hieß die Devise, und zwar in den dreißiger Jahren in das neue, nach der Trockenlegung der neuen Polder im Bereich des IJsselmeers gewonnene Land. Und so gehört Friesland gegenwärtig zu den am dünnsten besiedelten Provinzen.

Die einzige Stadt im Norden, deren Einwohnerzahl 100 000 übersteigt, das ist **Groningen**, geschäftige Handelsstadt und Provinzhauptstadt der gleichnamigen Provinz. Auch in dieser Provinz überwiegen kleine Dörfer, die sich auf Terpen in dem flachen, immer wieder von Sturmfluten heimgesuchten Land entwickelten, das die Bewohner später durch Deichbau zu schützen suchten. Erst in den sechziger Jahren wurde mit dem Bau des Abschlußdeiches an der einstigen Lauwerszee Land zurückgewonnen, das die Nordsee durch heftige Sturmfluten um 1100 überflutet und in eine Meeresbucht verwandelt hatte (Tour 35).

Radfahren im Norden, das bedeutet also Weite statt Enge, ruhige Dörfer und gemütliche Kleinstädte statt hektischer Großstädte, mehr Natur als Kultur. Vor allem die Provinz Drenthe ist ein Eldorado für Radfahrer: Rund 950 »Paddestoelen« und 1100 km befestigte Radwege, von denen 650 km auf eigenen Trassen, d. h. abseits der Straßen, verlaufen. Dies sei, so sagt die Touristenbroschüre, das dichteste Radwegenetz der Welt, und so nennt sich Drenthe stolz die »Fietsprovincie« der Niederlande.

32 Heidegebiete in Drenthe

Havelte – Wapserveen – Dwingeloo – Nationalpark Dwingelerveld – Ruinen – Havelte

> **Tourencharakter:** Vorwiegend auf Radwegen durch die Heidegebiete Holtingerveld und Dwingelerveld sowie durch am Rand gelegene Dörfer mit zahlreichen Einkehrmöglichkeiten; am Weg zwei Hünengräber.
> **Länge der Tour:**
> 42 km.

Noch im 19. Jh. bestand die Provinz Drenthe zu 70 Prozent aus **Heidegebieten** und **Sanddünen**. Dann kam der Kunstdünger, und der ermöglichte es, das öde Land in Ackerland umzuwandeln. Erhalten blieben jedoch einige Heidegebiete, von denen die Dwingelose Heide das flächenmäßig größte der Niederlande ist. Vor fünf Jahren wurde diese Heidefläche zusammen mit anderen sowie mit Wäldern und Seen zum **Nationalpark Dwingelderveld** erklärt. Hier weiden nach wie vor Schafherden mit 300 bis 500 Tieren, existieren große Schafställe (schaapskooi), z. B. bei Ruinen, haben die am Rand gelegenen Dörfer Havelte, Dwingeloo und Ruinen ihre ursprüngliche Struktur eines »esdorp« erhalten (s. Tour 33).

Erhalten haben sich auf dem Drenther Plateau auch ausnehmend viele **Hünengräber**, z. B. bei Havelte. »Hunebedden« werden in den Niederlanden die vor rund 5 000 Jahren errichteten Begräbnisstätten genannt. Erbaut wurden sie aus riesigen Findlingen, durch Gletscher aus Skandinavien einst hierher transportiert und von den frühen Bewohnern mit Hilfe von Stämmen, vielleicht von Ochsen hergerollt bzw. im Winter auf Schlitten an ihren heutigen Standplatz gebracht. In diesen Gruppengräbern, die ursprünglich vollständig mit Erde und Sand bedeckt waren, wurden jeweils die Toten einer Siedlung über mehrere aufeinanderfolgende Generationen hinweg beigesetzt. War das Grab voll, wurden die Überreste der schon früher Verstorbenen in einer Ecke angehäuft. Verbrannt wurden die Toten erst in der letzten Phase dieser Kulturepoche (um 2700 v. Chr.), die nach der Form der den Toten mitgegebenen Töpfe, die einen auffällig trichterförmigen Hals haben, als Trichterbecherkultur bezeichnet wird.

Einige Hünengräber sind in den Niederlanden erhalten; eines ist das beeindruckende »Hunebed« bei Havelte.

Tour 32 · Heidegebiete in Drenthe

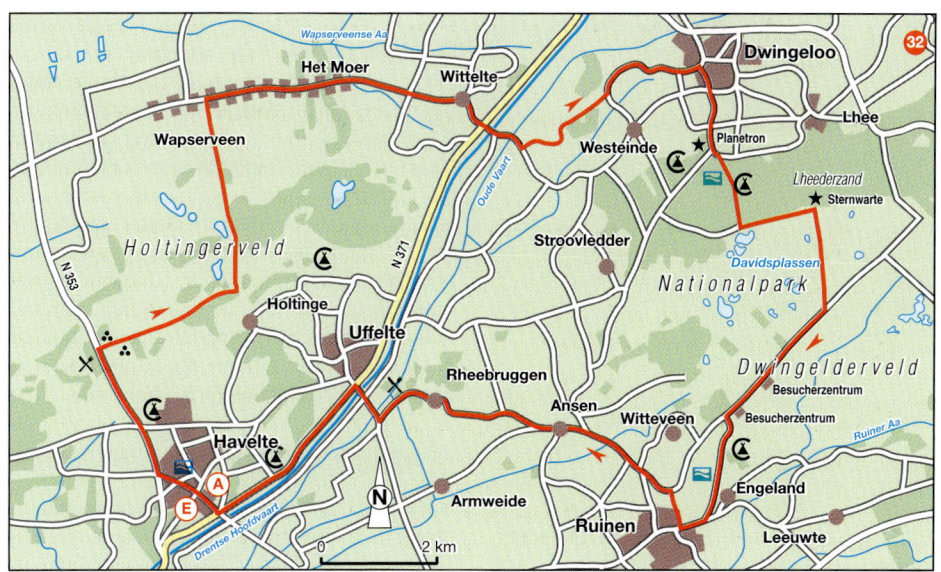

Streckenbeschreibung

Vom Parkplatz im Ortszentrum **Havelte** folgen Sie zunächst der Dorpstraat (Radmarkierung: Havelterberg), dann der Durchgangsstraße N 353, Havelte–Noordwolde, nach rechts durch Wald und biegen nach 2,5 km, kurz nach einem Café, rechts ab (Ausschilderung: Hunehuis, Hunebedden). Wenig später passieren Sie im Heidegebiet Holtingerveld zwei beeindruckende **Hünengräber** und gelangen an eine Gabelung, an der Sie sich geradeaus halten (Rww. Uffelte) und nun auf einem befestigten Radweg weiterfahren zu einem querlaufenden asphaltierten Radweg. Sie wenden sich nach links (Rww. Wapserveen) und erreichen durch Wald und über offene Gras- und Heideflächen, schließlich zwischen Viehweiden und Maisfeldern die ersten reetgedeckten Gehöfte des Straßendorfs **Wapserveen**.

Nach rechts (Rww. Wittelte) führt die nahezu schnurgerade Straße an den durch Wiesen und Viehweiden voneinander getrennten Bauernhöfen von Wapserveen, anschließend an den Gehöften von **Het Moer** vorbei. In **Wittelte** biegen Sie rechts ab in Richtung Assen/Uffelte, überqueren sowohl die stark befahrene Durchgangsstraße Meppel–Assen (Rww. Dwingeloo) als auch den Kanal Drentse Hoofdvaart und halten sich nach wenigen Metern an einer Straßengabelung nach links. Wenige hundert Meter nach dem Kanal Oude Vaart folgen Sie einem links abzweigenden Radweg (Rww. Dwingeloo) zu einem Sträßchen, halten sich links (Rww. Dwingeloo) und gelangen nach **Dwingeloo**. Durch eine gepflasterte Wohnstraße und nach links (Rww. Planetron) erreichen Sie in der Ortsmitte einen Platz (»Brink«) mit alten Bäumen, den einstigen Dorfanger, der gesäumt ist von Cafés, Restaurants und Geschäften.

Nach rechts in Richtung Planetron/Spier (Rww. Ruinen) fahren Sie durch den langgestreckten Ort, passieren das Planetron und halten sich am Waldrand an einer Straßengabelung geradeaus (Rww. Davidsplassen) – die leicht nach rechts abzweigende Straße führt zu einem Freibad (hin und zurück 800 m). Einige Meter neben der Straße führt ein Radweg durch Wald an den Rand des **Nationalparks Dwingelderveld**, eine ausgedehnte Heide- und Sandfläche, wo Sie einem sandigen Fahrweg nach links folgen (Rww. Spier) zu einem Picknickplatz an einer Radio-Sternwarte, der größten in Westeuropa.

Hier biegen Sie rechts ab (Rww. Ruinen), durchqueren auf einem befestigten Radweg die offene Heide und stoßen nach 4 km am Südrand des Nationalparks auf eine Straße –

linker Hand das **Informationszentrum »Het Drentse Heideschaap«** und ein reetgedeckter Schafstall: jeden Tag gegen 10.30 Uhr werden die Schafe hinausgetrieben, zwischen 17 und 18 Uhr kehren sie zurück.

Von der schnurgeraden Straße biegen Sie nach einigen hundert Metern, kurz nach dem **Besucherzentrum des Nationalparks**, links ab. Zwischen Wiesen und Feldern und vorbei an einem Campingplatz mit einem Freibad gelangen Sie zu den wenigen Gehöften von **Engeland** und wenig später nach **Ruinen**.

Gleich an der ersten Straßenkreuzung wenden Sie sich nach rechts in Richtung Ansen, passieren einzelne Bauernhöfe und halten sich in **Ansen** an einer Straßengabelung nach links (Ausschilderung: Uffelte/Havelte). Ohne irgendeine Abzweigung zu beachten, passieren Sie nach einigen Kurven bzw. Links- und Rechtsknicks der Straße die wenigen Gehöfte von **Rheebruggen** und folgen nach 1,5 km einer querlaufenden Straße nach rechts in Richtung Uffelte/Havelte. Zunächst überqueren Sie den Kanal **Oude Vaart**, dann eine Hebebrücke über den Kanal **Drentse Hoofdvaart** und auch die Durchgangsstraße Meppel–Assen.

Auf einem entlang der Durchgangsstraße verlaufenden Radweg fahren Sie nach links in Richtung Meppel, biegen nach 3,5 km auf Höhe einer weiteren Hebebrücke rechts ab auf die gepflasterte Dorpstraat und kehren in die Ortsmitte von **Havelte** zurück.

Nützliche Informationen

Ausgangsort: Havelte (Prov. Drenthe), altes Dorf im Heidegebiet Havelterberg, ca. 10 km nördlich von Meppel.

Gehöft mit tief heruntergezogenem Reetdach in Wapserveen, einem mehr als 7 km langen Straßendorf am Rand des Heidegebiets Westerzand.

33 »Eschdörfer« auf dem Drenthe-Plateau

Beilen – Westerbork – Museumsdorf Orvelte – Aalden – Meppen – Mantinge – Beilen

Anfahrt: A 28, Zwolle–Heerenveen, Ausfahrt 4 (Havelte); 5 km auf der N 371 bis Havelte und der Ausschilderung »VVV« folgen zu einem Parkplatz im modernen Ortszentrum. Keine Bahnverbindung.

Etappen: Havelte – Hünengräber (Havelterberg) 3 km – Wapserveen 6 km (9 km) – Wittelte 4,5 km (13,5 km) – Dwingeloo 6 km (19,5 km) – Radio-Sternwarte 4,5 km (24 km) – Besucherzentrum des Nationalparks 4 km (28 km) – Ruinen 2 km (30 km) – Ansen 3 km (33 km) – Havelte 9 km (42 km).

Radmarkierung: »Havelterberg« nur auf den ersten 3 km der Radtour; keine Orientierungsprobleme, da ansonsten zahlreiche Radwegweiser.

Campingplatz: De Klavercampen (***), Slagdijk 2, Havelte, Tel. 05 21-34 14 15 und 34 28 93; südlich des Ortskerns.

Einkehr unterwegs: In Havelte; Theehuis 't Hunebed (mit Minigolfplatz und Terrasse) an der N 355; Kaffee- und Getränkeausschank am ersten Bauernhof in Wapserveen; Cafés in Dwingeloo; Petit Restaurant beim Schwimmbad im Recreatiecentrum Engeland; Pannekoekenhuis sowie Cafés in Ruinen; Café/Restaurant in Ansen; Café am Kanal Drentse Hoofdvaart, kurz vor dem Ortsrand von Uffelte.

Bademöglichkeit: Beheiztes Freibad in Havelte; Freibad im Recreatiecentrum Engeland.

Sehens- und Wissenswertes: • *Planetron* in Dwingeloo, geöffnet Anfang April–Ende Okt. täglich 10–17.30 Uhr, im April/Mai/Sept./Okt. Mo. geschlossen. • *Informatiecentrum Stichting »Het Drentse Heideschaap«*, geöffnet täglich 10–12 und 14–18 Uhr; Videofilm zur Schafzucht; gratis; Kaffee- und Getränkeausschank. • *Besucherzentrum Dwingelderveld*, geöffnet Di.–So. 10–17 Uhr; gratis; Ausstellung zur Tier- und Pflanzenwelt im Nationalpark. • *Museumshof »Pasmans Huus«* in Ruinen, Oosterstraat 16, geöffnet Juni/Sept. Mo. und Mi., Juli/Aug. Mo., Di., Mi. und So. jeweils 14–16 Uhr.

Fahrradverleih: Fa. Kwint, Dorpsstraat 7, Havelte, Tel. 05 21-34 12 01.

Auskunft: VVV, Dorpsstraat 38, Postbus 40, 7970 AA Havelte, Tel. 05 21-34 12 22.

Karte: Provinciekaart 1:100 000, Drenthe.

Tourencharakter: Beschauliche Rundtour durch mit Hecken- und Baumreihen gegliederte Landschaft sowie durch gut erhaltene alte Dörfer; vorwiegend auf ruhigen Landstraßen.

Länge der Tour: 45 km.

Mit Riedgras gedeckte Bauernhöfe, weit auseinander gelegen und verbunden durch schmale, mit Klinkern gepflasterte Straßen, dazwischen ein baumbestandener Platz, »brink« genannt, die Felder fächerförmig im Umkreis angelegt – so sahen die Dörfer noch im letzten Jahrhundert in der Provinz Drenthe aus. **Eschdorf** (esdorp) wird diese Dorfstruktur genannt, die sich in den ersten Jahrhunderten n. Chr. auf dem bewaldeten, sandigen Drenthe-Plateau entwickelte.

In der Nähe von Flußtälern wurden einzelne Bauernhöfe angelegt. Die höher gelegenen Flächen wurden als Weidegebiete für das Vieh, die tiefergelegenen als Ackerflächen genutzt. Doch der nährstoffarme Boden erforderte eine besondere Bearbeitung: Er brachte nur dann genügend Erträge, wenn ein ausgeklügelter Fruchtwechsel zwischen Korn und Gemüse erfolgte und wenn er regelmäßig gedüngt wurde. Dünger aber lieferten damals nur das Kleinvieh sowie die Rinder und Schafe. Die Größe dieser Ackerflächen, »essen« genannt, war also abhängig von der Menge Mist, die die Tiere produzierten, deren Anzahl wiederum von den zur Verfügung stehenden Weideflächen. Bis zum 10. Jh. entwickelten sich insgesamt 86 solcher verstreut liegenden Dörfer, deren größte aus fünf bis zehn Gehöften bestanden; rund 600 Bauernhöfe waren es zusammen.

In den Jahren 1940 bis 1952 wurden die Ackerflächen flurbereinigt, Flüßchen kanalisiert, Gebiete für große Landmaschinen zugänglich gemacht. Dadurch veränderten sich viele der alten Dörfer, wie beispielsweise Westerbork, wo jedoch eines der alten Gehöfte als Museum eingerichtet wurde. Andere Dörfer blieben weitgehend erhalten wie Meppen, Oud-Aalden und **Orvelte**. Letzteres ist heute ein Museumsdorf, das in den Zustand um 1830 zurückversetzt wurde mit Molkerei, Dorfkrug (Gaststätte), Kolonialwarenladen, Bäckerei. In den Höfen leben noch immer die Dorfbewohner, von denen sich einige bereit erklärten, ihr Handwerk vorzuführen oder ihre Häuser für Besucher zu öffnen, wie z. B. den aus dem 17. Jh. stammenden Bruntingerhof.

Streckenbeschreibung

Vom Parkplatz am Bahnhof **Beilen** folgen Sie der Stationslaan, überqueren die Bahnlinie Hoogeveen–Assen und verlassen die Stadt. Bei den wenigen Häusern von Lieving biegen Sie links ab auf eine schmale, kurvenreiche Allee, halten sich nach 2 km auf der Straße Beilen–Westerbork links und unterqueren eine Durchgangsstraße. Nach 100 m folgen Sie einer links abzweigenden Straße, die zwischen einzelnen Bauernhöfen und zahlreichen Baumreihen zu einer querlaufenden Straße führt (Rww. Westerbork), auf der Sie nach rechts den Ortsrand von **Westerbork** erreichen.

Die Straße Westeind führt in die Ortsmitte zum früheren Dorfanger, wo Sie sich geradeaus halten und der Radmarkierung folgen, die in Richtung Orvelte über eine Straßenkreuzung, eine Gabelung und eine weitere Kreuzung in das Museumsdorf **Orvelte** führt.

Beachten Sie bitte, daß im Dorf ganz »normale« Menschen leben, deren Privatsphäre nicht verletzt werden sollte – betreten Sie also nur die für die Öffentlichkeit gedachten Grundstücke und Gebäude!

Am Dorfkrug »Warmots« biegen Sie rechts ab (Rww. Zweeloo) und verlassen das Dorf, kreuzen eine Landstraße und gelangen anhand der Radmarkierung auf einem Radweg, kurzzeitig auch auf einem Sträßchen und durch eine Unterführung der Durchgangsstraße N 381, Drachten–Ommen, nach **Aalden**.

Zunächst entlang dem Ortsrand, dann nach links, vorbei am einstigen Dorfanger und vorbei an reetgedeckten Bauernhöfen, fahren Sie durch den Ort, kreuzen die Hauptstraße, halten sich nach rechts und passieren die alten Höfe von **Oud-Aalden**, u. a. auch einen zu einem Pannekoekenhuis ausgebauten Hof.

Bei einer Windmühle am Ortsrand folgen Sie nach links einem Radweg, erreichen die Ortschaft **Meppen** mit schönen Bauernhöfen und fahren geradeaus weiter auf einem Rad-

Tour 33 · »Eschdörfer« auf dem Drenthe-Plateau **143**

Einkehren kann man heute in einem der aus dem 17. Jh. stammenden Gehöfte in Oud-Aalden.

weg, der in die Landstraße Meppen–Mantinge einmündet. Nach rechts fahren Sie auf Mantinge zu, überqueren den Kanal Middenraai und biegen nach 1 km, kurz nach einem »Theehuis«, rechts ab auf die schmale Allee Heirweg.

Bei den ersten Häusern von **Mantinge** folgen Sie einem links abzweigenden Sträßchen, das durch das locker bebaute Dorf führt und noch im Ort wieder in die Landstraße einmündet, die Sie einige Minuten zuvor verlassen haben. Am Ortsende wenden Sie sich nach rechts und biegen nach wenigen hundert Metern links ab auf die schmale Straße Binnenveld. Zwischen Viehweiden und Getreidefeldern, die durch Baum- und Buschreihen voneinander getrennt sind, führt das Sträßchen zur Durchgangsstraße Westerbork–Hoogeveen, der Sie nach links 1 km weit folgen zu den wenigen Gehöften von **Bruntinge**.

Eine rechts in Richtung Beilen abzweigende, anfangs schnurgerade Landstraße führt nach mehreren Kilometern an den Bauernhöfen des Weilers **Holthe** vorbei und zu einer Straßenkreuzung, an der Sie sich nach rechts wenden. Auf der breiten Landstraße passieren Sie wenig später den Weiler **Makkum**, stoßen auf die Verbindungsstraße Westerbork–Beilen und gelangen zu den wenigen Gebäuden von **Lieving**. Auf demselben Weg, auf dem Sie die Tour begonnen haben, kehren Sie zu Ihrem Ausgangspunkt in **Beilen** zurück.

Nützliche Informationen

Ausgangsort: Beilen (Prov. Drenthe), weitläufige Kleinstadt, ca. 15 km südlich von Assen.
Anfahrt: A28, Zwolle–Groningen, Ausfahrt 30 (Beilen); der Ausschilderung »Station« auf Umgehungsstraße 2,5 km weit folgen zu Parkplatz am Bahnhof Beilen. Station an der Bahnlinie Groningen–Amersfoort.
Etappen: Beilen – Westerbork 6,5 km – Museumsdorf Orvelte 6 km (12,5 km) – Aalden 9 km (21,5 km) – Oud-Aalden 1 km (22,5 km) – Meppen 3 km (25,5 km) – Mantinge 8 km (33,5 km) – Bruntinge 5 km (38,5 km) – Holthe 4,5 km (43 km) – Beilen 2 km (45 km).
Radmarkierung: »Orvelteroute« (grüne Schrift auf sechseckigem Täfelchen).

Campingplatz: Vakantiecentrum Boszicht (***), Smalbroek 46A, Tel. 05 93-52 23 34; südlich von Beilen.
Einkehr unterwegs: In Beilen und Westerbork; Restaurant und Dorfkrug in Orvelte; Pannekoekenhuis 't Hoes van Hol-An in Oud-Aalden (strohgedecktes, restauriertes Gehöft aus dem Jahr 1668 mit Garten); Eiscafé sowie Theehuis mit Garten in Meppen.
Bademöglichkeit: Frei- und Hallenbad De Peppel in Beilen; Strandbad im Naturgebiet Terhorsterzand bei Beilen; Freibad De Boskamp in Westerbork.
Sehens- und Wissenswertes: • *Museumherberg »de Ar«* in Westerbork, Hoofdstraat 42–44, geöffnet Di.–Sa. ab 10, So. ab 11 Uhr; alter Bauernhof; gratis. • *Museumsdorf Orvelte,* geöffnet April–Okt. Mo.–Fr. 10–17, Sa./So. 11–17 Uhr, Juli/Aug. bis 17.30 Uhr; Eintrittsgebühr.
Fahrradverleih: Rijwielstalling, Stationslaan 5, Beilen, Tel. 05 93-52 22 60; an Tankstelle neben dem Bahnhof.
Auskunft: VVV, Kampstraat 2, Postbus 97, 9410 AB Beilen, Tel. 05 93-52 27 14 und 52 55 55.
Karte: Provinciekaart 1:100 000, Drenthe.

34 Durch das friesische Seengebiet

Sneek – Goënga – Gauw – Raerd – Jirnsum – Terzoolstersluis – Sneek

> **Tourencharakter:** Markierte Rundtour durch kleine Dörfer, zum Prinses Margriet Kanaal und entlang dem Wassersportgebiet Sneekermeer zum Erholungsgebiet De Potten; je zur Hälfte auf ruhigen Straßen und Radwegen.
> **Länge der Tour:**
> 36 km.

Ein Sommersonntag am **Prinses Margriet Kanaal.** Beinahe ununterbrochen ziehen Boote vorbei: kleine Segeljollen, zum Hausboot umgebaute alte Lastensegler, elegante Jachten; am Ufer unter Sonnenschirmen ältere Ehepaare, die diese Prozession an sich vorbeiziehen lassen, ebenso wie diejenigen, die gegenüber auf der Terrasse des traditionsreichen Restaurants Oude Schouw bei einem kühlen Bier Platz genommen haben. Wenn behauptet wird, die friesischen Seen, die der Prinses Margriet Kanaal miteinander verbindet, seien das Wassersportmekka der ganz gewiß an Wassersportgebieten nicht armen Niederlande und am Sneekermeer befinde sich der größte Jachthafen Europas, so ist man angesichts dieser beinahe unglaublichen Fülle an Schiffen sofort bereit, das zu glauben; ebenso wie die Zahlen, die von Tausenden von Freizeitkapitänen sprechen, die sich zur jeweils Anfang August stattfindenden »Sneekweek« in Sneek versammeln.

Durch den um 1000 v. Chr. weltweit angestiegenen Wasserspiegel der Meere wurde dieses tiefgelegene Gebiet überflutet, wodurch sich die heutige **Seenplatte** bildete, eine Kette von größeren und kleineren Seen, die sich zwischen dem Lauwersmeer an der Nordküste bis zum IJsselmeer hinzieht. Das Zentrum der Seenplatte ist die Stadt **Sneek**, entstanden rund um die Martinikirche, die im 11. Jh. auf einer Warft errichtet wurde (die heutige Kirche stammt aus dem 15. Jh.), reich geworden im 17./18. Jh. durch den Butterhandel. Zufahrt zu den Grachten, an denen noch heute die hübschen Häuser einst reicher Kaufleute stehen, hatten die Boote nur durch das eindrucksvolle Stadttor »Waterpoort« (1613).

Streckenbeschreibung

Vom Parkplatz am Bahnhof **Sneek** folgen Sie der Stationsstraat in das Stadtzentrum (Radmarkierung: Legeansterpaad), wenden sich am »Klokkhuis« der Martinikirche nach rechts in die Straße Oude Koemarkt, am Ende der Straße an einem Kanal nach links – rechter Hand das alte Stadttor **Waterpoort** – und nach wenigen Metern wiederum nach links. Im Zentrum halten Sie sich rechts entlang einer Gracht, passieren das Scheepvaartmuseum und stoßen auf eine um die Altstadt herumführende Ringstraße. Auf ihr wenden Sie sich nach links, biegen nach 50 m rechts ab auf die Ausfallstraße N 354 in Richtung Leeuwarden und halten sich an

Tour 34 · Durch das friesische Seengebiet **145**

Von der einstigen Stadtbefestigung rund um Sneek ist nur das Stadttor »Waterpoort« erhalten, durch das Boote in das Kanalsystem der Stadt gelangen.

zwei jeweils durch einen Kreisverkehr geregelten Kreuzungen geradeaus.

Knapp 1 km nach dem zweiten Kreisverkehr folgen Sie einem rechts abzweigenden Landsträßchen nach **Goënga**, einem locker bebauten Straßendorf. Auf einer ersten querlaufenden Landstraße halten Sie sich rechts, auf einer zweiten wenden Sie sich nach links und durchfahren auf den nächsten 5 km die Straßendörfer **Gauw**, **Sibrandabu-**

orren und **Tersoal**. Am Ortsrand von **Poppenwier** biegen Sie rechts ab, überqueren eine Landstraße und erreichen auf einer schnurgeraden Straße den etwas größeren Ort **Raerd**. Vor der Kirche wenden Sie sich nach rechts und verlassen den Ort, halten sich nach wenigen hundert Metern erneut rechts und gelangen in weit geschwungenen Kurven, vorbei am Weiler Flansum, bei den ersten Häusern von **Jirnsum** an die Durchgangsstraße Leeuwarden–Akkrum.

In Jirnsum fahren Sie, wo die Straße rechts abknickt, geradeaus weiter durch ein ausgedehntes Wohngebiet, biegen auf Höhe einiger Industriebetriebe links ab (Ausschilderung: Terzoolsterzijl) auf eine gepflasterte Straße, die an das Ufer des **Prinses Margriet Kanaal** führt. Wenn Sie den regen Bootsverkehr von der Terrasse des Cafés Oude Schouw aus beobachten möchten, bleiben Sie auf der Durchgangsstraße und überqueren den Kanal.

Entlang dem Kanal passieren Sie den Jachthafen **Terzoolsterzijl**, überqueren kurz darauf an einer Schleuse einen schmalen Kanal und folgen nach einigen hundert Metern nach links einem Radweg, der auf einem Damm in geringer Entfernung zum Nordufer des bei Wassersportlern beliebten Sees **Sneekermeer** verläuft. Nach ca. 3 km

Tour 34 · Durch das friesische Seengebiet **147**

kreuzen Sie die Zufahrt zum Freizeitgelände (Bademöglichkeit) und Jachthafen **De Potten**, erreichen den Stadtrand von **Sneek** und verlassen diese Straße auf der links abzweigenden Straße Ath. Bonninghaleane, die in die Durchgangsstraße N 354 einmündet. Sie erreichen die Altstadt, halten sich nun aber im Zentrum geradeaus und kehren wieder zum Bahnhof zurück.

Nützliche Informationen

Ausgangsort: Sneek (Prov. Friesland), Stadt mit historischer Altstadt; Wassersportzentrum.

Anfahrt: A 7, Amsterdam–Groningen, nach Sneek; von der Stadtumgehung N 7 abbiegen (Ausschilderung: P Centrum/VVV) und 1 km zu Parkplatz am Bahnhof Sneek. Station an der Bahnlinie Leeuwarden–Stavoren.

Etappen: Sneek – Goënga 5 km – Poppenwier 6,5 km (11,5 km) – Raerd 2 km (13,5 km) – Jirnsum 4,5 km (18 km) – Prinses Margriet Kanaal 2 km (20 km) – Terzoolstersluis 4 km (24 km) – Sneek (Stadtrand) 4 km (33 km) – Sneek (Bahnhof) 3 km (36 km).

Radmarkierung: »Legeansterpaad« (rote Schrift auf sechseckigem Täfelchen) und Radwegweiser.

Jugendherberge: Wigledam, Oude Oppenhuizerweg 20, 8606 JC Sneek, Tel. 05 15-41 21 32; geöffnet 1.5.–27.10.; am südöstlichen Stadtrand.

Campingplatz: De Domp (*), De Domp 4, Sneek, Tel. 05 15-41 25 59; am östlichen Stadtrand (Richtung Sneekermeer) bei einem Jachthafen.

Einkehr unterwegs: In Sneek und Jirnsum; Café-Restaurant De Oude Schouw am Prinses Margriet Kanaal; Café am Jachthafen Terzoolsterzijl; Café/Restaurant Paviljoen im Erholungsgebiet De Potten (Abstecher hin und zurück 1,5 km).

Bademöglichkeit: Strandbad im Erholungsgebiet De Potten (hin und zurück 500 m); Freibad am Ortsanfang von Sneek.

Sehens- und Wissenswertes: • *Fries Scheepvaartmuseum* in Sneek, geöffnet Mo.–Sa. 10–17, So. 12–17 Uhr, umfangreiches Museum zur Geschichte der Seefahrt. • *Stadttor Waterpoort* in Sneek, geöffnet April–Sept. Di.–Sa. 13–17 Uhr.

Fahrradverleih: Rijwielbedrijf Twa Tsjillen, Wijde Noorderhorne 8, Sneek, Tel. 05 15-41 38 78.

Auskunft: VVV, Marktstraat 18a, 8601 CV Sneek, Tel. 05 15-41 40 96.

Karte: Provinciekaart 1:100 000, Friesland.

Eine Pause wert: die »Bootsparade« auf dem Prinses Margriet Kanaal, der die friesischen Seen miteinander verbindet.

35 Durch friesische Terpdörfer

Workum – Ferwoude – Exmorra – Makkum – Gaast – Workum

> **Tourencharakter:** Beschauliche Rundtour durch dünn besiedeltes Gebiet; am IJsselmeerdeich entlang von Makkum nach Workum, zwei hübschen Hafenorten; zahlreiche Museen; nahezu durchgehend auf ruhigen Landstraßen.
> **Länge der Tour:**
> 36 km.

Terpen, auch Wurten oder Warften genannt, das sind im flachen Marschland künstlich aufgeworfene Hügel, auf denen, zur Sicherung gegen die ständigen Überflutungen, Bauernhöfe angelegt wurden. Auf manchen steht bis heute nur ein Gehöft, andere wuchsen zu winzigen Dörfern zusammen, die sogar eine eigene Kirche haben, wie die frühgotische Kirche in Piaam und die romanische Kirche aus dem 13. Jh. in Exmorra, andere entwickelten sich zu städtischen Siedlungen wie Makkum.

Eines dieser **Terpdörfer** ist Allingawier. Hier sowie in zwei anderen Dörfern, in Exmorra und Ferwoude, wurden Gebäude aus dem 18. und 19. Jh. – Lebensmittelgeschäft, Bäckerei, Schmiede, Schule, Zimmereigeschäft – restauriert, eingerichtet und für die Öffentlichkeit zugänglich gemacht. Auf einer ausgeschilderten Museumsroute namens »Aldfaers Erf« kann nun das »Erbe der Großväter« besichtigt werden.

Auf dieser Route verläuft der erste Teil der Radtour, wobei außer den Terpdörfern auch einzeln stehende Bauernhöfe passiert werden mit der für diese Gegend typischen Form: die **Kopf-Hals-Rumpf-Höfe** – eine große Scheune, durch einen niederen Zwischenbau mit dem zweistöckigen Wohnhaus verbunden. Landgewinnungen an der Küste sowie eine verstärkte Nachfrage nach Vieh hatten im 16. Jh. dazu geführt, daß die Bauern mehr Platz benötigten für größere Ernteerträge, mehr Vieh und die notwendigen Arbeitskräfte. Und so verbanden sie kurzerhand die Scheune mit dem Wohnhaus durch einen Zwischenbau, wodurch drei Teile entstanden: Kopf, Hals, Rumpf. An den Giebeln der Scheunen fallen weißgestrichene hölzerne Verzierungen in Form zweier Schwäne auf. »Eulenbord« werden diese genannt, denn sie »bewachten« die Öffnung, durch die den Eulen, bekanntlich gute Mäusejäger, ein leichter Zugang zu den Scheunen ermöglicht werden sollte.

Der zweite Teil der Tour folgt einem **Deich**, im 11. Jh. angelegt als lebensnotwendiger Schutzwall gegen die Überflutungen der **Zuiderzee**, seit den dreißiger Jahren jedoch durch die Eindeichung und Verwandlung der Zuiderzee in einen Binnensee, das heutige **IJsselmeer**, funktionslos geworden.

Ihre eigentliche Funktion als Handelsstädte und Fischerhäfen haben auch **Workum** und **Makkum** verloren, doch geschah dies bereits im 19. Jh., als die Zuiderzee zu versanden begann. Erhalten allerdings haben

Tour 35 · Durch friesische Terpdörfer **149**

Fischerhäuser am Stadtrand von Workum, vor der Versandung und Eindeichung der Zuiderzee ein wichtiges Handelsstädtchen.

sie ihr altes Ortsbild, sehr zur Freude der Touristen, die hier außerdem auf die Spuren der einst bedeutenden **Keramikindustrie** stoßen: auf die bekannten Makkumer Fayencen im Friesischen Keramikmuseum in Makkum, auf mehrere Töpfereien in Workum, die die alte Tradition fortsetzen.

Streckenbeschreibung

Vom Parkplatz in **Workum**, eine der ältesten der elf friesischen Städte, kehren Sie zur breiten Hauptstraße zurück, fahren nach rechts an der aus dem Mittelalter stammenden Kirche St. Gertrudis, dem Stadthaus, dem ehemaligen Waag-Gebäude (1650) mit Stadtmuseum, dem Sleeswijckhuis mit seiner prachtvollen Fassade (heute Informationszentrum) und dem Jopie Huisman Museum vorbei zum Ortsrand (Radmarkierung: Elfstedenroute). Sie passieren einen Jachthafen, unterqueren die Durchgangsstraße N 359, Workum–Bolsward, und folgen einer Landstraße auf dem niederen Uferdamm des Kanals Workumer Trekvaart. Nach 3 km verlassen Sie diese Straße nach links in Richtung Ferwoude auf der Straße Aaltjemeer-

weg – nicht der Radmarkierung geradeaus folgen! –, kreuzen die N 359 und erreichen die kleine Ortschaft **Ferwoude**.

Gleich am Ortsbeginn biegen Sie rechts ab auf die Straße Wonnebursterweg, die an dem beeindruckenden Gehöft Wonneburen mit seinen tief heruntergezogenen Walmdächern vorbeiführt, und halten sich auf einer querlaufenden Straße links in Richtung Allingawier/Makkum (Radmarkierung: Aldfaers Erfroute). Einer weiteren querlaufenden Straße folgen Sie nach rechts, passieren ein schlößchenartiges Gebäude, dann die wenigen Häuser und das Museum von **Allingawier** und überqueren den Van Panhuijskanaal, ehe Sie nach **Exmorra** gelangen.

Sie fahren durch das Dorf mit seinen niedrigen, aus gelblichen Ziegeln errichteten Häusern, überqueren bei den Gehöften von Exmorrazijl eine Hebebrücke über den Kanal Makkumervaart und biegen nach wenigen hundert Metern links ab auf ein sehr schmales Sträßchen, das in weiten Kurven zu einer Hebebrücke über den Kanal Groote Zijlroede führt und hier in eine Landstraße einmündet. Dem Radweg an der Straße folgen Sie nach rechts (Rww. Makkum), wenig

später der Durchgangsstraße Wons–Makkum nach links.

Am Rand der Kleinstadt **Makkum**, die Durchgangsstraße beschreibt hier eine Linkskurve, biegen Sie rechts ab in die Ds. L. Touwenlaan, fahren durch ein Wohngebiet und wenden sich auf der Kerklaan nach links in das malerische Ortszentrum (Radmarkierung: Zuiderzeeroute). Vorbei am Markt, über den Kanal Groote Zijlroede und entlang dem Fischerhafen verlassen Sie Makkum, überqueren am Stadtrand eine Kreuzung – wenn Sie baden möchten, halten Sie sich hier rechts (Ausschilderung: Holle Poarte) zum Makkumer Strand – und folgen nun einer Straße, die entlang dem Küstendeich verläuft. Sie passieren den Weiler **Piaam** und erreichen das Dorf **Gaast** – hier besteht eine Bademöglichkeit im IJsselmeer –, wo sich die Straße von der Küstenlinie entfernt und zwischen dem einstigen Küstendeich und dem verschilften Kanal Dijkvaart verläuft. Vorbei an Ferwoude, dann an den wenigen Gebäuden von Doniaburen, gelangen Sie an den Stadtrand von **Workum**.

Hier überqueren Sie eine zum IJsselmeer führende Dammstraße, wenden sich nach 100 m nach links und kehren auf der gepflasterten Hauptstraße zu Ihrem Ausgangspunkt zurück.

Nützliche Informationen

Ausgangsort: Workum (Prov. Friesland), historische Kleinstadt und Wassersportzentrum.
Anfahrt: A 7, Amsterdam–Groningen, Ausfahrt 17 (Bolsward); auf der N 359 ca. 10 km bis Workum; ausgeschilderter Parkplatz in Seitenstraße nahe der Kirche. Station an der Bahnlinie Stavoren–Leeuwarden.
Etappen: Workum – Ferwoude 9 km – Allingawier 5,5 km (14,5 km) – Exmorra 2 km (16,5 km) – Makkum 7 km (23,5 km) – Piaam 2,5 km (26 km) – Gaast 3 km (29 km) – Workum 7 km (36 km).

Wo heute in Makkum Freizeitboote ankern, wurden früher Keramikwaren aus der bekannten Manufaktur »Koninklijke Tichelaar« verladen.

Radmarkierung: »Elfstedenroute« (rote Schrift auf sechseckigem Täfelchen) von Workum nur 4 km weit in Richtung Bolsward; »Aldfaers Erfroute« zwischen Ferwoude und Exmorra; »Zuiderzeeroute« (grüne Schrift auf sechseckigem Täfelchen) zwischen Makkum und Workum.
Campingplatz: It Soal (****), Suderséleane 27, Tel. 05 15-54 14 43; südwestlich von Workum am IJsselmeer.
Einkehr unterwegs: In Workum, Allingawier, Makkum; in Piaam Café/Restaurant De Nynke Pleats in Bauernhof aus dem 17. Jh., mit Terrasse (Mo. Ruhetag).
Bademöglichkeit: Freizeitgebiet Holle Poarte mit Strand bei Makkum (Abstecher hin und zurück 3,5 km); bei Gaast Zugang über den Deich zum Ufer des IJsselmeers.
Sehens- und Wissenswertes: • *Stadtmuseum »Workums Erfskip«* in Workum, geöffnet 1.3.–31.10. Mo. und Sa. 13–17, Di.–Fr. 10–17, ab 1.4. auch So. 13–17 Uhr; Schiffahrt und Keramikindustrie. • *Jopie Huisman Museum* in Workum, Zeichnungen und Gemälde des 1922 in Workum geborenen Künstlers, geöffnet 1.4.–1.11. Mo.–Sa. 10–17, So. 13–17 Uhr, März/Nov. täglich 13–17 Uhr. • *Aldfaers Erf:* • Tischlerei und Wohnung eines Zimmermanns in Ferwoude. • In Allingawier alte Bäckerei, die noch in Betrieb ist, Schmiede und Museumsbauernhof. • Tante-Emma-Laden mit Dorfschule aus dem Jahr 1885 in Exmorra; alle geöffnet 1.4.–31.10. täglich 10–17 Uhr. • *Fries Aardewerkmuseum (Keramikmuseum) De Waag* in Makkum, geöffnet 1.4.–31.10. Mo.–Sa. 10–17, an Sonn- und Feiertagen 13.30–17 Uhr, 1.11.–29.3. Mo.–Fr. 10–12 und 13–16 Uhr; Fayencen aus drei Jahrhunderten. • *Koninklijke Tichelaar Makkum*, Führungen durch den ältesten Keramikbetrieb der Niederlande, geöffnet werktags 10–16 Uhr; mit Verkaufsladen. • *Naturhistorisches Museum »'t Fugelhus«* in Piaam, geöffnet 1.4.–31.10. täglich 10–17 Uhr.
Fahrradverleih: Firma Visser, Merk 27, Workum, Tel. 05 15-54 13 58.
Auskunft: VVV, Noord 5, Postbus 68, 8710 AB Workum, Tel. 05 15-54 13 00.
Karte: Provinciekaart 1:100 000, Friesland.

36 Im Lauwersland

Zoutkamp – Vierhuizen – Lauwersoog – Fischerhafen Lauwersoog – Ulrum – Zoutkamp

Tourencharakter: Markierte, ruhige Rundtour von altem Siedlungsland durch einen jungen Polder; je zur Hälfte auf Radwegen und ruhigen Landstraßen.
Länge der Tour: 39 km.

»Echt weg van de snelweg«, so preist eine Broschüre die Vorteile der Gegend um das **Lauwersmeer**. Und in der Tat, man radelt hier wirklich abseits der Touristenstraßen durch ruhige Dörfer, vorbei an vereinzelten großen Gehöften. Lebhafter geht es in **Lauwersoog** zu, einem aus Campingplatz und Bungalowpark bestehenden Badeort, der erst in den siebziger Jahren auf neugewonnenem Land entstand.

Durch einen im Jahr 1969 fertiggestellten **Deich**, der weitere Sturmfluten in der Meeresbucht verhindern sollte, wurde aus der Meeresbucht Lauwerszee der Binnensee Lauwersmeer. Mit Hilfe von Entwässerungskanälen wurde der Wasserspiegel um 80 cm gesenkt, wodurch 80 Prozent des einst unter Wasser stehenden Gebiets trockengefallen sind. Der so gewonnene Boden wird teils landwirtschaftlich, teils militärisch genutzt; das nun wesentlich kleinere Lauwersmeer wurde zu einem wichtigen Wassersportgebiet.

Verändert hat sich die Lage auch für die Garnelen-Fischer aus **Zoutkamp**, denn ihr Hafen liegt durch die Eindeichung nun nicht mehr am offenen Meer. Sie mußten in den neuangelegten Hafen von Lauwersoog »übersiedeln«, während nun im Hafen des kleinen Ortes historische Segeljachten und moderne Freizeitboote liegen, Touristen promenieren, die die im Jahr 1877 angelegten, heute funktionslosen Schleusen bestaunen oder sich im Fischereimuseum am Hafen über die Geschichte des Fischfangs informieren. Bedeutend wurde der Fischfang für Zoutkamp erst zu Beginn des 19. Jh., nachdem die Schanze ihre jahrhundertelange Aufgabe verloren hatte, den Reitdip, die Wasserstraße nach Groningen, zu beschützen.

Streckenbeschreibung

Vom Parkplatz am Ortsbeginn von **Zoutkamp** folgen Sie nach rechts in Richtung Lauwersoog der Durchgangsstraße N 388 (Radmarkierung: Lauwersmeerroute), biegen nach 1 km links ab auf das Sträßchen Panserweg, wenden sich kurz darauf nach rechts und gelangen nach **Vierhuizen**. Im Ort halten Sie sich links, fahren am Ortsende durch einen Einschnitt im ältesten Deich, der altes Siedlungsland vom Meer trennte, und stoßen auf die Durchgangsstraße N 361.

Nach links führt die Straße entlang einem im Polder Marnewaard angelegten Militärgelände zur Küste. Kurz nach einem links der Straße gelegenen Kasernengelände folgen Sie der alten Straße, die neben der modernen Durchgangsstraße verläuft, fahren zwischen einer Ausbuchtung des Lauwersmeers und einem Strandsee hindurch und erreichen die Bucht **Nieuwe Robbengat**, an der sich mehrere ausgedehnte Badeplätze befinden. Nicht weit entfernt vom Nordufer der Bucht führt ein Radweg an einem Café vorbei und, parallel zur Straße, durch lichten Wald – rechter Hand die Siedlung Lauwersoog – zu einem größeren Gebäude, in dem neben der **ExpoZee**, einer Ausstellung zur Meeresflora und -fauna, ein VVV-Büro und ein Café eingerichtet wurden. Wenig später folgen Sie wieder der Durchgangsstraße nach links, passieren einen Jachthafen und biegen rechts ab zum **Fischerhafen Lauwersoog**.

Scharf nach rechts fahren Sie entlang der Hafenanlage mit einigen fischverarbeitenden Betrieben und halten sich, wo die Straße links abknickt, geradeaus. Unmittelbar entlang der Wasserlinie des Wattenmeers folgen Sie nun auf einer Länge von ca. 7,5 km einem Fuß- und Radweg am leicht geneigten Küstendeich und steigen, wo der Küstendeich links abknickt, zum Deich hoch. Durch ein Metallgatter verlassen Sie den Deich und erreichen auf einer in den Polder hineinführenden Straße das querlau-

Tour 36 · Im Lauwersland

fende Sträßchen Westpolder. Sie halten sich links und gelangen auf dem nach 2 km rechts abknickenden Sträßchen durch Einschnitte in zwei mittlerweile funktionslosen Küstendeichen wieder auf das seit Jahrhunderten besiedelte »alte« Land.

Die schmale Straße Ommelanderweg führt nach rechts und in mehreren Rechts- und Linksknicks an einigen wenigen großen, von Wassergräben umgebenen Bauernhöfen vorbei und zur Durchgangsstraße N 361. Sie kreuzen die Straße (Rww. Groningen) und gelangen in die Ortsmitte der Kleinstadt **Ulrum**, wo Sie rechts abbiegen in Richtung Niekerk (Rww. Zoutkamp). Am Ortsende überqueren Sie den Hunsingokanaal, passieren nach 1 km eine Linksabzweigung – nicht der Radmarkierung nach links folgen! – und durchfahren wenige Minuten später das Dörfchen **Niekerk**. Auf der nun kurvenreichen Straße – jetzt wieder Radmarkierung

»Lauwersmeerroute« – erreichen Sie **Zoutkamp**, halten sich im Ort geradeaus und kehren entlang dem Hafen zu Ihrem Ausgangspunkt zurück.

Nützliche Informationen

Ausgangsort: Zoutkamp (Prov. Groningen), kleiner Hafen am südlichen Ende des Lauwersmeers.

Anfahrt: A 7, Groningen–Sneek (– Amsterdam), Ausfahrt 36 (Bedum); Ringstraße N 370 um Groningen und abbiegen auf die N 355; über Zuidhoorn nach Grijpskerk und auf der N 388 nach Zoutkamp; Parkplatz am Ortseingang. Kein Bahnanschluß.

Etappen: Zoutkamp – Vierhuizen 3 km – ExpoZee 9,5 km (12,5 km) – Fischereihafen Lauwersoog 2 km (14,5 km) – Ulrum 17,5 km (32 km) – Niekerk 3,5 km (35,5 km) – Zoutkamp 3,5 km (39 km).

Radmarkierung: »Lauwersmeerroute« (grüne Schrift auf sechseckigem Täfelchen).
Campingplatz: Camping Lauwerszee, Hoofdstraat 49, Vierhuizen, Tel. 0595-401657, nördlich von Zoutkamp.
Einkehr unterwegs: Am Campingplatz in Vierhuizen; am Strand von Lauwersoog; bei der ExpoZee in Lauwersoog; Fischimbiß am Fischerhafen Lauwersoog; in Ulrum und in Zoutkamp.
Bademöglichkeit: Mehrere Badeplätze an der Bucht Nieuwe Robbengat.
Sehens- und Wissenswertes: • *Visserijmuseum Zoutkamp*, Reitdiepskade 11, geöffnet 1.4.–1.11. Mo.–Fr. 10–16.30, Sa. 10–15.30, im Juli/Aug. auch So. 13–15.30 Uhr.
• *ExpoZee*, Strandweg 1, Lauwersoog; geöffnet 1.4.–30.9. täglich 10–17 Uhr; Ausstellung zum Lauwersmeer und Wattenmeer.
Fahrradverleih: Fahrradgeschäft Woddema, Schoolstraat 2, Zoutkamp, Tel. 0595-401320.
Auskunft: VVV Lauwersmeer Oost, Reitdiepskade 11, Postbus 8, 9974 PJ Zoutkamp, Tel. 0595-401957.
Karte: Provinciekaart 1:100000, Friesland.

Zum Trocknen aufgehängte Fischernetze in Lauwersoog, einem erst um 1970 mit der Eindeichung der Meeresbucht Lauwerszee entstandenen Fischerhafen.

Mehrtägige Touren

37 Durch Noord-Brabant

Oisterwijk – Woudrichem – De Biesbosch – Schoonhoven – Gorinchem – Geertruidenberg – Drimmelen – Chaam – Oisterwijk

Tourencharakter: Ruhige Rundtour durch die Heide- und Waldgebiete in Noord-Brabant sowie das Flußgebiet zwischen Maas und Lek; nicht einheitlich markiert, Strecke folgt verschiedenen markierten Tagesrundstrecken.
Länge und Dauer der Tour: 231 km/6 Tage.

Landschaftserlebnisse stehen im Vordergrund bei dieser Tour, die durch ausgedehnte Waldgebiete, Heideflächen und Sanddünen sowie durch die weite Flußlandschaft zwischen Maas und Lek führt. Große Städte werden nicht berührt. Gemütlich sind die Touristenorte, die durchfahren werden, wie der Ausgangspunkt Oisterwijk und Chaam, beide in landschaftlich reizvoller Umgebung gelegen. Auch die im Mittelalter **befestigten Städtchen** Heusden, Woudrichem, Gorinchem, Nieuwpoort, Geertruidenberg, die an den mächtigen Strömen Maas und Lek liegen, haben sich nicht wesentlich über ihre ursprüngliche Größe hinaus entwickelt, sind deshalb ruhig und beschaulich. Beschauliches bietet auch der **Nationalpark Biesbosch**, ein riesiges, nach einer Überschwemmung im 15. Jh. nicht wieder entwässertes Feuchtgebiet, das man per Kanu vom Besucherzentrum Biesbosch oder mit dem Passagierschiff von Drimmelen aus erkunden kann. Ganz und gar nicht ruhig geht es zu bei den 19 **Mühlen von Kinderdijk**, einer der »Top-Attraktionen« der Niederlande. Nicht ganz so bekannt, aber nicht minder interessant sind das Storchendorf Liesveld bei Groot-Ammers, das gut erhaltene Schloß Loevestein, das Glasmuseum in Leerdam, das Silbermuseum in Schoonhoven, das Automobilmuseum in Raamsdonksveer.

Da es einiges am Weg zu sehen gibt, wurden die Etappenlängen recht kurz gehalten. Etwas aus dem Rahmen fällt der 4. Tag mit 70 km, der aber ohne Probleme unterteilt werden kann durch eine Übernachtung in Woudrichem. Überlegenswert ist es auch, einen zusätzlichen Tag in Drimmelen einzuplanen, um sich einer Rundfahrt in das Feuchtgebiet Biesbosch anzuschließen. Bei der Planung Ihrer Tour sollten Sie auch folgendes beachten: Die Fähre Nederhemert-Zuid–Nederhemert-Noord (1. Tag) verkehrt nicht am Sonntag! Die letzte Fähre Schloß Loevestein–Woudrichem (1. Tag) geht bereits um 16.45 Uhr ab!

Streckenbeschreibung

1. Tag: Oisterwijk – Woudrichem 41 km
Markierungen/Etappen:
Durchgängig ohne Markierung.
• Oisterwijk – Café De Rustende Jager 7 km. • Café De Rustende Jager – Drunen 3,5 km. • Drunen – Heusden 10 km. • Heusden – Fähranlegestelle Heusden 2,5 km. • Fähranlegestelle – Zuilichem 8 km. • Zuilichem – Schloß Loevestein 10 km. • Schloß Loevestein – Woudrichem per Fähre.

Vom VVV-Büro in **Oisterwijk** wenden Sie sich in Richtung Kirche, biegen dort links ab auf den Gemullehoekenweg, an der Gabelung kurz darauf erneut links in die Joannes Lenartzstraat, die sich nach der Bahnlinie als Heusdensebaan fortsetzt, eine stark befahrene Ausfallstraße mit Radweg. Deren Fortsetzung führt nach einer zweiten Bahnüberquerung als Gommelsestraat geradeaus in nordwestlicher Richtung zum Café De Rustende Jager am Rand des **Dünengebiets »Loonse en Drunense Duinen«**.

Rechts am Restaurant beginnt ein Radweg, der in Richtung Drunen durch das Dünengebiet führt und am nördlichen Rand bei

Giersbergen (Einkehrmöglichkeit) in eine Straße, den Duinweg, mündet. Auf einem Radweg neben der Straße überqueren Sie einen Kanal und biegen ca. 1 km später am Ortsrand von **Drunen** links ab in die Sportlaan, die sich als Radweg fortsetzt, der den Ort im Südwesten umrundet. Sie kreuzen den Overlaatweg, biegen am Ortsende von Drunen links und kurz darauf rechts ab in die Straße Zeedijk, die unter der A 59 hindurchführt. An der Kreuzung fahren Sie geradeaus auf dem Zeedijk, der in einen Radweg übergeht. Kurz darauf halten Sie sich rechts, bei der Einmündung des Radwegs in die Vorfahrtsstraße links in Richtung Oud-Heusden, überqueren die N 267 und fahren geradeaus in das mittelalterliche Städtchen **Heusden** hinein.

Entlang dem Fluß Bergse Maas erreichen Sie auf dem Bakkersdam die **Fähre nach Nederhemert-Zuid**, mit der Sie über die Bergse Maas übersetzen. Zunächst geradeaus, dann nach links auf den Moffendijk und auf dem Veerweg nach rechts gelangen Sie zur nächsten **Fähre**, Nederhemert-Zuid–Nederhemert-Noord, mittels der Sie die Afgedamde Maas überqueren.

Auf der anderen Uferseite folgen Sie auf mehrere Kilometer Länge einem Deich, durchfahren **Aalst** und kreuzen bei einer Mühle die vorfahrtsberechtigte Straße. Bei **Zuilichem** am Ende des Deichs halten Sie sich nach links und fahren auf dem Waaldijk weiter nach **Brakel**.

Wo rechts eine Straße zur Fähre abgeht, biegen Sie links ab in die Ortsmitte und folgen der Ausschilderung »Slot Loevestein« zunächst zum Ortsrand, dann nach rechts auf einer kurvenreichen Landstraße zum **Schloß Loevestein**.

Mit der Fähre setzen Sie über nach **Woudrichem**.

Vorteilhaft war die Lage des Schlosses Loevestein (14. Jh.) am Fluß Waal, konnte doch so der Schloßherr von jedem Schiff Wegzoll kassieren.

2. Tag: Woudrichem – De Biesbosch
29,5 km

Markierungen/Etappen:
- *Giessen-Merwederoute:* Woudrichem – Werkendam 8 km. • *Keine Markierung:* Werkendam – Biesboschmuseum 13 km.
- *Keine Markierung:* Biesboschmuseum – Besucherzentrum De Biesbosch 8,5 km.

Vom Zentrum in **Woudrichem** folgen Sie den Markierungen »Giessen-Merwederoute« auf der Straße Vissersdijk durch ein einstiges Stadttor aus dem Ort hinaus, am Bootshafen vorbei, durch ein Wohngebiet und auf dem Merwedijk über **Sleuuwijk** nach **Werkendam**, wo die Markierung zur Fährstelle abbiegt.

Sie halten sich hier geradeaus auf der Durchgangsstraße in Richtung Dordrecht/Biesbosch, überqueren nach dem Ortsende den Wasserlauf Steuergat – hier links und rechts Bootsanlagestellen – und biegen sofort links ab (Ausschilderung: Steuergat). Auf dieser schmalen Landstraße – später Galeiweg, dann Lijnarden genannt – durchfahren Sie, ohne Abzweigungen zu beachten, auf mehrere Kilometer Länge eine dünn besiedelte Polderlandschaft und gelangen zum **Biesboschmuseum**.

Auf einer querlaufenden, schnurgeraden Straße nach rechts passieren Sie die Abzweigung zur Spieringsluis mit zwei Cafés (Abstecher), halten sich an der querlaufenden Durchgangsstraße links in Richtung Kop van 't Land und erreichen auf dem Veerweg die **Fähre** über die Nieuwe Merwede, die etwa alle 20 Min. verkehrt.

Nach rechts folgen Sie einem Deichsträßchen zu einer Gabelung, wo Sie sich rechts halten in Richtung Jugendherberge, den Fluß Wantij überqueren und auf einem Radweg entlang dem Bahndamm eine breite Querstraße erreichen. Nach rechts gelangen Sie zur Jugendherberge und zum **Besucherzentrum Hollandse Biesbosch** (s. Tour 9).

3. Tag: De Biesbosch – Schoonhoven 37 km
Markierungen/Etappen:
• *Keine Markierung:* De Biesbosch – Bleskensgraaf 9 km. • *Molenroute:* Bleskensgraaf – Kinderdijk 11 km. • *Molenroute:* Kinderdijk – Groot-Ammers 14 km. • *Keine Markierung:* Groot-Ammers – Fähre nach Schoonhoven 3 km.

Vom **Besucherzentrum Biesbosch** kehren Sie auf der Zufahrtsstraße zurück bis zur Eisenbahnbrücke, biegen unmittelbar davor rechts ab (Rww. Sliedrecht), steigen auf einem Radweg an zum Bahndamm und überqueren den Fluß Merwede entlang den Bahngleisen. Nachdem Sie auch die A15 gekreuzt haben, verlassen Sie den Bahndamm und folgen einer Straße parallel zur Bahnlinie in Richtung Hardinxveld-Giessendam/Gorinchem ca. 2 km weit.

Dann knickt die Straße scharf nach links ab und führt auf einer Länge von knapp 5 km schnurgerade zum Flüßchen Alblas. Diesem folgen Sie nach links bis zur Windmühle De Hoop und zum Restaurant De Krom, überqueren dort den Fluß und stoßen auf die Markierungen der »Molenroute«, die Sie nach **Alblasserdam** leiten. Während die Route durch den wenig interessanten Ort führt, biegen Sie am Ortsanfang vor einer Brücke rechts ab, erreichen eine alleinstehende Windmühle an einem Kanal – hier stoßen Sie wieder auf die Markierung »Molenroute« – und wenden sich nach links zu den 19 Mühlen von **Kinderdijk**, von denen eine besichtigt werden kann.

Wo der Radweg in die querlaufende Durchgangsstraße einmündet – links die Ausstellung Expo sowie Restaurants –, wenden Sie sich nach rechts, folgen dem mächtigen Fluß Lek bis **Nieuw-Lekkerland**, wo sich die Radroute nach rechts entfernt und nun abwechselnd auf schmalen Wegen zwischen Viehweiden und auf dem Dammweg entlang dem Lek verläuft.

Am Ortsende von **Groot-Ammers** knickt die »Molenroute« rechts ab, während Sie sich geradeaus halten, das Dorf Liesveld durchfahren – hier ist ein Abstecher möglich zum Storchendorf (Ooievaarsdorp) Het Liesveld – und entlang dem Lek die Anlegestelle der Fähre erreichen, mittels der Sie zum historischen Städtchen **Schoonhoven** übersetzen, das im 18. Jh. Zentrum des Silber- und Goldschmiedehandwerks war.

4. Tag: Schoonhoven – Drimmelen 70 km
Markierungen/Etappen:
• *Ooievaarsroute:* Nieuwpoort – Ameide – Meerkerk 15 km. • *Vijfheerenlandenroute:* Meerkerk – Leerdam 16 km. • *Vijfheerenlandenroute:* Leerdam – Arkel 8 km. • *Giessen-Merwederoute:* Arkel – Gorinchem Fähranlegestelle 4 km. • *Altenaroute en Maasroute:* Woudrichem – Hank 18 km. • *Keine Markierung:* Hank – Geertruidenberg 4 km. • *Polderroute:* Geertruidenberg – Drimmelen 5 km.

Sie setzen wieder mit der Fähre über den Fluß Lek über und fahren auf einem Radweg ca. 1 km weit entlang der N 216 bis zu einer querlaufenden Straße auf Höhe von Nieuwpoort. Hier wenden Sie sich nach links und folgen nun den Markierungen der »Ooievaarsroute« durch das kleine Städtchen **Nieuwpoort**, dessen Befestigungsanlagen aus dem 17. Jh. noch gut erhalten sind. Entlang dem Fluß Lek erreichen Sie **Ameide**, ebenfalls ein kleines, altes Städtchen.

Hier knickt die Radroute nach Süden ab und führt auf gewundenen Sträßchen zur A 27. Sie verlassen die »Ooievaarsroute«, überqueren die Autobahn, halten sich an einem Wasserturm in **Meerkerk** nach links ins Zentrum, wo Sie einen Kanal überqueren

An der Einmündung des Flusses Linge in den mächtigen Waal entwickelte sich das Städtchen Gorinchem, das wegen seiner günstigen Lage häufig umkämpft und deshalb befestigt wurde.

und ihm nach rechts zu einer Mühle und einer weiteren Brücke folgen. Auf der gegenüberliegenden Kanalseite stoßen Sie auf die Markierungen der »Vijfheerenlandenroute«, denen Sie zunächst entlang dem Kanal, dann in mehreren Links- und Rechtsknicks durch die Dörfer Hei- en Boeicop, Overheicop und Schoonrewoerd nach **Leerdam** folgen, dem Zentrum der Niederländischen Glasherstellung.

Sie durchfahren das Zentrum entlang dem Fluß Linge, dem Sie dann auf mehreren Kilometern Länge bis zum Weiler **Kedichem** folgen. Hier schwenkt die Radroute nach Nordwesten ab und führt auf Arkel zu. Wo die Route scharf nach rechts abknickt, verlassen Sie diese und fahren auf einer Straße nach **Arkel**, wo Sie einen Kanal überqueren.

Nach links folgen Sie nun den Markierungen der »Giessen-Merwederoute« durch **Gorinchem**, ein nettes Festungsstädtchen mit zentral gelegenem Hafenbecken, zur Anlegestelle der Fähre nach Woudrichem.

Sie setzen über, fahren durch den alten Kern des kleinen, ebenfalls befestigten Städtchens **Woudrichem** geradeaus hindurch und wenden sich auf einer breiteren Durchgangsstraße nach links. Die Markierungen der »Altenaroute en Maasroute« leiten Sie zum Maasdijk und weiter nach **Rijswijk**, wo Sie die Afgedamde Maas verlassen, scharf nach rechts abbiegen und über **Almkerk** und **Dussen** zur Bergse Maas fahren.

Dieser folgen Sie flußabwärts und unterqueren am Ortsrand von **Hank** die A 27. Die »Altenaroute« biegt an der ersten Kreuzung nach links, an der zweiten nach rechts ab. Hier wenden Sie sich nach links (Rww. Breda) in eine Sackgasse hinein, die sich zu einem Radweg (Rww. Raamsdonksveer) entlang der Autobahn verengt. Sie überqueren die Bergse Maas, folgen der Autobahnausfahrt, fahren nach links in Richtung Raamsdonksveer, am Ortsrand von Raamsdonksveer entlang und rechts ab nach **Geertruidenberg**.

Hier stoßen Sie auf die Markierungen der »Polderroute«, denen Sie zunächst durch das sehenswerte Festungsstädtchen, dann nach **Drimmelen** folgen, dem größten Jachthafen der Niederlande.

5. Tag: Drimmelen – Chaam 50,5 km
Markierungen/Etappen:
• *Polderroute:* Drimmelen – Teraalsterbrug 23 km. • *Vijf Eikenroute:* Teraalsterbrug – Paddestoel 23581 22 km. • *LF 13a:* Paddestoel 23581 – Abzweigung nach Chaam 3,5 km. • *Keine Markierung:* Abzweigung – Chaam 2 km.

Von Drimmelen folgen Sie der »Polderroute«, die einen großen Haken schlägt zum Fluß Amer und über **Hooge Zwaluwe** und **Made** nach **Den Hout** führt.

Nach der Teraalsterbrug über den Markkanaal verlassen Sie diese Route und folgen nun geradeaus den rot-weißen Markierun-

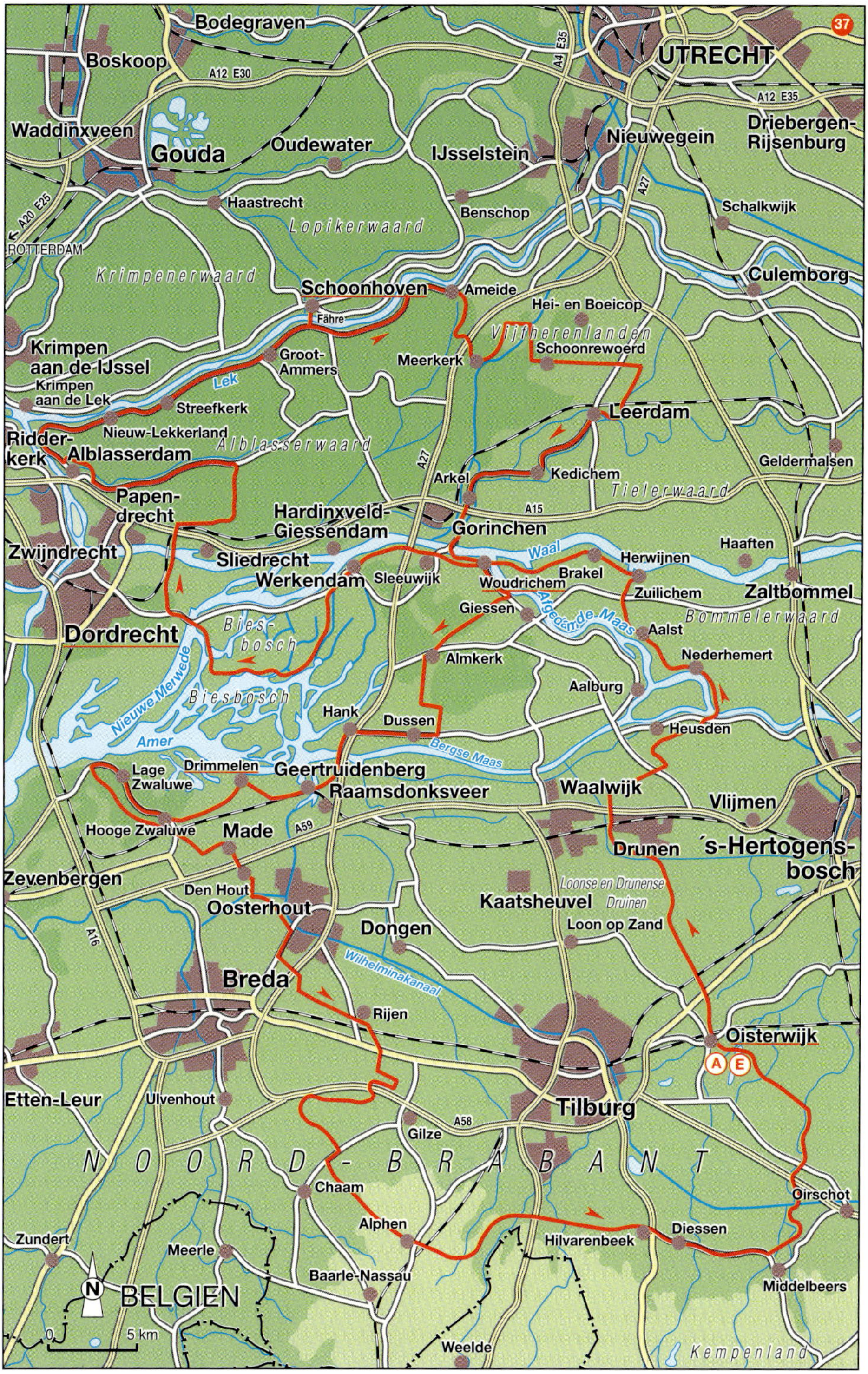
37
Bodegraven
Boskoop
UTRECHT
A12 E30
A4 E35
A12 E35
Waddinxveen
Gouda
Oudewater
IJsselstein
Nieuwegein
Driebergen-Rijsenburg
Haastrecht
Lopikerwaard
Benschop
A27
Schalkwijk
A20 E25
ROTTERDAM
Krimpenerwaard
Schoonhoven
Ameide
Culemborg
Fähre
Hei- en Boeicop
Vijfherenlanden
Schoonrewoerd
Krimpen aan de IJssel
Groot-Ammers
Meerkerk
Krimpen aan de Lek
Lek
Streefkerk
Leerdam
Nieuw-Lekkerland
Ridderkerk
Alblasserwaard
Alblasserdam
A27
Arkel
Kedichem
Geldermalsen
Papendrecht
Tielerwaard
Hardinxveld-Giessendam
A15
Gorinchen
Haaften
Zwijndrecht
Sliedrecht
Waal
Herwijnen
Werkendam
Sleeuwijk
Brakel
Woudrichem
Zuilichem
Zaltbommel
Afgedamde Maas
Giessen
Bommelerwaard
Dordrecht
Biesbosch
Aalst
Almkerk
Nederhemert
Nieuwe Merwede
Aalburg
Biesbosch
Hank
Dussen
Heusden
Amer
Bergse Maas
Lage Zwaluwe
Drimmelen
Geertruidenberg
Raamsdonksveer
Waalwijk
Vlijmen
Hooge Zwaluwe
Made
A59
Drunen
's-Hertogensbosch
Zevenbergen
Den Hout
Oosterhout
Loonse en Drunense Duinen
Kaatsheuvel
Loon op Zand
Dongen
A16
Wilhelminakanaal
Breda
Rijen
Oisterwijk
A E
Etten-Leur
Ulvenhout
Tilburg
A58
Gilze
NOORD-BRABANT
Chaam
Oirschot
Alphen
Diessen
Hilvarenbeek
Zundert
Meerle
Baarle-Nassau
Middelbeers
N
BELGIEN
0
5 km
Weelde
Kempenland

gen der »Vijf Eikenroute« durch Heide- und Waldgebiete im Süden von Oosterhout, dann im Westen von Rijen.

Nach einigen Kilometern überqueren Sie die A 58, dann die Straße Gilze–Bavel und gelangen auf dem Burgtsebaantje zum Waldrand. Nach ca. 100 m, wo die »Vijf Eikenroute« auf einem querlaufenden Radweg nach rechts abbiegt, am **Paddestoel 23581**, verlassen Sie die Radroute nach links in Richtung Alphen. Durch Wald gelangen Sie an eine querlaufende Straße (Paddestoel 23571), wo Sie sich rechts in Richtung Chaam wenden.

Auf der nächsten Straße nach links erreichen Sie die Jugendherberge, geradeaus den Ort **Chaam**.

6. Tag: Chaam – Oisterwijk 37 km
Markierungen/Etappen:
• *LF 13a:* Chaam – Alphen 6 km. • *LF 13a:* Alphen – Hilvarenbeek 12 km. • *LF 13a:* Hilvarenbeek – Knotenpunkt am Wilhelminakanaal 8 km. • *Keine Markierung:* Wilhelminakanaal – Oisterwijk 11 km.

Von Chaam kehren Sie zurück zur Radstrecke LF 13a, folgen dieser markierten Strecke weiterhin vorwiegend durch Waldgebiete durch die ruhigen Ortschaften **Alphen**, **Hilvarenbeek** und **Diessen** zum **Wilhelminakanaal**. Diesem folgen Sie 1,5 km nach rechts und verlassen die Route LF 13a an der Straße Groenewondsedijk.

Sie halten sich in Richtung Utrecht, überqueren den Kanal, anschließend die A 58, fahren geradeaus, dann links in das Dorf **Spoordonk** hinein, wo Sie nach rechts in die Broekstraat einbiegen. Auf den Straßen Nieuwedijk, Bremsteeg und Achtbundersedijk erreichen Sie die querlaufende Straße Logtsebaan, die nach links durch den Weiler **De Logt** führt, sich als Rosepdreef fortsetzt und im Waldgebiet südlich von Oisterwijk in die Straße Oirschotse Baan einmündet, der Sie nach rechts ins Zentrum von **Oisterwijk** folgen.

Nützliche Informationen

Ausgangsort: Oisterwijk (Prov. Noord-Brabant), ruhiger Touristenort östlich von Tilburg.

Anfahrt: A 65, Tilburg – 's-Hertogenbosch, Ausfahrt Berkel-Enschot; 3,5 km in die Stadtmitte von Oisterwijk; Parkplatz am Bahnhof. Station an der Linie Tilburg – Eindhoven.

Unterkünfte an den einzelnen Etappen:
Ausgangsort Oisterwijk: • Campingplatz De Reebok, Duinenweg 4, Tel. 013-5 28 23 09; Trekkerhütten; am südöstlichen Ortsrand von Oisterwijk. • Pension van Meel, Canisius 2, Tel. 013-5 28 81 91; ca. 500 m östlich vom VVV-Büro. 1. Tag: • Campingplatz De Mosterpot, Tel. 01183-3 15 74; westlich von Woudrichem. • Nächstes Hotel in Gorinchem (mit Fähre übersetzen), u.a. Hotel 't Spinnewiel, Eind 18, Tel. 0183-63 10 57; am Hafen von Gorinchem. 2. Tag: • JH De Biesbosch, Baanhoekweg 25, Tel. 078-6 21 21 67; dort auch Budgethotel und Campingplatz; an der Radstrecke östlich von Dordrecht. 3. Tag: • Campingplatz 't Wilgerak, Lekdijk Oost 3, Tel. 0182-38 28 36, geöffnet 1.4.–1.10.; von der Fährenlegestelle in Richtung Schoonhoven. • Familienhotel Roos, Voorhaven 21, Tel. 0182-38 34 61; zwischen Hafen und Zentrum von Schoonhoven. 4. Tag: • Campingplatz Drima, Biesboschweg 8, Tel. 0162-68 57 95 oder 68 24 00, geöffnet 1.4.–30.9.; am Fluß Amer; fünf Trekkerhütten. • Nächstes Hotel in Geertruidenberg: Hotel De Munt, Brandestr. 18, Tel. 0162-51 43 64. 5. Tag: • JH Het Putven, Putvenweg 1, Tel. 0161-49 13 23; geöffnet Ende März–Ende Okt.; östlich von Chaam. • Campingplatz De Meysberg (**), Alphensebaan 10, Tel. 0161-49 14 23; ca. 1 km südöstlich von Chaam, an der Straße in Richtung Alphen.

Sehens- und Wissenswertes: 1. Tag:
• *Fähre Heusden–Nederhemert-Zuid,* täglich 6–22 Uhr. • *Fähre Nederhemert-Zuid–Nederhemert-Noord,* Juli/Aug. Mo.–Sa. 8–20, Juni/Sept./Okt. Mo.–Sa. 8–12 und 13–18, Nov.–Febr. 9–12 und 13–17 Uhr. • *Schloß Loevestein,* geöffnet April–Okt. Mo.–Fr. 10–17, Sa./So. 13–17 Uhr; letzte Führung 16 Uhr. • *Fähre Schloß Loevestein–Woudrichem,* Mai–Sept. zwischen 11.45 und 16.45 alle 60 Min.
• *Fischereimuseum* in Woudrichem, geöffnet Mai–Sept. Mo.–Fr. 10.30–12 und

Tour 38 · Abwechslungsreicher Nordwesten **161**

13.30–16.30, So. 13.30–16.30 Uhr. 2. Tag:
• *Biesboschmuseum,* geöffnet Di.–Sa. 10–17, So. 12–17 Uhr; Ausstellung zum Feuchtgebiet Biesbosch, Café, Naturpfad.
• *Besucherzentrum Biesbosch,* geöffnet Di.–So. 9–17, März–Okt. auch Mo. 13–17 Uhr; Ausstellung zu Geschichte, Flora, Fauna; audiovisuelle Show im Panorama Biesbosch; Vermietung von Kanus sowie Ablegestelle für das Passagierboot durch den Nationalpark Biesbosch. 3. Tag:
• *Besichtigungsmühle in Kinderdijk,* geöffnet April–Sept. täglich 9.30–17.30 Uhr.
• *Expo,* Ausstellung mit Zeichnungen und Modellen zu Mühlen und Wasserkraft; geöffnet 1.4.–1.10. täglich; gratis; mit Selbstbedienungsrestaurant. • *Ooievaarsdorp* (Storchendorf) *Het Liesveld,* geöffnet 1.4.–15.9. täglich außer Mo. 10–17 Uhr.
• *Fähre Gelkenes–Schoonhoven,* täglich 0–24 Uhr. • *Nederlands Goud-, Zilver- en Klokkenmuseum* in Schoonhoven, Kazerneplein 4, geöffnet Di.–So. 12–17 Uhr.
4. Tag: • *Nationaal Glasmuseum* in Leerdam, Lingedijk 28, geöffnet Di.–Fr. 10–13 und 14–17, Sa./So. 13–17 Uhr. • *Nationaal Automobielmuseum* in Raamsdonksveer, Steurweg 8, geöffnet Ostern–Ende Okt. Di.–Sa. 10–17, So. 11–17 Uhr. • *Rundfahrten durch das Feuchtgebiet Biesbosch* vom Jachthafen in Drimmelen, Anfang April–Ende Juni und Sept. So. 12.30 und 15 Uhr, Juli/Aug. Mo.–Fr. 10.30, 12.30 und 15 Uhr, Sa./So. 12.30 und 15 Uhr; Dauer 2 Std.
Fahrradverleih: Radgeschäft van Amelsvoort, De Lind 79, Oisterwijk, Tel. 013-5282233.
Auskunftstellen an den einzelnen Etappen:
• VVV, De Lind 57, 5061 HT Oisterwijk, Tel. 013-5282345. • VVV, Kerkstraat 35, 4285 BA Woudrichem, Tel. 0183-301202 (nur bis 15 Uhr geöffnet). • VVV, Stationsweg 1, 3311 JW Dordrecht, Tel. 078-6132800. • VVV, Stadhuisstraat 1, 2871 BR Schoonhoven, Tel. 0128-385009.
• VVV im Biesbosch Informatiecentrum, Biesboschweg 4, 4924 BB Drimmelen, Tel. 0162-682233 (geöffnet Di.–So. 10–17 Uhr).
• VVV, Dorpsstraat 25, 4861 AA Chaam, Tel. 0161-491812.
Karten: Provinciekart 1:100000, Noord-Brabant, 2 Blätter, und Zuid-Holland.

38 Abwechslungsreicher Nordwesten

Zutphen – Oosterbeek – Utrecht – Leiden – Den Haag – Noordwijk – Bergen aan Zee – Den Oever – Makkum – Stavoren – Blokzijl – Giethoorn – Zwolle – Hattem – Deventer – Zutphen

 Tourencharakter: Große Rundtour auf verschiedenen markierten Fernradwegen.
Länge und Dauer der Tour: 577,5 km/10 Tage.

Viel Unterschiedliches hat diese Tour zu bieten, denn sie führt nicht nur durch das historische Herzland der Niederlande mit den großen Städten Arnhem und Utrecht, sondern auch durch ausgedehnte Heideflächen; von Den Haag entlang der Westküste durch einsame Dünengürtel und geschäftige Badeorte; am IJsselmeer und entlang dem Fluß IJssel durch sehenswerte Hafenstädtchen, im Hinterland an Kanälen entlang und durch malerische »Kanaldörfer« in ehemaligen Torfabbaugebieten.

Die hier vorgeschlagenen Etappen sind, was die Länge anbetrifft, recht unterschiedlich, da sie sich an den vorhandenen Unterkünften entlang der Radstrecke orientieren. Diese sind besonders rar zwischen Utrecht und der Westküste, was am 3. Tag eine lange Etappe sowie einen Abstecher nach Leiden notwendig macht.

Streckenbeschreibung

1. Tag: Zutphen – Oosterbeek 44,5 km
Markierungen/Etappen:
• *LF 3a (Hanzeroute):* Zutphen – Brummen Oost 10 km. • *LF 4b (Midden-Nederlandroute):* Brummen Oost – Brummen 1,5 km; Brummen – Zijpenberg 19 km; Zijpenberg – Oosterbeek 14 km.

Vom Bahnhof in **Zutphen** folgen Sie den Radwegweisern in Richtung Arnhem durch den Außenbezirk der Altstadt zur Uferpromenade am Fluß IJssel. Hier stoßen Sie auf

Gut erhalten ist das Wassertor »Berkelpoort« in der einstigen Stadtmauer (15. Jh.) von Zutphen, im Mittelalter ein wichtiger Handels- und Umschlagplatz.

die grün-weißen Markierungen der »Hanzeroute« (LF 3a), die Sie nach links entlang dem Fluß zum kleinen Vispoorthaven und in Richtung Brummen zur N 348 leiten. Sie überqueren den Fluß und gelangen am östlichen Ortsrand von **Brummen** zu einem Radweg-Knotenpunkt.

Hier verlassen Sie die »Hanzeroute« und folgen nun der »Midden-Nederlandroute« (LF 4 b) durch den Ort hindurch. Am Ortsende schwenkt der Radweg in südliche Richtung ab und führt zu den Orten **Spankeren** und **Dieren**, die am Rand des **Nationalparks Veluwezoom**, eines ausgedehnten Wald- und Heidegebiets, liegen.

Durch Wald und Heide führen die Markierungen zum Paddestoel 21066 bei einem Parkplatz (Zijpenberg) oberhalb von **Arnhem**, wo Sie sich entscheiden müssen zwischen der Route durch Arnhem hindurch und der Umgehung im Norden der Stadt. Letzterer ist der Vorzug zu geben, da sich dadurch die Möglichkeit ergibt, das interessante **Freilichtmuseum** oder/und den bekannten **Burger's Zoo** zu besuchen. Sie liegen nicht weit voneinander entfernt und sind auf einem Abstecher zu erreichen: Dort, wo der markierte Weg von der Straße Deelenseweg, einige hundert Meter nach der Unterquerung der Umgehungsstraße, rechts abzweigt, links abbiegen.

Nach der Besichtigung fahren Sie auf dem markierten Radweg durch bewaldetes Gelände westlich um Arnhem herum und, vorbei am Landgut Warnsborn, nach **Oosterbeek**, heute ein Villenvorort von Arnhem, im September 1944 Schauplatz der Schlacht um Arnhem. Daran erinnern ein Soldatenfriedhof sowie das Airborne-Museum.

2. Tag: Oosterbeek – Utrecht 66,5 km
Markierungen/Etappen:
- *Durchgängig LF 4b:* Oosterbeek – Wolfheze 7 km; Wolfheze – Maarn 37 km; Maarn – Bunnik 14 km; Bunnik – Jugendher-

berge Ridderhofstad 3 km; Jugendherberge – Utrecht (Bhf.) 5,5 km.

Vom Bahnhof in **Oosterbeek** radeln Sie entlang einer Bahnlinie und durch Wald nach **Wolfheze**, das links liegen bleibt. Weiter durch Wald und das ausgedehnte Heidegebiet **Veluwe** erreichen Sie den nördlichen Ortsrand von **Ede**, einen beliebten Ausgangspunkt für Touren im Veluwe-Gebiet.

Wenige Kilometer später endet das Heidegebiet. Die Tour führt nun über Sträßchen wieder zur Bahnlinie, der sie über einige Kilometer folgt bis **Maarsbergen**. Durch Wald erreichen Sie **Maarn**. Anschließend verläuft die Strecke wiederum durch ein ausgedehntes Waldgebiet, passiert das grüne, zu Zeist gehörende Stadtviertel **Kerkebosch** und führt um **Bunnik** herum. Entlang dem Kromme Rjin erreichen Sie das **Fort Rijnauwen**. Das größte Fort des Landes, 1869 angelegt, kann zeitweilig besichtigt werden. Südlich davon liegt das **Kasteel Rijnauwen**, eine mittelalterliche Burg, in der heute die Jugendherberge Ridderhofstad untergebracht ist.

Nach ca. 1,5 km gelangen Sie an den Ortsrand von **Utrecht** und folgen der Markierung in das Zentrum der viertgrößten niederländischen Stadt. Wer gerne mittelalterliche Kirchen besucht, findet hier einige: den Dom mit dem höchsten Kirchturm der Niederlande, die Pieterskerk, die Janskerk; wer Einkaufen bevorzugt, erfreut sich am Shopping Centre Hoog Catharijne, dem größten des Landes. Bei einer Grachten-Rundfahrt bekommt man einen guten Eindruck von dieser geschäftigen und gleichzeitig gemütlichen Stadt.

3. Tag: Utrecht – Leiden 74 km
Markierungen/Etappen:
• *LF 4b:* Utrecht – Haarzuilens 14,5 km; Haarzuilens – Woerden 9 km; Woerden – Boskoop 20 km; Boskoop – Stompwijk 20,5 km. • *Keine Markierung:* Stompwijk – Leiden 10 km.

Vom Bahnhof in **Utrecht** folgen Sie der Route LF 4b, die parallel zum kanalisierten Leidse Rijn verläuft, den Merwedekanaal und am Stadtrand den Amsterdam-Rijnkanaal überquert. Etwas später verläßt die Route den Leidse Rijn und führt durch die Dörfer **Vleuten** und **Haarzuilens** – auffallend die Fachwerkhäuser mit den farbigen Fensterläden – zur Burg **De Haar** (um 1900 erbaut), die aufgrund der Türme und Zinnen als eine der schönsten Burgen der Niederlande gilt (s. Tour 21).

Nach 5 km stößt die Route auf den Oude Rijn, dem sie nun für einige Kilometer auf einem einstigen Jagdpfad folgt durch die Ortschaften **Woerden** und **Bodegraven**, Zentren der Käseherstellung. Woerden ist bekannt für seinen Käsemarkt – jeweils mittwochs zwischen 9.30 und 12 Uhr; in Bodegraven gibt es ein Käsemuseum, das allerdings nur samstags geöffnet ist.

Dort verläßt die Route den Fluß, passiert den von Baumschulen und Gärtnereien umgebenen Ort **Boskoop** – Heimat des Apfels gleichen Namens –, folgt kurzzeitig dem Aarkanaal, führt durch **Hazerswoude Dorp** hindurch und nördlich vorbei an Zoetermeer – ein kurzer Abstecher bringt Sie zum Badegebiet Noord-Aa – nach **Stompwijk**. Dort folgen Sie der Radmarkierung »4b« bis zum Ende der Kniplaan vor dem Gewässer Vliet.

Hier verlassen Sie die markierte Route, um die Unterkünfte in Leiden auf einem Abstecher zu erreichen. Zunächst radeln Sie entlang dem See auf dem Oostvlietweg, der in einen Radweg übergeht. Nach 2 km biegen Sie schräg rechts ab und folgen den Wegweisern »doorgaand fietsverkeer« bis zum Jachthafen. Dort halten Sie sich links in Richtung Leiden. Sie unterqueren einen Viadukt, halten sich weiterhin entlang dem Kanal, überqueren die Eisenbahn und folgen – nun bereits in einem Außenbezirk von **Leiden** – dem Kanal bis zu einem Wasserturm. Nach links biegen Sie ab in Richtung Altstadtzentrum (s. Tour 13).

4. Tag: Leiden – Noordwijk 53 km
Markierungen/Etappen:
• *Keine Markierung:* Leiden – Stompwijk 10 km. • *LF 4b:* Stompwijk – Den Haag CS-Station 12 km; Den Haag – Scheveningen 4 km. • *LF 1b (Nordzeeroute):* Scheveningen – Katwijk 15 km; Katwijk – Noordwijk (Paddestoel 21594) 12 km.

Von **Leiden** fahren Sie auf demselben Weg zurück nach **Stompwijk**, wo Sie der Route LF 4b entlang einem Kanal nach **Leidschendam** folgen. Dort schwenkt die Route nach rechts ab in Richtung Westen und führt durch einige Vororte in das Zentrum von **Den Haag**, vorbei am *Huis ten Bosch,* dem Wohnsitz der Königin, und durch den Haagse Bos, einen grünen Streifen, Überrest des einstigen großen Jagdwalds, nach dem die Stadt ihren Namen erhalten hat. An Regierungsgebäuden – Den Haag ist Sitz der niederländischen Regierung – und dem Zentralbahnhof vorbei gelangen Sie in das historische Zentrum um den *Binnenhof,* im 13. Jh. Standort einer Festung der Grafen von Holland, von der noch der Rittersaal erhalten ist (Besichtigung möglich), heute umgeben von Regierungsgebäuden. Sehenswert in der Nähe ist auch das *Mauritshuis,* ein Palast aus dem 17. Jh., der heute eine Gemäldegalerie beherbergt.

Durch Villenviertel erreichen Sie das Waldviertel Scheveningse Bosje, das Den Haag vom Badeort Scheveningen trennt und in dem eine der niederländischen Touristenattraktionen liegt, die Miniaturstadt **Madurodam**: zahlreiche Gebäude aus dem ganzen Land wurden hier im Maßstab 1:25 nachgebaut.

An das Waldgebiet schließt sich der Van Stolkpark an, wo die Route »LF 4b« in die querlaufende, ebenfalls markierte Nordzeeroute (LF 1b) einmündet, der Sie in Richtung Norden nach **Scheveningen** folgen.

Wer einen Abstecher machen möchte zum bekannten **Strand** von Scheveningen, biegt kurz nach Überqueren eines Kanals links ab in die Nieuwe Parklaan, am Ende der Straße erneut links in den Kurhausweg und direkt vor dem Kurhaus rechts in den Gevers Deynootweg, von dem aus Sie nach wenigen hundert Metern Zugang zum Strand haben.

Die Route führt nach dem Ortsrand von Scheveningen durch ein Dünengebiet – gelegentlich ist ein Zugang zum Strand ausgeschildert – zu einer von **Wassenaar** zum Meer führenden Straße. Hier ist ein Abstecher möglich (Paddestoel 21733) nach Wassenaar und zum Vergnügungs- und Wasserpark **Duinrell**.

Weiterhin durch Dünengebiet führt die Strecke in den Badeort **Katwijk**, an den sich wiederum Dünen anschließen, die beim Badeort **Noordwijk** enden. Die angegebenen Unterkünfte liegen nördlich des Ortes.

Es lohnt sich, im Frühjahr in Noordwijk einen zusätzlichen Tag einzulegen, um eine Tour durch die Blumenfelder und zum Keukenhof zu machen (s. Tour 14).

5. Tag: Noordwijk – Bergen aan Zee 56 km
Markierungen / Etappen:
• *Durchgängig LF 1b:* Noordwijk – Overveen 17 km; Overveen – Egmond aan de Hoef 32 km; Egmond aan de Hoef – Bergen aan Zee 7 km.

Von **Nordwijk** aus führt die Route in nördlicher Richtung durch Dünen nach **Zandvoort**, einem bekannten Badeort, und schwenkt ab zum östlichen Dünenrand und zum Ortsanfang von **Overveen** – von hier ist ein Abstecher in die sehenswerte Stadt Haarlem möglich.

Sie gelangen zum Besucherzentrum am Eingang des **Nationalparks Kennemerduinen**, fahren am Rand des Villenorts Bloemendaal vorbei, passieren die Ruine von **Brederode** (mit Museum), eine im 13. Jh. erbaute Burg, lassen **Santpoort** weitgehend rechts liegen, durchfahren **Driehuis** und erreichen in **Velsen-Zuid**, einem Städtchen mit malerischem Ortskern, den **Noordzeekanaal**, der das IJsselmeer mit der Nordsee verbindet.

Mit der Fähre setzen Sie über, fahren an einem Stahlwerk vorbei, lassen **Beverwijk** rechts liegen, radeln durch ein bekanntes Erdbeeren-Anbaugebiet und erreichen wieder ein Dünengebiet, das **Noord-Hollands Duinreservaat**.

Auf mehreren Kilometern Länge führt die Route nun durch teilweise bewaldetes Dünengebiet nach **Egmond aan de Hoef**, von wo aus Abstecher möglich sind in den Badeort Egmond aan Zee (2 km) und in die sehenswerte Stadt Alkmaar (8 km).

In Richtung Norden radeln Sie weiter – nach 2 km der Campingplatz mit Trekkerhütten –, fahren nochmals durch das Noord-Hollands Duinreservaat und erreichen den Badeort **Bergen aan Zee**.

6. Tag: Bergen aan Zee – Den Oever
56,5 km
Markierungen/Etappen:
• *LF 1b:* Bergen aan Zee – Groet-Camperduin 9,5 km; Groet-Camperduin – Callantsoog 10 km. • *LF 10a:* Callantsoog – Amstelmeer (Ulkesluis) 20 km; Ulkesluis – Den Oever 17 km.

Die Route verläuft durch bewaldete Dünen nach **Groet-Camperduin**, das bekannt ist für seinen breiten Sandstrand. Anschließend folgt sie dem Küstenverlauf, stößt auf die Küstenstraße, passiert einige Campingplätze und läßt das Dünengebiet links liegen. Kurz bevor die Straße nach links zum Badeort Callantsoog abknickt, zweigt nach rechts die LF 10a-Route ab, der Sie für den Rest des Tages folgen.

Sie fahren nun auf schnurgeraden Straßen durch eine ausgedehnte, dünn besiedelte Polderlandschaft mit vereinzelten Blumenfeldern und Windmühlen zur **Ulkesluis** am Amstelmeer, das durch einen Deich von der Nordsee abgetrennt ist.

Die Tour führt am südlichen Ufer des Amstelmeers entlang und auf ruhigen Sträßchen durch locker besiedeltes Gebiet zum Fischerdorf **Den Oever**, wo Sie auf die markierte »Zuiderzeeroute« stoßen.

7. Tag: Den Oever – Stavoren 63 km
Markierungen/Etappen:
• *Durchgängig Zuiderzeeroute:* Den Oever – Ende des Abschlußdeichs 30 km; Ende des Abschlußdeichs – Workum 16 km; Workum – Stavoren 17 km.

Die erste Hälfte der Tagesstrecke verläuft über den **Abschlußdeich** (Afsluitdijk), einen 90 m breiten und 7,5 m hohen Damm, der zwischen 1926 und 1932 errichtet wurde und die einstige riesige Meeresbucht Zuiderzee zu einem Binnenmeer machte, dem heutigen IJsselmeer. Die etwas zähe Fahrt auf dem Radweg entlang der Autobahn kann nach etwa einem Viertel der Strecke an einem Aussichtsturm mit Cafeteria unterbrochen werden.

Einige Kilometer vor dem Ende des Abschlußdeichs trennen sich bei den **Lorentzschleusen** – zehn Entwässerungsschleusen sowie eine Schiffahrtsschleuse – und dem **Kazemattenmuseum Kornwerderzand** – hier können die Verteidigungsanlagen zur militärischen Sicherung der Schleuse besichtigt werden – die LF 10a-Route und die »Zuiderzeeroute«: Sie folgen nun der »Zuiderzeeroute«, die am Ende des Abschlußdeichs nach Süden umschwenkt und am Rand des IJsselmeers hinter dem Deich verläuft.

Vorbei am Terpdorf **Cornwerd** – auf einem künstlichen Hügel angelegt – erreichen Sie die hübsche Stadt **Makkum** (s. Tour 35), die bekannt ist für ihre Töpfertradition. Entlang des Deichs führt die Route an einem weiteren Terpdorf, **Piaam**, sowie am Dorf Gaast vorbei nach **Workum** (s. Tour 35), einer der elf alten Städte Frieslands mit hübschen Häusern. Eine weitere malerische Stadt an der Route ist **Hindeloopen**, einst eine bedeutende Hansestadt, ebenso wie **Stavoren**, heute Anlegehafen für die Fähre über das IJsselmeer.

8. Tag: Stavoren – Blokzijl 64 km
Markierungen/Etappen:
• *Durchgängig Zuiderzeeroute:* Stavoren – Oudemirdum 16 km; Oudemirdum – Lemmer 15 km; Lemmer – Ossenzijl 17 km; Ossenzijl – Blokzijl 16 km.

Von **Stavoren** aus folgt die Route wieder dem Deich, passiert **Laaksum**, den kleinsten Hafenort an der einstigen Zuiderzee, und entfernt sich von der Küste. Durch teilweise bewaldetes, leicht hügeliges Gelände und vorbei an einem Vogel- und Erholungspark sowie mehreren Campingplätzen fahren Sie nach **Oudemirdum**, einem kleinen Dorf mit grünem Anger.

Durch kleine Ortschaften und nach Überqueren des **Prinses Margriet Kanaal**, einer bei Freizeitkapitänen beliebten Wasserstraße, kommen Sie nach **Lemmer**, einer Hafenstadt mit Werften und fischverarbeitenden Betrieben, aber auch touristischen Einrichtungen wie Bungalowpark und Campingplätzen.

Am Ortsrand von Lemmer teilt sich die »Zuiderzeeroute«: Die rechts abzweigende Variante führt über die nach der Eindeichung der Zuiderzee entstandenen neuen Polder, während die geradeaus führende und hier beschriebene Variante in Richtung Blokzijl sich an den Küstenverlauf der ehemaligen Zuidersee hält. Entlang dem Flüßchen Linde fahren Sie nach **Ossenzijl**, einem kleinen Ort, der am Rand eines einstigen riesigen Torfabbaugebiets liegt und im 18./19. Jh. als Zwischenhafen für den Torfhandel diente.

Durch dieses Torf-Abbaugebiet, **De Weerribben**, führt die Radtour entlang Kanälen und vorbei an den »Kanaldörfern« Kalenberg, Wetering und Nederland nach **Blokzijl**. Am Ortsrand verlassen Sie die »Zuidersseeroute«, wo diese in die Durchgangsstraße (N 333) einmündet und rechts abknickt, und fahren geradeaus durch die Kuinderstraat zum Hafenbecken im Zentrum des sehenswerten Städtchens (s. Tour 31).

9. Tag: Blokzijl – Hattem 50 km
Markierungen/Etappen:
• *Wiedenroute:* Blokzijl – Giethoorn 11 km; Giethoorn – Paddestoel 22574 (hinter Belt-Schutsloot) 10 km. • *Keine Markierung:* Paddestoel 22574 – Zwartsluis 3 km; Zwartsluis – Zwolle (Ortsrand) 17 km; Zwolle – Fähre Zwolle – Hattem (Kleine Veer) 8 km; Anlegestelle – Hattem 1 km.

Vom Hafenbecken in **Blokzijl** fahren Sie durch die Straßen Zeedijk und Brouwerstraat zur Brücke bei der Schleuse über den Kanal, biegen am Hotel Kaatje bij de Sluis links ab in die J. V. Stolbergstraat und folgen nun der »Wiedenroute« zum Ortsrand.

Auf ruhigen Sträßchen erreichen Sie die Walengracht, die bei den wenigen Häusern von **Jonen** mit Hilfe einer Fußgängerfähre (April–Okt. 9–17 Uhr, außerhalb dieser Zeiten muß die Fähre selbst bedient werden; Anleitung vorhanden) überquert wird. Der Radweg führt entlang einem Kanal nach **Dwarsgracht**, einem Kanaldorf, wo sich ein Abstecher nach links über die Brücke bis zum Café Otterskooi (Kanuvermietung) am Ortsende lohnt.

Sie passieren den See **Beulakerwijde** – gelegentliche Bademöglichkeiten – und stoßen auf den bei Freizeitkapitänen äußerst beliebten Kanaal Beukers-Steenwijk, dem Sie nach links bis zu einer Brücke am Ortsrand von **Giethoorn** folgen.

Während die »Wiedenroute« nach Überqueren der Brücke der Durchgangsstraße nach rechts folgt, empfiehlt sich nach ca. 100 m ein Abstecher nach links in das malerische Kanaldorf Giethoorn. An der Kirche biegen Sie rechts ab, passieren das Museum »'t Olde Maat Uus« und erreichen entlang den Kanälen wieder die Durchgangsstraße und die markierte Route.

Nach links gelangen Sie zu einer Schleuse zwischen den beiden Seen **Beulakerwijde** und **Belterwijde**. Durch letzteren verläuft ein Dammweg, an dessen Ende Sie rechts abbiegen und das idyllische Kanaldorf **Belt-Schutsloot** erreichen. Die Route überquert die Aremberger Gracht, folgt ihr nach links und entfernt sich nach einigen hundert Metern nach rechts.

Dort, am **Paddestoel 22574**, verlassen Sie die »Wiedenroute« und fahren entlang dem Kanal zu einer Schleuse am Ortsrand von **Zwartsluis**. Geradeaus gelangen Sie in das Zentrum der ruhigen Hafenstadt, wo Sie den Radwegweisern in Richtung Zwolle folgen. Parallel zur Straße Zwartsluis–Zwolle radeln Sie nach **Hasselt**.

Durch das Ortszentrum fahren Sie bis zu einer Mühle, biegen rechts ab auf den Stenendijk, bei einem Schöpfwerk wiederum rechts auf den Gennerdijk, benützen zwischenzeitlich ein Landsträßchen nach Genne, von wo aus Sie wieder auf dem Deich neben dem Fluß Overijsselse Vecht weiterradeln bis zur **Fähre Haerst–Zwolle** (Mai–Sept. täglich 10–19 Uhr).

Geradeaus erreichen Sie den Ortsanfang von **Zwolle**. In Zwolle: erste Straße links (Bergkloosterweg), unter der A 28 hindurch, Straße Kranenburgweg kreuzen, 100 m weit auf Erasmuslaan, rechts ab und sofort links auf Radweg durch den Prunuspark; am Ende rechts abbiegen in die Abelenlaan, an Kreuzung links in die Campherbeeklaan und am Ortsrand über eine Brücke. Kurz danach an einer Gabelung – Radwegeknotenpunkt – geradeaus in Richtung Apeldoorn/Amersfoort, dann rechts (Roodhuizerpad) und – jetzt wieder in bebautem Gelände – links (Dokterspad), rechts (Dokter van Heesweg), die N 35 kreuzen, geradeaus zum Kanal, nach links auf Vondelkade und Philosofenallee zu einer Brücke an einem quer-

Tour 38 · Abwechslungsreicher Nordwesten **167**

laufenden Kanal. Nach rechts über die Brücke, am Turfmarkt vorbei, auf einer ersten Fußgängerbrücke nach links und auf einer weiteren nach rechts in die Altstadt der ehemaligen Hansestadt. Zum *Marktplatz* und zur Kirche links weiter (Ter Pelkwijk Straat). Vom Stadhuis und VVV-Büro aus durch die Praubstraat, nach links in die Koestraat und beim Stadttor Sassenpoort den Kanal Stadsgracht überqueren. Nach rechts (Burg. van Roijen Singel) und links auf der Straße Stationsweg zum *Bahnhof*. Den Kreisverkehr zu drei Viertel umrunden und auf der Oosterlaan weiter, Eisenbahnlinie überqueren, Straße unterqueren und auf Schellerweg, Schellerallee und Schellerbergweg zum Ortsrand; dort links auf Kleine Veerweg zur **Fußgängerfähre Kleine Veer** über die IJssel (Mai–Sept. täglich 10–18 Uhr). Geradeaus und über den Apeldoorns Kanaal erreichen Sie das Zentrum der kleinen, hübschen Stadt **Hattem** (s. Tour 29).

10. Tag: Hattem – Zutphen 50 km
Markierungen/Etappen:
- *Keine Markierung:* Hattem – Kleine Veer 1 km.
- *LF 3a (Hanzeroute):* Kleine Veer – Deventer 31 km; Deventer – Zutphen 18 km.

Von **Hattem** kehren Sie zurück zur Fähre, überqueren den Fluß IJssel und gelangen geradeaus zum Oldeneelweg. Ab hier folgen Sie der »Hanzeroute« (LF 3a) im IJsseltal aufwärts, vorbei an **Windesheim** und durch die beiden hübschen Dörfer **Wijhe** und **Olst** hindurch.

Durch waldreiche Landschaft, vorbei am Herrenhaus Hoenlo – eines von mehreren in der Umgebung – gelangen Sie in das Zen-

Lebhafter als in den anderen einstigen Hansestädten geht es in Zwolle zu, der Provinzhauptstadt von Overijssel.

trum von **Deventer** mit seiner bemerkenswerten Altstadt (s. Tour 28).

Sie schieben Ihr Rad über den weitläufigen Marktplatz (Brink), rechts vorbei am Museum De Waag, und halten sich am Ende des Platzes in der Polstraat geradeaus. In einem Bogen erreichen Sie die Grote Kerk, umrunden diese links und gelangen wiederum nach links zur Fußgängerfähre über den Fluß IJssel (Mo.–Fr. 8–20, Sa. ab 9.30, So. ab 11 Uhr).

Auf der gegenüberliegenden Flußseite setzen Sie Ihre Fahrt auf der »Hanzeroute« flußaufwärts fort, durchfahren das Dorf **Voorst** und erreichen über die IJsselbrug **Zutphen**, Ihren Ausgangspunkt. Bevor Sie zum Bahnhof zurückkehren, lohnt sich eine Besichtigung der Altstadt, vor allem der St. Walburgskerk mit ihrer bekannten Bibliothek (s. Tour 28).

Nützliche Informationen

Kartenskizze: Siehe S. 170.
Ausgangsort: Zutphen (Prov. Gelderland), einstige Hansestadt am Fluß IJssel, ca. 17 km östlich von Apeldoorn.
Anfahrt: A 12 nach Arnhem, am Knotenpunkt Westervoort abbiegen und auf der A 348 und der N 348 nach Zutphen. Gebührenfreie Plätze auf Parkplatz am Bahnhof. Bahnlinie Deutschland–Arnhem; Linie Arnhem–Zwolle über Zutphen.
Unterkünfte an den einzelnen Etappen:
Ausgangsort Zutphen: • Camping Warnsveld, Warkenseweg 7, Tel. 05 75-43 13 38; geöffnet 1.4.–27.10.; östlich von Zutphen. • B & B Donmez/Smitt, Kuiperstraat 27, Tel. 05 75-51 48 16; im Zentrum. • Berkhotel (***), Marspoortstraat 19, Tel. 05 75-51 11 35; im Zentrum. 1. Tag: • JH Doorwerth, Dalweg 1, Doorwerth, Tel. 026-3 33 43 00; geöffnet Ende März–Mitte Sept.; einige Kilometer westlich von Overbeek. • Campingplatz De Bilderberg, Sportlaan 1, Oosterbeek, Tel. 026-3 33 22 28; ganzjährig geöffnet; vier Trekkerhütten; westlich von Oosterbeek, erreichbar von der N 225, Arnhem–Renkum. • Hotel/Pension Johanna (***), Pietersbergseweg 34, Oosterbeek, Tel. 026-3 33 32 25. 2. Tag: • JH Ridderhofstad, Rhijnauwenselaan 14, Tel. 030-6 56 12 77; ganzjährig geöffnet; zwischen Bunnik und Utrecht. • Campingplatz De Berekuil, Arienslaan 5, Utrecht, Tel. 030-2 71 38 70; ganzjährig geöffnet; zwei Trekkerhütten; am nordöstlichen Stadtrand. • Mehrere Hotels in Utrecht, u. a. Parkhotel (*), Tolsteegsingel 34, Tel. 030-2 51 67 12; am südlichen Altstadtrand. 3. Tag: • Campingplatz, Vlietweg 44, Leiden, Tel. 071-5 31 59 84; zwei Trekkerhütten; im südlichen Teil der Altstadt. • Pension Bik (*), Witte Singel 92, Leiden, Tel. 071-5 12 26 02; im südwestlichen Teil der Altstadt. Weitere Hotels in der Altstadt. 4. Tag: • JH Duinark, Langevelderlaan 2, Tel. 0252-37 29 20, ganzjährig geöffnet, zwischen 1.11. und 1.4. jedoch nur auf Anfrage; ca. 5 km nördlich von Noordwijk am Paddestoel 21594 rechts abbiegen. • Campingplatz De Carlton, Kraaiersslaan 13, Tel. 02 52-37 27 83; zwei Trekkerhütten; 3 km nördlich von Noordwijk. • Campingplatz Jan de Wit, Kapellebosslaan 10, Tel. 02 52-37 24 85; eine Trekkerhütte; ca. 5 km nördlich von Noordwijk am Paddestoel 21594 rechts ab, an der Jugendherberge links ab. • Pension Corry (*), Huis ter Duinstraat, Noordwijk, Tel. 071-3 61 30 08; im Zentrum. Zahlreiche weitere Hotels im Ort. 5. Tag: • Camping De Woudhoeve, Zandweg 30, Tel. 072-5 06 17 44; geöffnet 1.4.–1.10.; zwei Trekkerhütten; an der Radstrecke, ca. 2 km nördlich von Egmond aan de Hoef.
• Nivonhuiz (Naturfreundehaus) »Het Zeehuis«, Verspijckweg 5, Tel. 072-5 81 30 90; ganzjährig geöffnet; Campingmöglichkeiten für Wanderer und Radfahrer; am nördlichen Ortsrand von Bergen aan Zee. • Pension Het Anker (*), v. Hasseltweg 12, Tel. 072-5 89 50 06; in Bergen aan Zee in Strandnähe. Weitere Hotels und Pensionen. 6. Tag:
• JH Nieuwland, Gemeenelandsweg 116, Den Oever, Tel. 02 27-51 12 72; 1.4.–15.9.; am westlichen Ortsrand. • Camping 't Wiringherlant, Noordstroeërweg 5, Stroe/Hippolytushoef, Tel. 02 27-51 14 23; geöffnet 1.4.–31.10., drei Trekkerhütten; ca. 5 km westlich von Den Oever. • Campingplatz De Gest, Gesterweg 19, Den Oever, Tel. 02 27-51 12 83 oder 51 15 45; geöffnet 1.3.–30.11.; im Zentrum. • Hotel Zomerdijk, Zwinstraat 65, Den Oever, Tel. 02 27-

51 12 06; im Zentrum. 7. Tag: • Campingplatz Sudermeer, Middelweg 3, Tel. 05 14-68 19 88; östlich von Stavoren. • Hotel De Vrouwe van Stavoren (*), Havenweg 1, Stavoren, Tel. 05 14-68 12 02. • L & O v. d. Draai, Smidstraat 23, Stavoren, Tel. 05 14-68 22 87. Weitere L & O-Adressen im VVV-Büro erhältlich. • Nächste Trekkerhütten in Bakhuizen (weitere 11 km): Camping De Wite Burch, Wite-Burch 7, Tel. 05 14-58 13 82; zwei Trekkerhütten. 8. Tag: • Camping Veldhuis (Camping auf dem Bauernhof), Kuinderdijk 5, Tel. 05 27-29 15 89; an der Radstrecke, ca. 1 km nördlich von Blokzijl. • Camping Tussen de Diepen, Duinigermeerweg 1A, Tel. 05 27-29 15 65; geöffnet 1. 4. – 31. 10.; vier Trekkerhütten; am nordöstlichen Ortsrand von Blokzijl; an der Radstrecke. • Pension Kramer, Groenestraat 5, Blokzijl, Tel. 05 27-29 16 90; im Zentrum. • Hotel Kaatje bij de Sluis (****), Brouwerstraat 20, Blokzijl, Tel. 05 27-29 18 33; im Zentrum. 9. Tag: • Vakantieverblijf De Leemkule, Leemkuilen 6, Hattem, Tel. 0 38-4 44 19 45; geöffnet 1. 4.–1. 11.; zwei Trekkerhütten; am südlichen Stadtrand. • Camping Landgoed Molecaten, Koeweg 1, Hattem, Tel. 0 38-4 44 70 44; am südlichen Stadtrand. • Hotel Herberg Molecaten, Molecaten 7, Hattem, Tel. 0 38-4 44 69 59; am südlichen Stadtrand.

Sehens- und Wissenswertes: 1. Tag: • Burger's Zoo, geöffnet April–Sept. täglich 9–19 Uhr, sonst 9 Uhr bis Sonnenuntergang. • Openluchtmuseum in Arnhem, geöffnet Anfang April–Ende Okt. 10–17, Juli/Aug. bis 18 Uhr; sehenswertes Freilichtmuseum. • Airborne Museum in Oosterbeek, Ausstellung zur Schlacht von Arnhem im September 1944; geöffnet Mo.–Sa. 11–17, So. 12–17 Uhr. 2. Tag: • Fort Rijnauwen, geöffnet 1. 4.–1. 10. Mi. 10.30, Sa. 13.30, So. 10.30 und 13.30 Uhr. 3. Tag: • Burg De Haar, Führungen beginnen zu jeder vollen Stunde, Dauer 45 Min.; geöffnet 1. 6.–15. 8. Mo.–Fr. 11–16, Sa./So. 13–16 Uhr, Mitte Okt.–Mitte Nov. und Mitte März–Ende Mai Di.–So. 13–16 Uhr, sonst nur So. 13–16 Uhr; keine Führungen Mitte Aug.–Mitte Okt.; auch der Park, der sonst zwischen 9–17 Uhr besichtigt werden kann, ist dann geschlossen. 4. Tag: In Den Haag • Binnenhof, Führung durch Rittersaal und Parlamentsgebäude, geöffnet Mo.–Sa. 10–16 Uhr. • Mauritshuis, geöffnet Di.–Sa. 10–17, So. 11–17 Uhr. • Madurodam, geöffnet Ende März–Juni und Sept. So.–Fr. 9–19, Sa. 9–22, Juli/Aug. Mo.–So. 9–22 Uhr. • Vergnügungspark Duinrell in Wassenaar, geöffnet Ende März–Ende Okt. täglich 10–17 Uhr, Tikibad bis 22 Uhr geöffnet. • Keukenhof bei Noordwijk, geöffnet nur 21. 3.–22. 5. täglich 8–19.30 Uhr, Kasse bis 18 Uhr. 5. Tag: • Museum in der Burg Brederode, geöffnet März–Nov. täglich außer Sa. 10–17 Uhr. • Zee Aquarium in Bergen aan Zee, geöffnet April–Okt. täglich 10–18, sonst 11–17 Uhr. 7. Tag: • Kazemattenmuseum Kornwerderzand, geöffnet Mai–Sept. Mi. und Sa. 10–16 Uhr. • Museen in Makkum und Workum, Naturmuseum in Piaam (s. Tour 35). 9. Tag: • Museumshof 't Olde Maat Uus in Giethoorn, geöffnet Mai–Okt. Mo.–Sa. 11–17, So. 12–17 Uhr, Nov.–April nur So. 12–17 Uhr. • Nederlands Bakkerijmuseum in Hattem, geöffnet 1. 5.–31. 10. Mo.–Sa. 10–17, Juli/Aug. auch So. 13–17, 1. 11.–30. 4. Di.–Sa. 10–17 Uhr. 10. Tag: • Museum De Waag in Deventer, geöffnet Di.–Sa. 10–17, So. 14–17 Uhr.

Fahrradverleih: Rijwielstalling am Bahnhof Zutphen, Tel. 05 75-51 93 27.

Auskunftsstellen an den Etappenzielen:
• VVV, Groenmarkt 40, Postbus 4106, 7200 BC Zutphen, Tel. 05 75-51 93 55. • VVV, Utrechtseweg 216, 6862 AZ Oosterbeek, Tel. 0 26-3 33 31 72. • VVV, Vredenburg 90, Postbus 19107, 3501 DC Utrecht, Tel. 06-34 03 40 85. • VVV, Stationsplein 210, 2312 AR Leiden, Tel. 0 71-5 14 68 46. • VVV, De Grent 8, Postbus 1508, 2200 BE Noordwijk, Tel. 0 71-3 61 93 21. • VVV Bergen aan Zee, v. d. Wijckplein 8, 1865 AP Bergen aan Zee, Tel. 0 72-5 81 24 00. • VVV, Stationsweg 7, Postbus 3, 8715 ZH Stavoren, Tel. 05 14-68 16 16. • VVV Blokzijl, Kerkstraat 12, Postbus 1211, 8356 ZA Blokzijl, Tel. 05 27-29 14 14. • VVV Hattem, Kerkhofstraat 2, 8051 GG Hattem, Tel. 0 38-4 44 30 14.

Karten: Provinciekaart 1:100 000, Gelderland, Blätter 1 und 2, Utrecht, Zuid-Holland, Noord-Holland, Friesland, Overijssel.

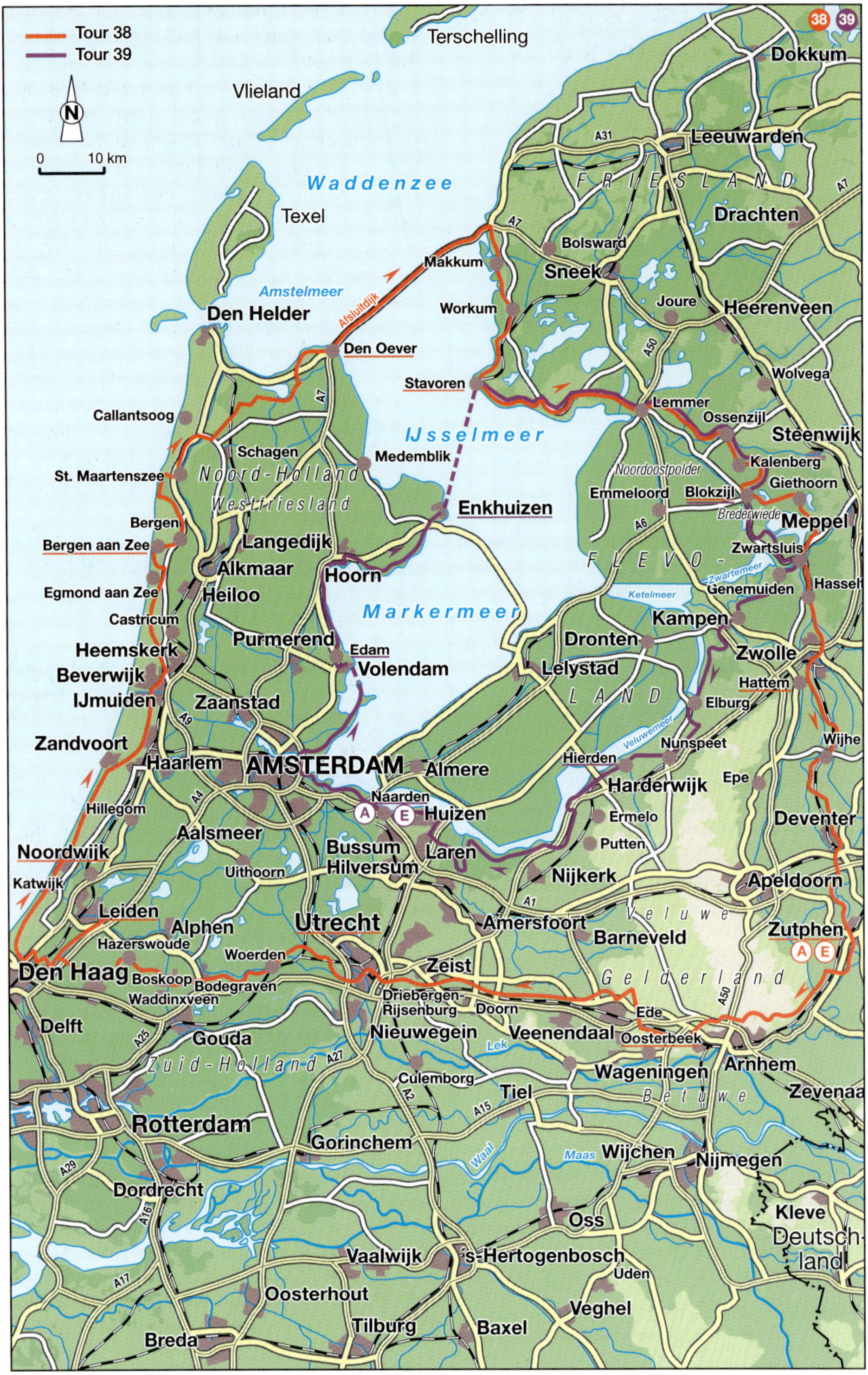
Tour 38
Tour 39
N
0 10 km
38
39
Terschelling
Vlieland
Waddenzee
Texel
Amstelmeer
Den Helder
Afsluitdijk
Makkum
Workum
Den Oever
Stavoren
IJsselmeer
Medemblik
Enkhuizen
Callantsoog
Schagen
St. Maartenszee
Noord-Holland
Westfriesland
Bergen
Bergen aan Zee
Langedijk
Alkmaar
Hoorn
Egmond aan Zee
Heiloo
Markermeer
Castricum
Heemskerk
Purmerend
Edam
Volendam
Beverwijk
IJmuiden
Zaanstad
Zandvoort
Haarlem
AMSTERDAM
Almere
Naarden
Huizen
Hillegom
Aalsmeer
Bussum
Hilversum
Laren
Noordwijk
Uithoorn
Katwijk
Leiden
Alphen
Utrecht
Hazerswoude
Woerden
Den Haag
Boskoop
Bodegraven
Waddinxveen
Zeist
Driebergen-Rijsenburg
Doorn
Delft
Gouda
Nieuwegein
Veenendaal
Zuid-Holland
Lek
Culemborg
Tiel
Rotterdam
Gorinchem
Waal
Maas
Wijchen
Nijmegen
Dordrecht
Oss
Vaalwijk
's-Hertogenbosch
Uden
Oosterhout
Veghel
Tilburg
Baxel
Breda
Dokkum
Leeuwarden
A31
FRIESLAND
A7
Drachten
Bolsward
Sneek
Joure
Heerenveen
A50
Wolvega
Lemmer
Ossenzijl
Steenwijk
Kalenberg
Noordoostpolder
Giethoorn
Emmeloord
Blokzijl
Brederwiede
Meppel
A6
Zwartsluis
FLEVOLAND
Zwartemeer
Genemuiden
Hasselt
Ketelmeer
Kampen
Dronten
Lelystad
Zwolle
Hattem
Elburg
Wijhe
Veluwemeer
Nunspeet
Hierden
Harderwijk
Epe
Ermelo
Deventer
Putten
Nijkerk
Apeldoorn
A1
Amersfoort
Veluwe
Barneveld
Zutphen
Gelderland
Ede
Oosterbeek
Wageningen
Arnhem
Betuwe
Zevenaa
Kleve
Deutschland
A4
A9
A25
A27
A2
A15
A29
A16
A17

39 Rund um Markermeer und IJsselmeer

Naarden – Volendam – Edam – Hoorn – Enkhuizen – Stavoren – Blokzijl – Kampen – Elburg – Hierden – Harderwijk – Naarden

> **Tourencharakter**: Rundtour auf der markierten »Zuiderzeeroute« um den südlichen Teil des IJsselmeers; durch alte Hafenstädte; per Boot von Enkhuizen nach Stavoren.
> **Länge und Dauer der Tour:** 291 km/5 Tage.

Als »nasses Herz« der Niederlande wird das **IJsselmeer** bezeichnet, die frühere Zuidersee, die durch den Bau des Abschlußdeiches in den dreißiger Jahren zu einem Binnenmeer wurde. Ein weiterer Deich wurde zwischen Enkhuizen und Lelystad errichtet und so der südliche Teil des IJsselmeers, das **Markermeer**, abgetrennt. Ehemals überflutetes Gebiet wurde entwässert, wodurch riesige neue Landflächen entstanden, Flevoland und der Nordostpolder. Auf diese Weise wurde die alte Küstenlinie verändert, liegen einige der einstigen Hafenstädte heute nicht mehr am offenen Wasser.

Die markierte **»Zuiderzeeroute«** umrundet einmal das gesamte IJsselmeer, wobei der 30 km lange Abschlußdeich miteinbezogen wird. In Lemmer teilt sich die Route, bietet sich die Möglichkeit, entweder über das neugewonnene Land zu fahren oder der ehemaligen Küstenlinie zu folgen. Die hier beschriebene Tour ist eine Verkürzung der »Zuiderzeeroute«, denn das IJsselmeer wird mit der zwischen Enkhuizen und Stavoren verkehrenden Fähre überquert. Ab Lemmer wurde die Variante entlang der einstigen Küstenlinie gewählt, wo hübsche alte **Hafenstädtchen** liegen: Kampen, Elburg, Harderwijk. Überhaupt machen die Städte am Weg den Reiz dieser Tour aus: wie Perlen reihen sie sich aneinander, und es wird schwerfallen, die schönste zu küren: Naarden, Volendam, Edam, Hoorn, Enkhuizen, Blokzijl. In allen ist der historische Stadtkern mit den Treppengiebelhäusern, dem prachtvollen Stadhuis, den schmalen Gassen gut erhalten, in allen bestimmen die vor Anker liegenden Freizeitboote das Bild.

Wem diese Kleinstadtidylle nicht genügt, der hat die Möglichkeit, einen Abstecher nach Amsterdam zu machen, zu den Grachten und Museen. Einplanen sollte man auf jeden Fall einen Besuch des Zuiderzeemuseums in Enkhuizen, eines Freilichtmuseums, in dem die Zeit vor der Eindeichung der Zuiderzee wieder lebendig wird. Wer sich für Märkte interessiert, sollte seine Tour so planen, daß er in Edam (2. Tag) an einem Mittwochmorgen startet; so besteht die Möglichkeit, dort noch den Käsemarkt (Juli/Aug. 10–12 Uhr) und mittags den »Altholländischen Markt« (Juli und erste Augusthälfte Mi. 10–17 Uhr) auf dem Marktplatz Rode Steen in Hoorn zu besuchen, wo altes Handwerk vorgeführt wird.

Ein Punkt, den es bei der Planung unbedingt zu beachten gilt: Das Boot Enkhuizen – Stavoren verkehrt nur zwischen Anfang April und Ende Oktober!

Streckenbeschreibung

1. Tag: Naarden – Edam 44 km

Etappen: Naarden – Muiderberg 5 km; Muiderberg – Abzweigung nach Amsterdam am Nieuwe Diep 15 km; Nieuwe Diep – Marken 20 km; Fähre Marken – Volendam; Volendam – Edam 4 km; Abstecher nach Amsterdam zusätzlich ca. 12 km.

Die Altstadt von **Naarden**, einer gut erhaltenen Festungsstadt aus dem 17. Jh., verlassen Sie auf der Straße Amsterdamse Straatweg, biegen am ehemaligen Festungsgraben rechts ab und wenden sich gleich darauf nach links auf einen Radweg, der die Autobahn Hilversum–Amsterdam unterquert. Entlang dem großflächigen Gewässer Gooimeer und unter der A6 in Richtung Zwolle hindurch gelangen Sie nach **Muiderberg**. Am Ufer des Markermeer führt ein Sträßchen nach **Muiden**, einer ehemaligen Festungsstadt, heute Wassersportzentrum, wo das Muiderslot, eine gut erhaltene mittelalterliche Burg mit einer Inneneinrichtung aus dem 17. Jh., sehenswert ist.

Sie überqueren den Fluß Vecht und pas-

Für den Schiffsbau bekannt war das Städtchen Edam, dessen Name man heute eher mit Käse in Verbindung bringt.

sieren entlang der Autobahn ein Industriegebiet. Ein Fahrweg verläuft am breiten Amsterdam-Rijnkanaal, unterquert die Amsterdamer Ring-Autobahn und führt auf einem Damm durch den am Stadtrand von Amsterdam gelegenen See **Nieuwe Diep**, von wo aus ein Abstecher nach Amsterdam möglich ist.

Auf einem Radweg an einer Durchgangsstraße überqueren Sie eine breite, zum Amsterdamer Hafen führende Wasserstraße und biegen rechts ab. Nach ca. 3 km verlassen Sie nach dem Ort Durgerdam die »Zuiderzeeroute« und folgen einem Sträßchen, das zwischen dem Küstendeich des Markermeer und ausgedehnten Strandseen verläuft und an der Bucht Gouwzee in die Straße Monnickendam–Marken einmündet. Nach rechts gelangen Sie auf einem Damm zur einstigen Insel **Marken** (s. Tour 16) und zum Hafen des malerischen Fischerdorfs Marken, von wo die Fähre Sie in 30 Minuten nach **Volendam** bringt. Ein ehemaliges Fischerdorf, das viel besucht wird, der hübschen Fischerhäuschen, der Kanäle, Klappbrücken und Trachten wegen, die sonntags zum Kirchgang noch getragen werden.

Vom Hafen folgen Sie der Radmarkierung in das nahe gelegene Bilderbuchstädtchen **Edam**, die »Perle der Zuiderzee«, eine einst für den Schiffsbau bekannte Hafenstadt, die ihre Blütezeit im 17./18. Jh. hatte.

2. Tag: Edam – Enkhuizen 50 km
Etappen: Edam – Hoorn 24 km; Hoorn – Enkhuizen 26 km.

Aus der Ortsmitte von **Edam** fahren Sie entlang einem Kanal an das Ufer des Markermeer und nun am Uferdeich 16 km weit über die kleinen Ortschaften Warder, Etersheim, Schardam und Scharwoude nach **Hoorn**, im 16./17. Jh. Welthafen und Sitz der Ostindischen Handelskompagnie (s. Tour 17).

In Hoorn halten Sie sich entlang dem Ufer und folgen der Radmarkierung nach Schellinkhout. Auf ca. 20 km Länge, bis wenige Kilometer vor Enkhuizen, fahren Sie auf dem Uferdeich, passieren den Weiler Kraajenburg und den Ortsrand von Wijdenes, die wenigen Höfe von Oosterleek und die Weiler De Weed, Tersluis und Oostergouw.

An einer Pumpstation unweit des Ortsrands von Stede Broec knickt die Uferlinie rechts ab; Sie fahren nun entlang der Straße Enkhuizen–Hoorn weiter und folgen geradeaus der Durchgangsstraße N 302, die Lelystad (am Ostufer des Markermeer) mit Enkhuizen verbindet. Nach einigen hundert Metern biegen Sie rechts ab und gelangen, vorbei am Stadttor Koepoort, in die historische Altstadt von **Enkhuizen** (s. Tour 18).

3. Tag: Enkhuizen – Stavoren – Blokzijl 65 km

Etappen: Enkhuizen – Fähre nach Stavoren; Stavoren – Oudemirdum 16 km; Oudemirdum – Lemmer 15 km; Lemmer – Ossenzijl 17 km; Ossenzijl – Blokzijl 17 km.

Mit der Fähre, die nahe dem Bahnhof **Enkhuizen** ablegt, gelangen Sie in etwa 1¼ Stunden über das IJsselmeer zur Anlegestelle **Stavoren**, der ältesten der elf friesischen Städte und einst Hansestadt sowie Fischerhafen, wo jedoch auf der Schiffswerft heute Jachten statt Fischerboote gefertigt werden. Von hier aus folgt die Route wieder dem Deich, passiert **Laaksum**, den kleinsten Hafenort an der einstigen Zuiderzee, und entfernt sich von der Küste. Durch teilweise bewaldetes, leicht hügeliges Gelände und vorbei an einem Vogel- und Erholungspark sowie mehreren Campingplätzen fahren Sie nach **Oudemirdum**, einem kleinen Dorf mit grünem Anger.

Durch kleine Ortschaften und nach Überqueren des **Prinses Margriet Kanaal**, einer bei Freizeitkapitänen beliebten Wasserstraße, kommen Sie nach **Lemmer**, einer Hafenstadt mit Werften und fischverarbeitenden Betrieben, aber auch touristischen Einrichtungen wie Bungalowpark und Campingplätzen.

Am Ortsrand von Lemmer teilt sich die »Zuiderzeeroute«: Sie fahren geradeaus und gelangen nach einigen Kilometern nach **Ossenzijl**, einem kleinen Ort, der am Rand eines einstigen riesigen Torfabbaugebiets liegt und im 18./19. Jh. als Zwischenhafen für den Torfhandel diente.

Durch dieses Torf-Abbaugebiet, **De Weerribben**, führt die Radtour entlang Kanälen und vorbei an den »Kanaldörfern« Kalenberg, Wetering und Nederland nach **Blokzijl**. Am Ortsrand verlassen Sie die »Zuiderzeeroute«, wo diese in die Durchgangsstraße (N 333) einmündet und rechts abknickt, und fahren geradeaus durch die Kuinderstraat zum Hafenbecken im Zentrum des sehenswerten, bei Touristen beliebten Städtchens (s. Tour 31).

4. Tag: Blokzijl – Hierden 71 km

Etappen: Blokzijl – Vollenhove 6 km; Vollenhove – Zwartsluis 13 km; Zwartsluis – Kampen 17 km; Kampen – Elburg 17 km; Elburg – Hierden 18 km.

Vom Hafen in **Blokzijl** folgen Sie dem Kanal, der die Seen Vollenhovermeer und Giethoornsemeer miteinander verbindet, anschließend dem Westufer des Vollenhovermeer und biegen links ab auf die Durchgangsstraße N 331, die nach **Vollenhove** führt, einem ehemaligen Hafenstädtchen mit schönen Häusern.

Am Ortsende wenden Sie sich nach links, halten sich nach 1 km rechts und erreichen, vorbei am Besucherzentrum De Foeke, das Dorf **Sint-Jansklooster**. Im Randgebiet der Wassersportregion De Wieden gelangen Sie über **Barsbeek** und entlang dem bei Freizeitkapitänen beliebten Kanal Arembergergracht nach **Zwartsluis**, einem kleinen Hafenstädtchen.

Am Ortsrand halten Sie sich rechts entlang der N 331, biegen nach gut 1 km links ab und überqueren mittels Fähre den Fluß **Zwolse Diep**. Geradeaus fahren Sie durch die Kleinstadt **Genemuiden**, einen Umschlagplatz für Schilf, und folgen, mit einer kurzen Abweichung, der Straße nach Kampen.

Bei dem Pumpwerk Nieuw Lutterzijl biegen Sie links ab und erreichen nach einigen Links- und Rechtsknicks die Stadt **IJsselmuiden,** wo Sie den Fluß IJssel überqueren und nach **Kampen** gelangen.

Kampen war zur Hansezeit eine der wichtigsten und größten Städte der nördlichen Niederlande dank seiner günstigen Lage an der Mündung des Flusses IJssel in die Zuiderzee. Wer die Stadt von oben betrachten möchte, sollte den Nieuwe Toren beim Rathaus besteigen.

In Kampen teilt sich die »Zuiderzeeroute«. Sie folgen der Radmarkierung nach links in Richtung Elburg/Harderwijk, verlassen die Stadt und gelangen auf Landstraßen in die Ortschaft Noordeinde, von wo Sie nach 6 km auf dem Deich des Drontermeer die Stadt **Elburg** erreichen, einst ein befestigter Hafen – Teile der mittelalterlichen Wälle und Kasematten sind noch erhalten und vom Turm Vischpoort aus zugänglich –, heute ein Wassersportzentrum mit Sandstränden sowie Surf- und Segelmöglichkeiten am Veluwemeer.

Noch 2 km fahren Sie weiter auf dem Deich, jetzt entlang dem Veluwemeer, ehe Sie links abbiegen, das Städtchen Doornspijk durchfahren und die Durchgangsstraße nach rechts verlassen. Auf häufig abknickenden Landstraßen nähern Sie sich dem Veluwemeer, wenden sich aber wenig später wieder in das Landesinnere und erreichen **Hierden**.

5. Tag: Hierden – Naarden 65 km
Etappen: Hierden – Harderwijk 8 km; Harderwijk – Spakenburg 27 km; Spakenburg – Naarden 30 km.

Von **Hierden** gelangen Sie recht rasch nach **Harderwijk**, einst der bedeutendste Fischerhafen der Region, der schwer unter der Eindeichung der Zuiderzee litt. Über die Zeit vor diesem Ereignis informiert das Veluws Museum. Ebenfalls sehenswert ist das Dolfinarium, der größte Meerestierpark Europas mit Delphinen, Walrossen, Seelöwen.

Sie folgen am Hafen einem Radweg, der entlang dem Ufer, dann auch entlang der A 28, Amersfoort–Zwolle, verläuft. Nach ca. 6,5 km überqueren Sie die Autobahn und folgen der Radmarkierung über den Weiler Steenenkamer nach rechts wieder zum Ufer der nun Nuldernauw genannten Wasserfläche.

Hier am Strand Nulde beginnt ein Radweg, der auf einer Länge von 13 km am Ufer verläuft und erst in der Kleinstadt **Spakenburg** endet, einst Fischerhafen an der Zuiderzee, heute moderner Jachthafen am Eemmeer, dem Gewässer zwischen Flevoland und dem Festland.

Sie bleiben zunächst noch am Ufer, müssen aber der in das Landesinnere umschwenkenden Straße nach Eemdijk folgen, wo eine Fähre Sie über den Fluß Eem bringt. Nach links entlang dem Fluß auf einem Radweg, dann nach rechts entlang einem Kanal erreichen Sie den Ortsrand von **Eemnes**. Sie wenden sich wiederum nach rechts, unterqueren nach 5 km die Autobahn Hilversum–Flevoland und gelangen entlang der Autobahn an das Ufer des hier Gooimeer genannten Gewässers. Ein Radweg führt am Ufer entlang, vorbei an der Stadt **Huizen**, einem ehemaligen Fischerort, und durch ein leicht hügeliges Naherholungsgebiet, das von der Autobahn Hilversum–Amsterdam begrenzt wird.

Sie unterqueren die Autobahn und erreichen wenige Minuten später **Naarden**, Ihren Ausgangsort.

Nützliche Informationen

Ausgangsort: Naarden (Prov. Noord-Holland), historische Kleinstadt östlich von Amsterdam.
Anfahrt: A 1, Hilversum–Amsterdam, Ausfahrt 6 (Naarden-Vesting); nach links 1,5 km auf der Straße Amsterdamse Straatweg nach Naarden; der Ausschilderung »VVV« in die Altstadt folgen zu einem Parkplatz am VVV-Büro. Station an der Bahnlinie Amsterdam–Utrecht.
Unterkünfte an den einzelnen Etappen:
Ausgangsort Naarden: • Trekkerhütten am Jachthaven Naarderbos, Onderwal 4, Tel. 035-6 94 21 06. • L & O Van den Berg,

Thorbeckelaan 43, Tel. 0 35-6 94 61 33; im Stadtviertel Minister-Kwartier südwestlich vom historischen Zentrum in Naarden.
• Hotel de Beurs, Marktstraat 66, Tel. 0 35-6 94 48 68; kleines Hotel im historischen Zentrum. 1. Tag: • Camping Strandbad Edam, Zeevangszeedijk 7A, Tel. 02 99-37 19 94; Trekkerhütten; nördlich von Edam.
• Pension Harmonie, Voorhaven 92–94, Edam, Tel. 02 99-37 16 64; im Zentrum.
• Hotel De Fortuna (***), Spuistraat 7, Edam, Tel. 02 99-37 16 71; idyllisches Hotel im Zentrum. 2. Tag: • Camping Enkhuizerzand, Kooizandweg 4, Enkhuizen, Tel. 02 28-31 72 89; am nördlichen Stadtrand.
• Trekkerhütten auf dem Freizeitgelände Streekbos, Veilingweg 21, Tel. 02 28-51 69 25; 2 km westlich von Enkhuizen.
• Hotel Du Passage (*), Paktuinen 8, Enkhuizen, Tel. 02 28-31 24 62; im Zentrum.
• L & O-Adressen beim VVV-Büro erfragen.
3. Tag: • Camping Tussen de Diepen, Duinigermeerweg 1A, Tel. 05 27-29 15 65; Trekkerhütten; östlich von Blokzijl. • Pension Kramer, Groenestraat 5, Blokzijl, Tel. 05 27-29 16 90; im Zentrum. • Hotel Kaatje bij de Sluis (****), Brouwerstraat 20, Blokzijl, Tel. 05 27-29 18 33; im Zentrum. 4. Tag:
• Camping Dennenhoek, Parallelweg 25, Tel. 03 41-45 26 65; Trekkerhütten; südlich von Hierden. • Pension Bosch en Lommer, Molenweg 34, Tel. 03 41-45 12 21; südlich von Hierden.

Sehens- und Wissenswertes: 1. Tag:
• *Festungsmuseum* in Naarden, Westwalstraat 6, geöffnet Ostern–Ende Okt. Di.–Fr. 10.30–17 (Mitte Juni–Aug. auch Mo.), Sa./So. 12–17 Uhr; sonst nur So. 12–16 Uhr; Ausstellung in der Bastion Turfpoort, u. a. Uniformen, Waffen, Dioramen. • *Muiderslot*, Führungen 1. 4.–31. 10. Mo.–Fr. 10–16, Sa./So. 13–16 Uhr; Schloß aus dem 17. Jh. mit originaler Einrichtung. • *Marker Museum* in Marken, Kerkbuurt 44–47, geöffnet Ostern–1. Okt. Mo.–Sa. 10–16.30, So. 12–16.30 Uhr; Fischerhaus, Räucherei.
• *Fähre Marken–Volendam* (Marken-Express), Mitte März–Okt. täglich zwischen 10 und 17.30 Uhr, alle 30–45 Min.; letzte Abfahrt in Marken gegen 17 Uhr. 2. Tag:

Die kleinen Geschäfte an der Marktstraat verleihen dem Städtchen Naarden eine gemütliche Atmosphäre.

- *Westfries Museum* in Hoorn, Rode Steen 1, geöffnet Mo.–Fr. 11–17, Sa./So. 14–17 Uhr.
- *Zuiderzeemuseum* in Enkhuizen, besteht aus Freilichtmuseum (Buitenmuseum) und Binnenmuseum; Freilichtmuseum geöffnet Anfang April–Ende Okt., Binnenmuseum täglich 10–17 Uhr; Eintrittskarten nur im Binnenmuseum im Haus Peperzolder erhältlich.
- *Buddelschiffmuseum* in Enkhuizen, geöffnet täglich Okt.–Mai 10–18, Juni/Sept. 10–20, Juli/Aug. 10–21 Uhr; umfangreichste Buddelschiffsammlung der Welt in Gebäude aus dem 17. Jh.
- *Sprookjeswonderland*, Märchenpark im Erholungsgebiet Enkhuizer Zand, geöffnet täglich 10–17.30 Uhr. <u>3. Tag:</u>
- *Fähre Enkhuizen–Stavoren*, 1. Mai–Ende Sept. täglich morgens, mittags und nachmittags; April/Okt. täglich außer Mo. morgens und nachmittags; Fahrtdauer 1½ Std.

<u>4. Tag:</u>
- *Besucherzentrum De Foeke*; geöffnet 1. 4.–1. 11. Di.–So. 10–17 Uhr.
- *Nieuwe Toren* in Kampen, geöffnet Mai–Sept. Mi./Sa. 14–17 Uhr.
- *Vischpoort* in Elburg, ehemaliger Verteidigungsturm mit Ausstellung zur Fischereigeschichte und Zugang zu den Kasematten; geöffnet Juli/Aug. Mo. 14–16.30, Di.–Fr. 9.30–16.30 Uhr. <u>5. Tag:</u>
- *Dolfinarium* in Harderwijk, geöffnet Ende Febr.–Ende Okt. täglich 10–18 Uhr, letzter Zugang 16 Uhr.
- *Veluws Museum* in Harderwijk, Donkerstraat 4, geöffnet Mo.–Fr. 10–17, Sa. 13–16 Uhr.

Fahrradverleih: Rijwielstalling am Bahnhof Naarden-Bussum, Tel. 035-6 94 55 30.

Auskunftsstellen an den Etappenzielen:
- VVV, Adrian Dortsmanplein 1b, 1411 RC Naarden, Tel. 035-6 94 28 36.
- VVV, Damplein 1, 1135 ZJ Edam, Tel. 02 99-37 17 27.
- VVV, Tussen Twee Havens 1, 1601 AD Enkhuizen, Tel. 02 28-31 31 64.
- VVV, Kerkstraat 12, Postbus 1211, 8356 ZA Blokzijl, Tel. 05 27-29 14 14.
- Kein VVV-Büro in Hierden; nächstes VVV: Havendam 58, 3841 AA Harderwijk, Tel. 03 41-42 66 66.

Karten: Von der Kartenserie »Provinciekaart«, 1:100 000, benötigen Sie die Einzelblätter Noord-Holland, Friesland, Overijssel (Blatt West), Gelderland (Blatt 2) und Utrecht. Sehr zu empfehlen ist der Radführer von D. Mönch, Zuiderzeeroute (siehe unter »Karten« im Anhang).

40 Durch die Region Twente

Ommen – Ootmarsum – Enschede – Boekelo – Nijverdal – Hellendoorn – Ommen

 Tourencharakter: Durchgängig markierte Rundstrecke durch den östlichen Teil der Provinz Overijssel, ein ruhiges, hügeliges Gebiet mit alten Dörfern.

 Länge und Dauer der Tour: 164 km / 4 Tage.

Hügelig ist die Region Twente, bis 81 m hoch einer der »Berge« im Hügelrücken Sallandse Heuvelrug, der mit seinen Wäldern und Heideflächen ein beliebtes Erholungsgebiet ist. Hier liegen die gern von Touristen aufgesuchten Orte Ommen, Hellendoorn und Holten mit ihren Campingplätzen und touristischen Einrichtungen. Landschaftlich reizvoll sind auch das Waldgebiet Lutterzand, die Parkanlagen um die Landsitze wie Singraven, die alte Kulturlandschaft Eerder Achterhoek. Ländlich geht es zu, malerisch sind die an der Strecke gelegenen Dörfer mit alten Gehöften, gemütlich die Städtchen wie Ootmarsum und Delden. Eine Ausnahme macht Enschede, eine moderne Großstadt, in der Gebäude aus der vergangenen Blütezeit der Textilindustrie zu sehen sind. Prähistorische Grabhügel, Zeugnisse aus der frühen Besiedlungsphase der Niederlande, liegen ebenso am Weg wie restaurierte Bauernhöfe und kleine Museen. Nichts Spektakuläres insgesamt, beschauliche Landschaft und viel Ruhe.

Streckenbeschreibung

1. Tag: Ommen – Ootmarsum 46 km
Markierungen/Etappen:
- *Keine Markierung:* Ommen (Bhf.) – Ortsrand Ommen 1 km.
- *LF 18a:* Ortsrand Ommen – Tubbergen 36 km; Tubbergen – Ootmarsum 9 km.

Vom Bahnhof in **Ommen** folgen Sie dem Stationsweg, überqueren die Gleise und erreichen auf einem Radweg neben der N 347, dem Hammerweg, den Ortsrand. Kurz darauf biegen Sie links in den Bergweg ein (Radmarkierung: Junne) und befinden sich nun auf der markierten Route LF 18a. Sie durchfahren **Besthmen**, ein Dorf mit schönen, ausgebauten Gehöften, dann ein größeres Waldgebiet. Wo der Radweg wieder auf den Hammerweg stößt, liegt gegenüber in einigen hundert Metern Entfernung Kasteel Eerde (s. Tour 30).

Nach der Abbiegung vom Hammerweg führt der Radweg durch das landschaftlich reizvolle Gebiet **Eerder Achterhoek** mit Heidefeldern, einsamen Baumriesen, kleinen Waldgebieten, Heckenreihen, gewundenen Wegen und erreicht **Den Ham**. Das Zentrum des aus dem Mittelalter stammenden Dorfs bleibt links liegen. Sie durchfahren das Kiefernwaldgebiet De Zandstuwe und kommen nach **Vroomshoop**, das Mitte des 19. Jh. an einer Gabelung des Overijsselse Kanaal angelegt wurde. Diesem Kanal folgen Sie nach **Daarlerveen**, einem Straßendorf. Dort zweigt ein weiterer Kanal ab, der einst zur Entwässerung des Moorgebiets angelegt wurde.

Entlang diesem fahren Sie durch relativ junge Landschaft mit Weiden, passieren das Straßendorf **Westerhaar-Vriezenveensewijk** und folgen einem weiteren Kanal entlang dem Hochmoorgebiet Engbertsdijkvenen bis einige Kilometer vor **Geesteren**, wo sich einige schöne Gehöfte erhalten haben. Nächster Ort ist **Tubbergen**, dessen Zentrum Sie durchfahren. Durch hügelige Landschaft führt der Radweg zum Heidegebiet Vasserheide, wo sich einige Grabhügel aus der Zeit 2000 bis 500 v. Chr. erhalten haben. Vorbei am Kuiperberg erreichen Sie **Ootmarsum**, ein altes Städtchen, dessen mittelalterliche Struktur noch gut erkennbar ist an den engen Gassen und den Fachwerkhäusern.

2. Tag: Ootmarsum – Boekelo 52 km
Markierungen/Etappen:
• *LF 18a:* Ootmarsum – Knotenpunkt LF 18/ LF 14 am Kanaal van Almelo naar Nordhorn 6 km. • *LF 14a:* Kanaal van Almelo naar Nordhorn – Denekamp 4 km; Denekamp – De Lutte 14 km; De Lutte – Enschede Station 18 km. • *LF 15b:* Enschede Station – Enschede-Pathmos 3 km; Pathmos – Boekelo 7 km.

Vom Markt in Ootmarsum folgen Sie der markierten Route durch den Ort, vorbei am Freilichtmuseum Los Hoes, und in östlicher Richtung durch merklich flachere Landschaft zum **Kanaal van Almelo naar Nordhorn**, der schon lange nicht mehr befahrbar ist.

Nach der Brücke verlassen Sie die LF-Route 18a, die dem Kanal folgt, und fahren auf der LF-Route 14a (Saksenroute) durch

Ausgangspunkt der Tour ist Ommen, ein beliebter Ferienort mit zahlreichen Einkehrmöglichkeiten.

Wald zur funktionierenden Wassermühle (1448) und zum **Landgut Singraven** (15. Jh.).

Die Route führt am südlichen Ortsrand von **Denekamp** vorbei, einer alten Siedlung, die sich um die gotische St. Nicolaaskerk gruppiert; dort befindet sich auch das Museum Huize Keizer, ein Wohnhaus mit Laden aus der Zeit um 1880 (Abstecher). An der Route liegt am Ortsrand das älteste Naturmuseum der Niederlande, Natura Docet.

Durch **Mekkelhorst** führt die Route zum hügeligen Waldgebiet **Lutterzand**, anschließend durch idyllische Landschaft mit alten Landgütern wie Hanhof zum hübschen Dorf **De Lutte**. Weiter geht es durch parkartige Landschaft, die von der A1 durchschnitten wird. Zunächst parallel zu dieser, dann in Richtung Süden erreichen Sie **Lonneker**, einen kleinen Ort mit Mühle; zur Blütezeit der Textilindustrie in Twente gab es hier mehrere Bleichen an den Bächen in der Umgebung.

Streckenweise auf der Trasse einer ehemaligen Bahnlinie gelangen Sie in die Universitäts- und Einkaufsstadt **Enschede**, eine moderne Stadt, mit 150 000 Einwohnern die größte der Provinz Overijssel. Um 1900 war sie das Zentrum der niederländischen Textilindustrie, doch in den sechziger Jahren wurden die meisten Fabriken geschlossen. Vorbei am Bahnhof – Sie folgen nun den Markierungen LF 15a/4b – und durch das Stadtviertel Pathmos, ein in den zwanziger Jahren erbautes Wohnviertel für die Arbeiter in der Textilindustrie, erreichen Sie den Stadtrand, wo sich die Routen LF 4 und LF 15 aufteilen.

Sie bleiben auf der LF 15a, durchfahren **Usselo**, in dessen Umgebung die ältesten Spuren menschlicher Besiedlung in den Niederlanden gefunden wurden – die Funde sind im Rijksmuseum Twente in Enschede zu besichtigen –, und erreichen das Etappenziel **Boekelo**, früher ein berühmter Badeort, in dessen Umgebung Salz gewonnen wird. Auf dem Weg zu den Unterkünften, die südlich und westlich des Ortes liegen, überqueren Sie die Gleise der stillgelegten Bahnlinie Enschede–Winterswijk (1884–1937); heute in den Sommermonaten Museumsbahn zwischen Boekelo und Haaksbergen, wo sich ein interessantes Eisenbahnmuseum befindet.

3. Tag: Boekelo – Nijverdal 39 km
Markierungen / Etappen:
- *LF 15b:* Boekelo – Schoolbuurt 24 km; Schoolbuurt – Borkeld 5 km; Borkeld – Holterberg 8 km. • *LF 8b:* Holterberg – Nijverdal 2 km.

Die markierte Route führt von Boekelo aus auf streckenweise befestigtem Radweg zum Twentekanaal, einer Verbindung zwischen den Städten der Region Twente und dem Fluß IJssel, und nach **Delden**, einem mittelalterlichen Städtchen, heute Ferienort, in dessen Zentrum die Oude Blasiuskerk (16. Jh.) mit ihren Wandmalereien sowie das Salzmuseum sehenswert sind.

Anschließend verläuft die Radroute durch Wald und zwischen Viehweiden, passiert das Landgut Warmtink, kreuzt einen Seitenarm des Twentekanaal und, nach einigen Kilometern, den kanalisierten Wasserlauf Boven-Regge, der bis zum Bau der Eisenbahnen ein wichtiger Wasserweg östlich der IJssel war. Weiter geht es durch den hübsch gelegenen Weiler **Elsenerbroek** mit alten Bauernhöfen und durch ein ehemaliges Torfgebiet, das im 19. Jh. urbar gemacht wurde, nach **Schoolbuurt**, einem Weiler, wo die Route LF 8b einmündet.

Diesen beiden Markierungen – LF 15b und 8b – folgen Sie nun, vorbei am 40 m hohen Friezenberg, durch das Naturgebiet Borkeld mit einigen prähistorischen Grabhügeln und über die A1 in den Weiler **Borkeld**. Sie fahren in nördlicher Richtung, lassen den Touristenort Holten links liegen (Abstecher ca. 2 km) und folgen dem Rand des Hügelrückens Sallandse Heuvelrug zum **Knotenpunkt Holterberg** (Paddestoel 20506), wo sich die Radrouten LF 15b und LF 8b trennen.

Die LF 8b bringt Sie durch Heide zum Ortsrand von **Nijverdal**, wo sich der Campingplatz Noetselerberg (mit subtropischer Badeanlage) und die Jugendherberge befinden. Die Route läßt Nijverdal, das erst im Jahr 1836 mit dem Bau von Webereien und Spinnereien entstand, rechts liegen.

4. Tag: Nijverdal – Ommen 27 km
Markierungen / Etappen:
- *LF 8b:* Nijverdal – Hellendoorn 5 km;

Tour 40 · Durch die Region Twente   **179**

Hellendoorn – Giethmen 19 km; Giethmen – Hammerweg 2 km. • *Keine Markierung:* Ortsrand Ommen – Bahnhof Ommen 1 km.

Von der Jugendherberge am Westrand von **Nijverdal** aus folgen Sie der Route LF 8b durch das Waldgebiet Hellendoornse Berg, wo Sie, noch vor Hellendoorn, an dem westlich gelegenen Avonturenpark, einem Vergnügungspark, vorbeifahren und das 900 Jahre alte Dorf **Hellendoorn** erreichen. Sehenswert in dem Ferienort sind die Hervormde Kerk mit romanischem Schiff (12. Jh.), das Bäckerei- und Eismuseum und die Windmühle De Hoop.

Anschließend verläuft der Radweg zunächst zwischen Feldern, dann erneut durch Wald zum nördlichen Ende des Hügelrückens. Nach dem Überqueren des Overijsselsekanaal, im 19. Jh. angelegt und schon lange nicht mehr zu befahren, führt der Radweg auf den Lemelerberg zu, an dessen Fuß das alte Dorf **Lemele** liegt.

Bergauf geht es nun zum höchsten Punkt des **Lemelerbergs** mit einem Café, dann bergab und an der Westflanke des Lemelerbergs und des Archemerbergs – der 81 m hohe »Gipfel« bleibt rechts liegen – durch Wald und Heide zum Weiler **Giethmen**. Auf dem Giethemer Kerkpad gelangen Sie zu der malerischen Holzbrücke über den Fluß Beneden Regge und bald darauf an den Hammerweg am Ortsrand von **Ommen**. Nach links kehren Sie zum Bahnhof, Ihrem Ausgangspunkt, zurück.

Nützliche Informationen

Ausgangsort: Ommen (Prov. Overijssel), geschäftige Einkaufsstadt sowie Touristenort östlich von Zwolle.
Anfahrt: A 28, Utrecht–Meppel, Ausfahrt 21 (Ommen); N 340 nach Ommen; Parkplatz am Bahnhof. Station an der Bahnlinie Zwolle–Almelo.

Unterkünfte an den einzelnen Etappen:
Ausgangspunkt Ommen: • Campingplatz Besthmenerberg (****), Besthmenerberg 102, Tel. 05 29-45 13 62; 3 km südöstlich von Ommen. • Trekkerhütten auf Camping De Kleine Wolf (****), Coevorderweg 25, Tel. 05 29-45 72 03; 6 km nordöstlich von Ommen, an der N 34 in Richtung Hardenberg. • Pension Vredehof, Hammerweg 57, Tel. 05 29-45 13 022; südlich von Ommen. • Hotel De Herbergier (*), Hammerweg 40, Tel. 05 29-45 15 92; südlich von Ommen. 1. Tag: • Trekkerhütten auf Camping 'n Kaps, Tibsweg 2, Tubbergen, Tel. 05 46-62 13 78; ca. 6 km westlich von Ootmarsum. • Campingplatz Kuiperberg, Tichelwerk 4, Tel. 05 41-29 16 24; 1 km westlich von Ootmarsum. • Hotel 't Posthoes (*), Marktstraat 15, Ootmarsum, Tel. 05 41-29 19 63; im Zentrum. 2. Tag: • Campingplatz Boekelo, Oude Deldenerweg 125, Tel. 0 53-4 28 15 78; Trekkerhütten; südlich von Boekelo. • Pension Boekelo, Nieuwe Beekweg 175, Tel. 0 53-4 28 29 36; südlich von Boekelo. • Golden Tulip Resorthotel Boekelo (****), Oude Deldenerweg 203, Tel. 0 53-4 28 30 05; westlich von Boekelo. 3. Tag: • Campingplatz Noetselerberg (****), Holterweg 116, Tel. 05 48-61 26 65; sechs Trekkerhütten, am westlichen Ortsrand von Nijverdal. • JH Doevenbree, Duivenbreeweg 43, Tel. 05 48-61 22 52; am westlichen Ortsrand von Nijverdal. • Pension Plasman, Eversbergweg 64, Tel. 05 48-61 82 10; nordöstlich von Nijverdal.
Sehens- und Wissenswertes: 1. Tag: • *Cultuurhistorisch Museum Oudheidkamer Den Oordt* in Ommen, Den Oordt 7, geöffnet 1. 4.–1. 11. Mo.–Fr. 10–17, Sa. bis 16 Uhr. • *Tinnen Figuren Museum* in Ommen, Markt 1, geöffnet Di.–Sa. 10–17, So. 14–17 Uhr. • *Openluchtmuseum Los Hoes* in Ootmarsum, Smithuisstraat 2, geöffnet 1. 4.–31. 10. Di.–So. 10–17, sonst Di./Sa. 10–17, Mi./Do./Fr./So. 12–17 Uhr, Jan. geschlossen; Bauernhof (um 1700) sowie Geologisches Museum. 2. Tag: • *Watermolen* beim Kasteel Singraven, geöffnet Di.–Sa. 10.30–11.30 und 14–16 Uhr. • *Kasteel Singraven*, Führungen 15. 4.–31. 10. jeweils Di.–Fr. um 11, 14, 15, 16 Uhr; Kartenverkauf im Restaurant De Watermolen; Kinder unter zehn Jahren sind nicht zugelassen. • *Museum Huize Keizer* in Denekamp, Kerkplein 2 (VVV-Büro), geöffnet Mo.–Fr. 9–12.30 und 13.30–17 Uhr, Mai–Aug. auch Sa. 10–12.30 Uhr. • *Naturhistorisches Museum Natura Docet* in Denekamp, Oldenzaalsestraat 39, geöffnet Mo.–Fr. 10–17, Sa./So. 12–17 Uhr. • *Rijksmuseum Twente* in Enschede, Lasondersingel 129, geöffnet Di.–Fr. 10–17, Sa./So. 13–17 Uhr; archäologische Funde, Kunst, Kunstgewerbe, alter Bauernhof; im nördlichen Teil der Stadt, Radstrecke kreuzt die Straße Lasondersingel, von dort nach rechts 200 m. • *Museumsbahn Boekelo – Haaksbergen*, im Sommer mehrere Fahrten Mi. und So. nachmittags. • *Museum* in Haaksbergen geöffnet Mo.–So. 11–17 Uhr. 3. Tag: • *Zoutmuseum* in Delden, Langestraat 30, geöffnet Mai–Aug. Mo.–Fr. 10–17, Sa./So. 14–17, Sept.–April Di.–Fr. und So. 14–17 Uhr. 4. Tag: • *Avonturenpark Hellendoorn*, Luttenbergerweg 22, geöffnet Ostern–Ende Okt. täglich 9.30–18 Uhr; Freizeitpark unweit der Radstrecke. • *Bakkerij- en ijsmuseum* in Hellendoorn, Dorpsstraat 49, geöffnet Ostern–Ende Okt. Mo.–Fr. 9–12.30 und 13.30–17.30, Sa. bis 17 Uhr. • *Mühle De Hoop* in Hellendoorn, Ninaberlaan 78, geöffnet Di.–Do. 13–18, Fr. 8.30–18, Sa. 8.30–17 Uhr. • *Museum De Valkhof* in Hellendoorn, Ninaberlaan 66, geöffnet 15. 5.–15. 9. Di.–Fr. 10–12.30 und 14–17 Uhr; restaurierter Bauernhof.
Fahrradverleih: Fa. Lub, Bermerstraat 1, Tel. 05 29-45 14 70; im Zentrum von Ommen gegenüber der Post.
Auskunftsstellen: • VVV, Markt 1, 7731 DB Ommen, Tel. 05 29-45 16 38. • VVV, Markt 1, 7631 BW Ootmarsum, Tel. 05 41-29 21 83. • VVV, Oude Markt 31, Postbus 1003, 7500 BA Enschede, Tel. 0 53-4 32 32 00. • VVV, Grotestraat 59, Postbus 189, 7440 AD Nijverdal, Tel. 05 48-61 27 29.
Karten/Literatur: Provinciekaart 1:100000 Overijssel, Blatt 2; Radführer »Rondje Twente« (in niederländisch) mit Karten, eingetragenem Wegverlauf, nützlichen Informationen und Hinweisen zu Sehenswürdigkeiten (keine exakte Beschreibung des Wegverlaufs).

Allgemeine Radkunde

Von Rudolf von Bitter

Das richtige Rad

Das richtige Rad zu den vorgestellten Touren oder die richtige Tour für Ihr Rad? Selbstverständlich kann jeder mit dem Rad fahren, mit dem er gerne fahren möchte. Unter dem Stichwort »Tourencharakter« finden Sie Angaben über den Schwierigkeitsgrad der jeweiligen Radtour.

Rennräder oder **Rennmaschinen** sind ausgelegt für Fahrten auf Asphalt, nicht für Feldwege und Kiesstraßen. Für Feld- oder Wirtschaftswege sind breitere Reifen und robustere Rahmen als bei Rennrädern üblich empfehlenswert. Wer trotzdem mit dem Rennrad fahren will, macht sich auf der Karte kundig, wie er Feld- und Waldwege auf befestigten Straßen umgehen kann.

Ein **Mountainbike** empfiehlt sich für Radtouren durchs Gebirge. Die Zahnkränze und Kettenblätter sind für extreme Steigungen gedacht. Grundsätzlich kann man mit einem Mountainbike alle Touren bewältigen.

Ein **Touren- oder Trekkingrad** ist am besten geeignet für Touren, die teils über befestigte Straßen, teils über Feld- und Waldwege führen. Die breiteren Reifen und die robuste Ausstattung bei Felgen und Speichen erlauben es, auch auf holprigen Wegen zu fahren, die Gangschaltung mit ihren Mehrfach-Kettenblättern und -Zahnkränzen ermöglicht schnelles, bequemes Fahren auf Straßen und erleichtert das Bewältigen von Steigungen. Das Tourenrad verfügt (genauso wie das Mountainbike) über einen stabilen, aber nicht zu schweren Rahmen, der auch mit etwas mehr Gepäck nicht ins Schlingern kommt.

Beim **Kauf eines Fahrrads** sollte man sich überlegen, daß ein Fahrradfachhändler auch Servicearbeiten ausführt, wobei er seine Stammkunden in der Regel bevorzugt. Außerdem wird er die richtige Rahmenhöhe und -länge bestimmen.

Wichtig ist, die **richtigen Bremsen** am Fahrrad zu haben: Rücktrittbremse und die heutzutage handelsüblichen Cantilever-Bremsen bringen das Rad auch bei Regen zum Stehen, was man von alten Felgenbremsen nicht immer sagen kann.

Pflege und Reparaturen

Robuste Fahrräder benötigen nicht allzuviel Pflege. Wer sein Fahrrad nicht ständig benutzt und dabei darauf achtet, daß die Bremsen wirken und das Licht funktioniert, sollte beides hin und wieder kontrollieren. Genauso sollte man regelmäßig nachsehen, ob die Reifen nicht spröde werden. Man sieht das an feinen Rissen, vor allem, nachdem das Rad unaufgepumpt herumgestanden hat. Man sollte dafür sorgen, daß die Schalt- und Bremszüge sowie die Mechanismen von Schaltung und Bremsen geschmiert sind und die Laufräder sich frei und ungehindert drehen. Mit einer gut geölten Kette und fest aufgepumpten Reifen hat man dann viel Freude am Fahrrad. Falls unterwegs doch eine Panne passiert, kann man sich oft selbst helfen. Im folgenden werden ein paar Handgriffe erläutert.

Das richtige Fahrrad – richtig eingestellt

Am **Sattel** lassen sich Höhe und Neigung regulieren. Je nach Modell verstellt man die Neigung unter der Sitzfläche mit einem Inbusschlüssel oder mit einem Gabelschlüssel. Die Höhe wird mit dem Klemmbolzen am oberen Rand der Sattelmuffe eingestellt. Entweder mit dem Schnellspannhebel oder einem passenden Gabel- oder Inbusschlüssel die Sattelstütze lockern und den Sattel nach oben oder unten bewegen. Die Höhe des Sattels stimmt, wenn die Ferse bei durchgestrecktem Bein auf dem Pedal ruht (das testet man, indem man sich an eine Wand stützt).

Auch der **Lenker** ist verstellbar. Als Faustregel gilt: Zwei Drittel des Körpergewichts trägt der Sattel, ein Drittel der Lenker. Sonst werden entweder die Arme schnell müde vom Abstützen oder man muß auch bei geringen Steigungen aus dem Sattel. Den Klemmbolzen des Lenkers mit Inbus- oder Gabelschlüssel lockern (vier Umdrehungen genügen oft), das Rad vorne hochheben, mit dem Hammer zur Lockerung der Klemmbolzenkeile auf den Klemmbolzen klopfen, Lenker so weit herausziehen oder hineindrücken wie nötig.

Für asphaltierte Straßen sind schmalere **Reifentypen** empfehlenswert, weil der Rollwiderstand geringer ist. Breitere Reifen sind geländegängiger und dämpfen Fahrbahnunebenheiten besser.

Werkzeug und Ersatzteile

Luftpumpe, Flickzeug mit Ersatzventil, 3 Reifen- oder Mantelheber und diverse Gabelschlüssel (auf die Größe achten) für die Räder – wenn sie nicht mit dem handlichen Schnellspannhebel ausgerüstet sind – oder einen Schlüssel für verschiedene Mutterngrößen (einen sogenannten »Knochen«) braucht man für alle Fälle. Schraubendreher, ein Speichenschlüssel, eine Kombizange und Inbusschlüssel machen das Werkzeug komplett.

Auf alle Fälle ist es praktisch, ein paar **Ersatzteile** mitzuführen, die weder schwer noch sperrig sind: Schlauch, Ersatzventil (»Blitzventile« machen das Pumpen leichter), Bremsklotz, Brems- und Schaltzug, Erste-Hilfe-Speichen mit Speichenspanner, Taschenlampe.

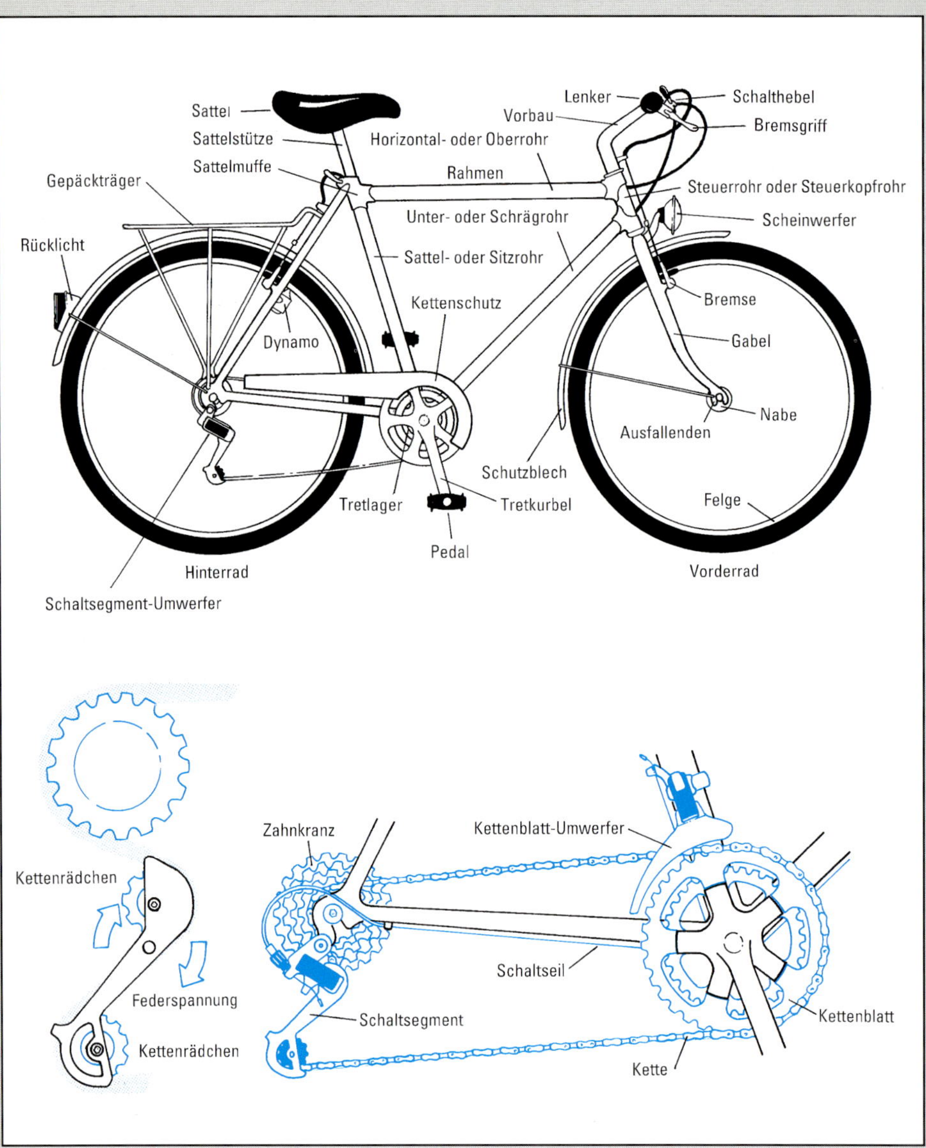

182 Allgemeine Radkunde

Das Fahrrad und seine Bestandteile.

Ein platter Reifen

Ein platter Reifen kommt häufiger vor, wenn Schlauch und Mantel schon etwas älter sind. Zur Vorsorge sollte man vermeiden, über spitze Gegenstände zu fahren. Auf den Landstraßen fliegen alle kleinen Glassplitter und Eisenteile an den Straßenrand – fahren Sie also mit einem halben Meter Abstand vom Bordstein. Damit bringen Sie die Autofahrer auch weniger in Versuchung, Sie auf engen Landstraßen trotz Gegenverkehr zu überholen.

Wenn der Reifen platt ist: *Zuerst* nachsehen, ob das Ventil nicht lose ist. Bildet sich bei aufgepumptem Reifen eine Blase am Ventil, nachdem man es (mit Spucke) angefeuchtet hat, sollte man den Ventilschlauch (oder das Ventil) auswechseln. Bleibt der Reifen platt, stellt man das Fahrrad auf den Kopf und sucht bei erneut aufgepumptem

Pflege und Reparaturen **183**

Reifen nach der undichten Stelle. Haben Sie die schadhafte Stelle gefunden, markieren Sie sie. Dann hebeln Sie den Reifen aus der Felge, wie im nächsten Absatz beschrieben. Zupfen Sie das Stück Schlauch, in dem das Loch ist, heraus und flicken Sie das Loch wie beschrieben. Ist die Stelle nicht zu finden, muß das Rad abmontiert werden.

Rad abmontieren
Bevor Sie anfangen, suchen Sie sich eine Stelle aus, an der Sie auch die Muttern und Schrauben wiederfinden, die sonst wegkullern. Legen Sie abmontierte Kleinteile in die Haube der Klingel oder in eine Mütze. Lösen Sie erst die Felgenbremse, stellen Sie dann das Fahrrad auf den Kopf. Zur Schonung der Bremsgriffe kann man Badezeug oder Regenjacke unter den Lenker legen.
Vorderrad: Moderne Räder haben einen Schnellspanner mit einem Hebel, den man nur umzulegen braucht, und schon kann man das Rad aus seiner Halterung nehmen. Bei älteren Rädern muß man beidseitig die dicke Mutter lösen (nicht abschrauben; Schlüssel in der richtigen Größe einpacken), um das Rad abzunehmen.
Hinterrad: Wie beim Vorderrad Hebel umlegen oder Muttern lösen. Bei Kettengangschaltung schaltet man zuerst die Kette auf das kleinste Ritzel, dann biegt man den Kettenstraffer nach vorn, so daß man genügend Spiel hat, die Kette vom Zahnkranz abzuheben und so über die Achse zur Seite zu schieben, daß das Rad abgenommen werden kann. Bei Nabenschaltung muß man die Kette über das Ritzel drücken, um die Kette hinten von der Achse lösen zu können.

Haben wir das Rad lose in der Hand, pumpen wir es ein bißchen auf. Mit dem Mantel- oder Reifenheber fahren wir vorsichtig unter den **Mantel** *(Reifendecke)* und hebeln ihn über den Felgenrand. Mantelheber haben meistens eine Öse, mit der man sie an einer Speiche einhängen kann. Mit dem zweiten Mantelheber wiederholen wir dasselbe 10 cm weiter, dasselbe mit dem dritten Mantelheber. Den mittleren Mantelheber können wir jetzt abnehmen und wieder ein Stückchen weiter die Reifendecke über den Felgenrand heben – bis sich der Mantel auf der einen Seite lockert und von Hand von der Felge zu ziehen ist.

Jetzt können wir den Schlauch unter dem Mantel hervorschieben und -ziehen, bis er nur noch am Ventil in der Felge hängt. Ventil abschrauben und den Schlauch abnehmen. Ventil wieder aufsetzen, aufpumpen und nach dem Loch suchen. Feine Löcher findet man nicht so schnell mit bloßem Auge. Den Luftzug der entweichenden Luft spürt man am besten, wenn man den Schlauch nahe an das eigene Auge hält. Mit einem feuchten Handrücken kann man ebenfalls den Luftzug erfühlen. Schneller geht es in einer Schüssel Wasser, die in der Natur allerdings nicht zur Hand ist. Aber vielleicht ist in der Nähe ein

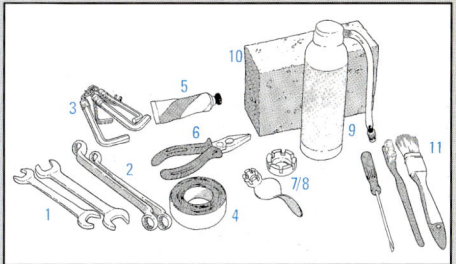

Werkzeug zur Pflege des Fahrrades.

1 Gabelschlüssel
2 Rundschlüssel
3 Inbusschlüssel
4 Reifen-Klebeband
5 Reifenkitt
6 Kombizange
7/8 Speichenschlüssel
9 Reifenflickspray
10 Schwamm
11 Alte Pinsel und Zahnbürsten

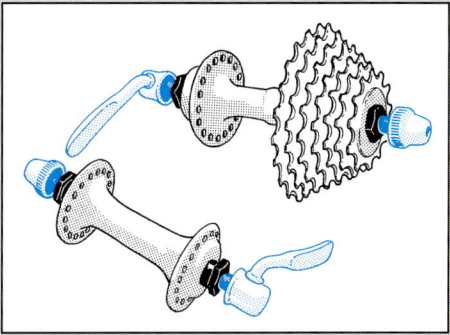

Vorderradnabe und Hinterradnabe mit Siebenfachzahnkranz, jeweils mit Schnellspannvorrichtung.

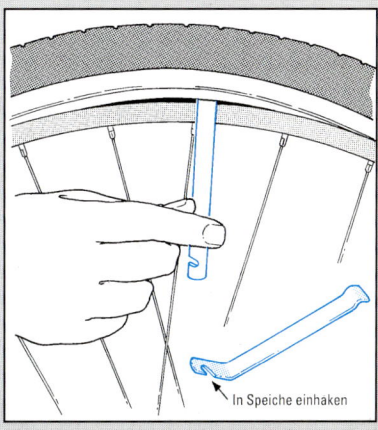

In Speiche einhaken

Einsatz des Mantel- oder Reifenhebers.

184 Allgemeine Radkunde

Bach, ein Teich oder eine tiefe Pfütze. Das Loch verrät sich durch Luftblasen.

Um das Loch herum den Schlauch leicht aufrauhen (beim Flickzeug gibt es dafür ein durchlöchertes Blechstück oder Sandpapier), Gummierlösung dünn auftragen, warten, bis die Lösung grifftrocken ist, Flicken vom Schutzpapier abziehen, auflegen und festdrücken. Schlauch wieder einlegen (beim Ventil anfangen) und unter den Mantel schieben, leicht aufpumpen, damit er schön gerade liegt, und den Mantel wieder auf die Felge drücken. Wenn es nicht anders geht, wieder mit dem Mantelheber. Vorsicht: dabei nicht neue Löcher in den Schlauch quetschen! Reifen aufpumpen. Wenn Sie noch Pause machen wollen, lassen Sie das Rad solange abmontiert – falls es nicht geklappt hat, müssen Sie nicht noch mal von vorne anfangen.

Eine Bremse versagt

Bei Nässe ist der Bremsweg länger als bei Trockenheit! Abgenützte Bremsklötze daher rechtzeitig ersetzen. Dabei soll die offene Seite des Bremsklotzhalters nach hinten weisen, damit der Klotz nicht bei der ersten Bremsung herausrutscht.

Ist der Bremsweg immer noch zu lang, stellen Sie die Bremse nach. Drücken Sie die beiden Bremsbacken so zusammen, daß noch 3 mm Abstand zur Felge bestehen, damit die Bremsen nicht zu hart greifen. Dann die beiden Muttern der Nachstellvorrichtung am Seilzug so drehen, daß die Bremsbacken sich allein da halten, wo Sie sie zuerst hingedrückt haben. Da die Bremssysteme je nach Fabrikat verschieden sind, sollte sich jeder sein eigenes Fahrrad-Bremssystem ansehen.

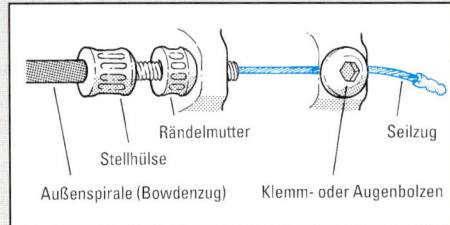

Nachstellen des Seilzuges.

Die Kette

Eine verdreckte oder angerostete Kette ist starr und kostet unnötig viel Kraft. Regelmäßiges Schmieren oder Ölen beugt vor. Ein Bad in Petroleum (die Kette vom Zahnkranz in eine Schale mit Petroleum hängen lassen, wenn Sie nicht montieren wollen) löst den Dreck. Mit einer alten Zahnbürste säubern. Anschließend mit Kettenfett Glied für Glied behandeln.

Bevor Sie losfahren, vergewissern Sie sich, daß die Kette die **richtige Spannung** hat. Bei einer Kettengangschaltung überprüft man das nach folgen-

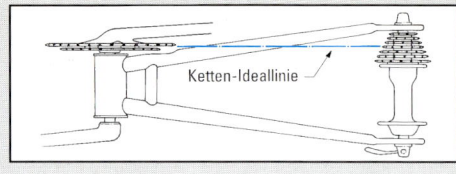

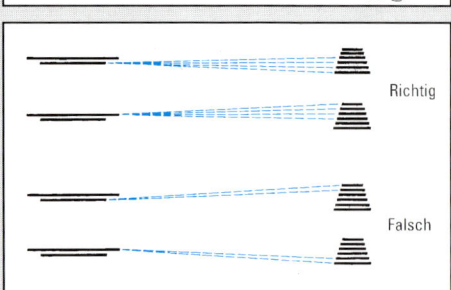

Richtige und falsche Art der Schaltung (Kettenlinie).

den Kriterien: Hängt die Kette vorne auf dem kleinen Kettenblatt und hinten auf dem kleinsten Ritzel, soll sie nicht durchhängen. Hängt die Kette auf dem jeweils größten Kettenblatt und größten Ritzel, soll sie trotzdem noch S-förmig durch den Schaltarm mit seinen beiden Kettenrädchen verlaufen, um ihn nicht zu überdehnen. In diesen Positionen sollten Sie nie fahren!

Schaltung

Die Größe der Kettenblätter und die Abstufung des Zahnkranzes mißt sich nach der Anzahl der Zähne. Die **Übersetzung** ist um so größer, je größer der Unterschied zwischen Kettenblatt und Ritzel des Zahnkranzes in Zähnen ist. Das heißt, pro Tretkurbelumdrehung ist der zurückgelegte Weg am größten, wenn die Kette auf dem größten Kettenblatt vorne und auf dem kleinsten Ritzel am Hinterrad liegt. Die vielen Gänge, die ein Rad hat, differenzieren die Übersetzung zumeist zu einer kleinen Übersetzung hin und erleichtern so das Bergauffahren.

Wenn Sie extreme Bergtouren vorhaben, können Sie das kleinere Kettenblatt austauschen und eines mit weniger Zähnen einsetzen. Anhand der Zeichnung sehen Sie, wie Sie nicht schalten sollten: größtes bzw. kleinstes Kettenblatt und größtes bzw. kleinstes Ritzel soll man nicht kombinieren. Solche »Extrem«-Schaltungen verursachen Reibungswiderstände und überbeanspruchen dadurch das Material.

Mit dem **Kettenblatt-Umwerfer** bewegen Sie die Kette von einem Kettenblatt zum anderen. Wenn Sie nur noch das mittlere und ein äußeres Kettenblatt erreichen oder die Kette am Umwerfer schleift, müssen Sie nachjustieren. Der Umwerfer soll hoch genug angebracht sein, damit er nicht das große Kettenblatt berührt.

Mit dem Schaltarm am hinteren Schaltwerk transportieren Sie die Kette über die Ritzel unabhängig von der Stellung der Kette auf den Kettenblättern.

Das Licht fällt aus
Als Lichtanlage haben die Hersteller alle möglichen Konstruktionen entwickelt. Das Prinzip ist immer dasselbe: Der Dynamo stellt den Strom her, der über Kabel zum Glühbirnchen geleitet wird. Ein Massekabel entfällt, dazu ist der Rahmen da. Als erstes nach der **Glühbirne** sehen. Bleibt es trotz intakter Birne dunkel, die **Kabelverbindungen** im Lampengehäuse und am Dynamo überprüfen (Wackelkontakt? Kann man mit einer Batterie prüfen). Leuchtet das Licht, liegt es am Dynamo, leuchtet es nicht, liegt es an den Kabeln, die man überprüfen und notfalls ersetzen muß. Hat der **Dynamo** genügend Reibung am Reifen? Eventuell befestigen. Ein lockerer Dynamo kann außerdem in die Speichen fallen und einen Unfall verursachen.

Wenn das alles nichts nützt, und Sie stehen bei Dunkelheit am Straßenrand, dann lassen Sie Ihre Tourenbegleiter mit funktionierendem Licht vor und hinter sich fahren. Besonders für den nachkommenden Verkehr ist es wichtig, daß Sie **von hinten gesehen werden**. Sind Sie allein und ohne Taschenlampe, mit der Sie nach hinten leuchten können, dann weichen Sie nach Möglichkeit auf den Gehsteig aus.

Fahrtechniken
Der **Fußballen** liegt über der Pedalachse. Daß Sie beim Heruntertreten des Pedals die meiste Kraft aufwenden und beim Steigen des Pedals die geringste, ist klar. Rennradler haben mit Rennhaken und Pedalklammer die Möglichkeit, das Pedal aufwärts zu ziehen und nach vorn zu schieben. Normale Radler können sich von den Rennradlern immerhin abschauen, wie sie das Pedal nach hinten drücken und dazu den Fuß mit der Spitze abwärts kippen (»runder Tritt«).

Wiegetritt nennt man die Technik, bei Steigungen, die trotz kleinen Gangs nicht mehr zu schaffen sind, aus dem Sattel aufzustehen und das jeweils obere Pedal mit dem Körpergewicht und Zug am Lenker nach unten zu stemmen.

Ein weiteres Detail der Fahrtechnik ist die **Auswahl der Übersetzung**. Die Gänge sind vor allem dazu da, den Bewegungsablauf gleichmäßig zu halten. Zu kleine Übersetzung bekommt der Muskulatur genauso wenig wie zu große Übersetzung. »Weiches Pedalieren« ist der schöne Ausdruck für diesen Vorgang.

Aus mechanischen Gründen soll man **nicht in Extremschaltungen** fahren, also kleines Kettenblatt und kleinstes Ritzel am Zahnkranz oder großes Kettenblatt und größtes Ritzel kombinieren. Die Kette liegt dann schräg und produziert anstrengende Reibungswiderstände. Ideal ist es, wenn die Kette gerade verläuft.

Bremsen sollte man stets gleichzeitig hinten und vorne. Besonders bei Bergabfahrten kann zu abruptes Bremsen zu Stürzen führen. Ebenso sollte man schon vor und nicht erst in einer Kurve bremsen, weil man in der Kurve das Gleichgewicht verlieren kann. Bei Nässe gilt dies erst recht. Nehmen Sie in Kurven das innere Pedal nach oben – wenn in der Kurve ein Pedal den Boden berührt, berührt der ganze Radler den Boden.

Gepäck/Zubehör
Praktisch ist die traditionelle **Hinterradtasche** auf dem Gepäckträger über dem Hinterrad. Diese Tasche kann man als Doppeltasche oder als Einzeltasche erhalten. Auf jeden Fall sollte die Innenseite (zum Rad hin) verstärkt sein, damit es keine Ausbeulungen gibt, die die Fahrt behindern. Zugleich sollte die Tasche nicht zu weit vorn hängen, weil sie sonst die Fersen stört.

Für die Karte ist die kleine **Lenkertasche** nützlich. Genausogut können Sie aber auch vorne einen Gepäckträger anbringen (lassen) und einen **Korb** darauf befestigen, in den Sie Karte, Führer, Flasche, Pullover, Badezeug und was sonst schnell zur Hand sein soll, hineinlegen. Bei viel Gepäck ist ein **Doppelständer** sinnvoll. Luftpumpe und Trinkflasche im Trinkflaschenhalter haben ihren festen Platz am Sattel- oder am Unterrohr.

Schutz vor Diebstahl: Am sichersten ist das massive Bügelschloß aus Stahl, aber das wiegt auch viel. Spiralkabel mit eigener Halterung unter dem Sattel sind praktisch, man muß lediglich die Zugkraft der Spirale überwinden. Um das Vorderrad zu sichern, kann man es abnehmen und an das Hinterrad schließen. Auf alle Fälle ist es gut, sein Rad an einen Laternenpfahl oder etwas Ähnliches anzuschließen.

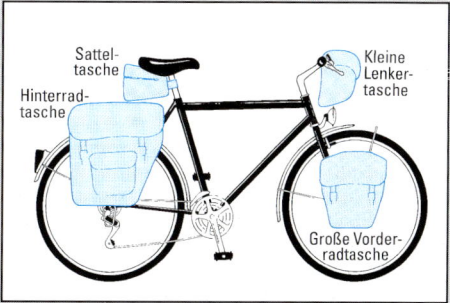

Das bepackte Fahrrad mit Gepäckstücken zur Auswahl.

Anhang

Anreisemöglichkeiten

Mit der Bahn
Mehrmals täglich verkehren Züge zwischen Berlin, Köln, Frankfurt, München und den Niederlanden. Das dortige Eisenbahnnetz ist sehr dicht, die Verbindungen häufig, der Service auf den Bahnhöfen gut. Wer sein Rad von Deutschland aus mitnehmen möchte, kann das gegen Erwerb einer internationalen Fahrradkarte in den Interregio-Zügen Berlin–Amsterdam sowie im D 202/203 Basel–Amsterdam tun.

Mit dem Euro-Fahrradbus
Auch wer zur Anreise den Bus bevorzugt, muß sein Fahrrad nicht zu Hause lassen. Die Euro-Fahrradbusse fahren einmal pro Woche auf 14 verschiedenen Strecken von München und Berlin in die Nachbarländer. Weitere Informationen bei ADFC-Fahrradreisebüro Velomobil, Kennwort: Euro-Fahrradbus, Postfach 10 77 47, 28077 Bremen, Tel. 04 21-3 46 39 16.

Kartenmaterial und Radführer

Straßenkarten
Im Buchhandel sind verschiedene Straßenkarten in unterschiedlichen Maßstäben erhältlich, z. B. die »Straßenkarte Niederlande«, 1:300 000 von Kümmerly und Frey oder die recht übersichtliche »Shell EuroKarte Niederlande«, 1:250 000.

Übersichtskarten für Radtouren
- »Fiets Ideëkaart«, ca. 1:1 000 000, Hrsg. Stichting Landelijk Fietsplatform: markierte Fernradwege, unmarkierte und nur beschriebene Routen, Hinweise auf markierte Tagestouren, Trekkerhütten, Jugendherbergen, Naturfreundehäuser; auf der Rückseite finden sich Informationen zu Radkarten und -führern, Übernachtungsmöglichkeiten, Radverleih und Adressen von Radler-Vereinigungen.
- »Fietstoerkaart«, 1:275 000, 2 Blätter, Hrsg. Suurland-Falkplan: zahlreiche markierte Tagestouren mit Kurzbeschreibung der Touren auf der Rückseite.

Radkarten
- Für Radtouren ausreichend, da insgesamt recht zuverlässig, sind zwei Kartenserien mit je 14 Blättern im Maßstab 1:100 000:
»Toeristenkaart«, Hrsg. ANWB (Niederländischer Automobilclub);
»Provinciekaart – toeristische informatie«, Hrsg. ANWB mit VVV (Niederländische Tourismusorganisation); bei den in diesem Buch beschriebenen Touren sind die Kartenblätter der letztgenannten Serie angegeben.
Die Farbgebung, die Eintragungen wie Nationalparks, landschaftliche Besonderheiten, Schlösser, touristische Einrichtungen wie Campingplätze oder Bademöglichkeiten, ein Register mit Ortsnamen auf der Rückseite etc. sind nahezu identisch, lediglich die Blattschnitte unterscheiden sich; beide Kartenserien sind in den ANWB- und VVV-Büros erhältlich.
- Sehr nützlich, wenn man sich eigene Touren zusammenstellen möchte – die Namen der Landstraßen sind eingetragen (!) –, sind die beiden gleichlautenden und sich ähnelnden Kartenserien »Kaart voor vakantie en vrije tijd«, 1:50 000; Herausgeber der einen Serie ist VVV, Herausgeber der anderen ist Suurland-Falkplan in Zusammenarbeit mit VVV. Als nachteilig bei mehrtägigen Touren erweisen sich die verhältnismäßig kleinen Kartenausschnitte, da somit zahlreiche Einzelblätter benötigt werden. In den ANWB- und VVV-Büros sind meistens nur die Kartenblätter für die jeweilige Region zu erhalten.

Sonstige Karten
Eher für Wanderungen oder Spaziergänge gedacht, aber auch für kürzere Radtouren geeignet ist die Kartenserie »Welkom by de boswachter«, 1:25 000, Hrsg. Staatbosbeheer in Zusammenarbeit mit Falkplan; diese Kartenblätter gibt es nur für größere von der Forstbehörde verwaltete Gebiete, vor allem für unter Naturschutz stehende Heide-, Wald- und Dünenlandschaften; eingetragen sind die Namen der Landstraßen, die Rückseite gibt kurze Informationen zu landschaftlichen und kulturhistorischen Besonderheiten; im VVV-Büro vor Ort erhältlich.

Stadtpläne
Für kürzere Radausflüge in größeren Städten und deren näherer Umgebung stehen ausgezeichnete Stadt- und Umgebungspläne von Suurland-Falkplan zur Verfügung; unterschiedliche Maßstäbe zwischen 1:10 000 und 1:20 000; Register der Straßennamen auf der Rückseite; in ANWB- und VVV-Büros erhältlich.

Radführer
- »Landelijke Fietsroutes«, Hrsg. Stichting Landelijk Fietsplatform; zwei Broschüren (südlicher Teil der Niederlande in der einen Broschüre, nördlicher Teil in der zweiten) mit den entspre-

chenden Kartenausschnitten im Maßstab 1:150 000; knappe, tabellarische Beschreibung des gesamten niederländischen Rad-Grundwegenetzes in einzelnen Abschnitten; sowohl markierte als auch unmarkierte Routen; Übernachtungsmöglichkeiten, wichtige Adressen, Fahrzeiten der Fähren; jede Broschüre in praktischer, wasserdichter Kunststofftasche; teuer (!); in ANWB- und VVV-Büros erhältlich.
- »Fietsgids«, Hrsg. ANWB und VVV; 20 bebilderte Broschüren für alle Regionen der Niederlande, jeweils knapp 50 Seiten; jede Broschüre enthält 20 Radtouren; knappe Streckenbeschreibung und Erläuterung der charakteristischen bzw. besonderen Gegebenheiten der jeweiligen Region; zu jeder Tourenbeschreibung ein Kartenausschnitt im Maßstab 1:100 000 mit eingetragenem Tourenverlauf.
- »Fietstochten«, Hrsg. Dwarsstap, Nijmegen; für alle Regionen der Niederlande; in einer wasserdichten Kunststofftasche befindet sich jeweils eine Broschüre zu einer Region; zahlreiche knappe Routenbeschreibungen mit den zugehörigen Kartenausschnitten im Maßstab 1:50 000; stichwortartige, tabellarische Beschreibung der einzelnen Streckenabschnitte; Angabe der Fahrzeiten aller Fähren in der Region – keine Hinweise auf landschaftliche oder kulturhistorische Erscheinungen; in allen ANWB- und VVV-Büros erhältlich.
- »LF«-Serie (LF = landelijke fietsroute), Hrsg. Stichting Landelijk Fietsplatform; mehrere ausgezeichnete Broschüren zu den niederländischen Fern-Radwegen, 50–60 Seiten; jede Broschüre enthält die etappenweise Beschreibung eines Fern-Radwegs, Informationen zu landschaftlichen und kulturhistorischen Erscheinungen, Museen und sonstigen Sehenswürdigkeiten, Übernachtungsmöglichkeiten, wichtige Adressen und Kartenausschnitte zu den Etappen im Maßstab 1:150 000; in ANWB- und VVV-Büros erhältlich.
- Speziell für die »Zuiderzeeroute« – rund um IJsselmeer und Markermeer –, eine ca. 400 km lange Radtour, gibt es einen ausgezeichneten Radführer: Diederik Mönch, Zuiderzeeroute – fietsen rond het natte hart van Nederland, Verlag Buijten & Schipperheijn, Amsterdam 1996; umfassende Erläuterungen zu landschaftlichen und kulturhistorischen Erscheinungen, besondere Hinweise auf Sehenswürdigkeiten, Adressen von Übernachtungsmöglichkeiten, farbige Kartenausschnitte zu jedem Streckenabschnitt im Maßstab 1:100 000.

Einige Bestelladressen
- Allgemeiner Deutscher Fahrrad-Club, Postfach 10 77 47, 28077 Bremen, Tel. 04 21-34 62 90
- Dr. Götze, Land und Karte, Bleichenbrücke 9, 20354 Hamburg, Tel. 040-3 48 03 13, Fax 040-3 48 03 18
- GeoCenter, Internationales Landkartenhaus, Schockenriedstr. 40 a, 70565 Stuttgart, Tel. 07 11-7 88 93 40, Fax 07 11-7 88 93 54

Klima und Reisezeit

Nicht wesentlich vom Klima in Deutschland unterscheidet sich das in den Niederlanden: milde Winter und gemäßigt warme Sommer. Heftiger als hier sind jedoch die teilweise starken Westwinde. Radfahren ist grundsätzlich jederzeit möglich, jedoch am reizvollsten zwischen April (Tulpenblüte) und Oktober. In dieser Zeit sind auch die meisten Campingplätze geöffnet (1.4.–1.10.), ebenso Museen und Vergnügungsparks, die häufig mit dem Ende der Herbstferien Ende Oktober schließen.

Auskunftsstellen

In Deutschland erhält man Informationsmaterial bei Nederlands Bureau voor Toerisme (NBT), Postfach 27 05 80, 50511 Köln, Tel. 02 21-2 57 03 83.

Vor Ort helfen die VVV-Büros (Fremdenverkehrsbüros) weiter, die es in allen touristisch interessanten Orten gibt. Hier liegt umfangreiches Informationsmaterial zu allem Sehenswerten in der Umgebung aus, können Hotels, Privatzimmer sowie Ferienbungalows gebucht, Telefonkarten sowie Land- und Radkarten gekauft werden. Ebenso erhältlich sind Radführer und einzelne Faltblätter mit Beschreibungen weiterer Radtouren in der Umgebung. Die VVV-Büros sind in der Regel Mo.–Fr. 9–17 und Sa. 10–12 Uhr geöffnet.

Eine oft hilfreiche Einrichtung für Touristen sind die an den Haupteinfallstraßen am Ortsrand aufgestellten Informationstafeln mit Ortsplan, auf die durch ein »i« am Straßenrand hingewiesen wird.

Benutzung öffentlicher Verkehrsmittel

Das Eisenbahnnetz in den Niederlanden ist äußerst dicht. Selbst kleinere Städte sind per Zug erreichbar, und zwischen den großen Städten verkehren Züge im 15-Minuten-Takt. Wer eine Rundreise per Zug plant, sollte sich nach vergünstigten Tickets erkundigen.

Ein Rad im Zug zu transportieren, ist keinerlei Problem, wenn man sich an folgende Regeln hält:
- Zusätzlich zur Fahrkarte eine Karte für das Rad (fietsvervoerbewijs) erwerben; die Preise sind von der Länge der Fahrt abhängig: bis 80 km und mehr als 80 km.
- Nicht mitgenommen werden darf das Rad Mo.–Fr. 6.30–9 und 16.30–18 Uhr; Ausnahme im Juli und August.
- Das Fahrrad muß selbst eingeladen werden, und zwar in die mit einem Radsymbol gekennzeichneten Wagen.

- Während der Reise ist man selbst für das Rad verantwortlich.
- Radanhänger werden nicht transportiert.

Weitere Informationen kann man der Broschüre »Fiets en trein« entnehmen, die an den niederländischen Fahrkartenschaltern gratis erhältlich ist, oder der Broschüre »Holland mit der Bahn«, die angefordert werden kann bei Tourist Team, Postfach 1948, 50209 Frechen.

Radverleih vor Ort

An 80 größeren Bahnhöfen sind Fahrradaufbewahrungen und -reparaturwerkstätten (Rijwielstalling) angeschlossen, die auch Fahrräder vermieten, zu vergünstigtem Preis beim Vorweisen einer Fahrkarte. In der Regel kann man davon ausgehen, daß es außerdem in jeder Stadt ein Fahrradgeschäft gibt, das auch Räder vermietet: Herren-, Damen-, Kinderräder und meist auch Tandems. Preis pro Tag: 6–8,50 Gulden. Beim Anmieten ist meist der Personalausweis vorzuzeigen, manchmal auch eine Kaution zu hinterlegen. Die Räder können tage- oder wochenweise gemietet werden. Eine telefonische Vorbestellung wird empfohlen. Ein Verzeichnis aller Fahrradvermieter ist beim ANWB erhältlich. ANWB, Postbus 93200, NL-3800 AV Amersfoort, Tel. 033-4653656.

Verkehrsbestimmungen in den Niederlanden

In den Niederlanden gelten für Radfahrer grundsätzlich dieselben Regeln wie in Deutschland, mit einer Ausnahme: In den Ortskernen dürfen Radfahrer gegen die Einbahnstraßen fahren, es sei denn, es ist ausdrücklich verboten. Zu beachten ist auch, daß Wege, die für Fußgänger ausgewiesen sind, grundsätzlich nur von Fußgängern benutzt werden dürfen. Sehr häufig verläuft in einem Kreisverkehr neben der Fahrbahn ein Radweg; um den abbiegenden Autofahrern deutlich zu machen, daß man im Kreisverkehr bleibt und folglich ihre Fahrbahn kreuzt, streckt man die linke Hand aus.

Im folgenden einige Aufschriften von Verkehrsschildern, die Radfahrer betreffen:

Let op! – aufpassen!
drempel – Schwelle
fietsers uitgezondered – Radfahrer ausgenommen
fietsers overstekken – Fahrbahn kreuzen
fietsers bij gedogen – frei für Radfahrer
doorgaand rijverkeer gestremd – Durchgangsradverkehr gesperrt
verboden fietsen te platsen – Fahrräder abstellen verboten
Fietsen buiten de fietsenrekken worden verwijderd – Räder, die nicht in den Ständern abgestellt sind, werden entfernt.

Unterkünfte

Hotels

Rund 1000 Hotels stehen in den Niederlanden zur Verfügung. Beim Nederlands Bureau voor Toerisme in Köln ist ein umfangreiches Verzeichnis gratis erhältlich, das rund 450 Hotels beschreibt. Das gewählte Hotel kann kostenlos über das Niederländische Reservierungs-Zentrum (NRC) gebucht werden: Postfach 404, 2260 AK Leidschendam, Tel. 0031-70-3175456.

Hilfreich vor Ort ist das Reservierungssystem VVV-Logies Service, das es ermöglicht, daß man durch ein VVV-Büro ein Hotelzimmer in einem anderen Ort buchen läßt und gleich bezahlt, inklusive geringer Vermittlungsgebühr.

Zimmer mit Frühstück (L & O = logies met ontbijt)

Zimmer mit Frühstück, in Friesland als »bêd & brochje« bezeichnet, ist eine preisgünstige Möglichkeit zu übernachten (20–25 Gulden pro Person und Nacht, Frühstück inklusive). Adressen sind erhältlich in den örtlichen VVV-Büros, die auch bei der Reservierung behilflich sind.

Die Organisation »Stichting Vrienden op de fiets« bietet Mitgliedern eine Liste mit über 1000 Adressen von Pensionen an. Die Liste sowie die Jahresmitgliedschaft (11 Gulden pro Familie) ist erhältlich bei Stichting Vrienden op de fiets, P. de Blécourt, Brahmsstraat 19, 6704 DA Zevenaar.

Jugendherbergen (Jeugdherberge)

37 Herbergen der Organisation Nederlandse Jeugdherbergcentrale (NJHC) gibt es in den Niederlanden. Der Standard der Häuser ist unterschiedlich, und danach richtet sich auch der Preis pro Übernachtung (pro Person 20–25 Gulden). Im Preis inbegriffen ist das Frühstück; Mittagessen, Abendessen oder Proviantpaket müssen extra bezahlt werden (nur in einigen Häusern steht eine Küche für Selbstversorger zur Verfügung). Die Preise sind günstiger für Mitglieder des Internationalen Jugendherbergswerks, dem auch das Deutsche Jugendherbergswerk angeschlossen ist.

In allen Jugendherbergen gelten die üblichen Regeln. Übernachtet wird in Stockbetten in Zwei-, Vier- und Mehrbettzimmern. Bettdecken und Kissen werden gestellt. Bettlaken müssen mitgebracht oder vor Ort geliehen werden. Weitere Informationen bietet das jeweils aktuelle Verzeichnis »Herberggids« (geringer Preis), erhältlich in den VVV-Büros. Anfragen an: Stichting Nederlandse Jeugdherbergcentrale, Prof. Tulpstraat 2, 1018 HA Amsterdam, Tel. 020-5513155.

Naturfreundehäuser (NIVON-natuurvriendenhuizen)

Das sind einfache Häuser, die Schlafräume, Aufenthalts- und Eßraum bieten. Die Gäste versorgen sich selbst und sind auch für das Sauberhalten des Hauses zuständig. Bettwäsche kann geliehen werden. Die Preise pro Übernachtung variieren je nach Saison und Haus zwischen 14 und 17 Gulden. Für Mitglieder von NIVON gelten geringere Preise; sie werden auch bei der Vergabe der Betten bevorzugt behandelt. Nicht-Mitglieder werden nur bei genügend freien Betten aufgenommen. Reservierung ist erwünscht. Häufig befindet sich beim Haus ein einfacher Campingplatz. Weitere Informationen bei NIVON, Nieuwe Herengracht 119, 1011 SB Amsterdam.

Campingplätze (Campings)
Die Niederlande sind ideal für einen Camping-Urlaub, denn das Angebot an Plätzen ist groß. Überall im Land, vor allem in den landschaftlich reizvollen Heidegebieten und an der Küste, finden sich Plätze, nur zwischen den Städten Amsterdam, Utrecht und Rotterdam ist die Anzahl recht beschränkt. Die Plätze sind je nach Standard mit 1–5 Sternen kategorisiert. Informationen über Campingplätze sind beim NBT in Köln (s. Auskunftsstellen) erhältlich (Verzeichnis von rund 140 Plätzen). Umfangreicher (ca. 750 Plätze) ist der Campingführer des ANWB, der jährlich neu herausgegeben wird und in den ANWB- oder VVV-Büros gekauft werden kann.

Mini-Campings (Kampeeren bij boer en tuinder)
Rund 1200 kleine, einfache Campingplätze haben Bauern oder Grundbesitzer auf ihrem Land eingerichtet. Diese Plätze bieten zwar wenig Komfort, haben aber den Vorteil, daß sie ruhiger und preisgünstiger sind (pro Person 2–3 Gulden, pro kleinem Wanderzelt 1 Gulden pro Übernachtung). Diese Plätze sind vom 15. März bis 31. Oktober geöffnet.
Das aktuelle Verzeichnis »Recreëren op het platteland« ist gegen geringen Preis in VVV-Büros erhältlich oder bei VeKaBo, Ettenlandseweg 25, 8316 RM Marknesse, Tel. 05 27-24 33 39 (werktags 13.30–16.30 Uhr).

Naturcampingplätze (Natuurkampeerterreinen)
113 Naturcampingplätze gibt es. Dies sind Plätze, durch deren Anlage nur ein minimaler Eingriff in die Natur erfolgte und die nur mit den notwendigsten Einrichtungen – Toilette, kaltes, manchmal auch warmes Wasser – ausgestattet sind. Wer dort übernachten will, muß zuvor eine Natuurkampeerkaart erwerben in den ANWB-Büros oder bei NIVON (s.o.), Jahrespreis 15 Gulden. Die Gebühren für die einzelnen Übernachtungen sind gering. Reservieren ist in der Regel nicht notwendig, wenn man bis 19 Uhr anreist. Weitere Informationen sind erhältlich bei Stichting voor Natuurkampeerterreinen, Postbus 145, 5384 ZJ Heesch.

Trekkerhütten (trekkershutten)
Eine einfache und preisgünstige Unterkunft für Radfahrer und Wanderer sind die meist auf Campingplätzen stehenden Blockhütten. Sie bieten auf engstem Raum zwei Stockbetten mit Matratzen, vier Stühle, einen Tisch sowie einen Gaskocher. Alles andere – Bettdecken bzw. Schlafsäcke, Handtücher, Kochgeschirr, Besteck, Teller usw. – sind selbst mitzubringen. Trinkwasser und Toiletten in den sanitären Einrichtungen des Platzes. Maximale Aufenthaltsdauer drei Nächte. Preis pro Nacht und Hütte 50–55 Gulden.
Ein Verzeichnis (geringer Preis), herausgegeben vom ANWB und STN (Stichting Trekkershutten Nederland) listet die rund 600 Trekkerhütten auf, die auf insgesamt 250 Plätze verteilt sind. Das Verzeichnis ist in den VVV-Büros erhältlich. Wer eine mehrtägige Route plant, sollte alle Hütten gegen eine Verwaltungsgebühr (ca. 25 Gulden) im voraus buchen, und zwar bei Nederlands Reservation Centre (NRC), Postbus 404, 2260 AK Leidschendam, Tel. 0 70-3 20 25 46, Fax 0 70-3 20 26 11.

Urlaub auf dem Bauernhof (Vakantie op de boerderij)
Appartements, Zimmer, Caravanvermietung oder Campingmöglichkeit (Kampeeren bij de boer) – Unterschiedliches wird auf den Bauernhöfen angeboten und unterschiedlich ist auch der Standard, von einfach bis luxuriös. In den meisten Fällen liegen die Gehöfte außerhalb der Ortschaften, bieten häufig außer ihrer Lage auch einen Spielplatz an sowie die Möglichkeit, eigene Haustiere mitzubringen.

Ferienhäuser (Bungalows)
Für den Urlaub ein Ferienhaus zu buchen, ist in den Niederlanden recht populär. Die Häuser liegen in Ferienparks, bieten in der Regel einen Spielplatz, ein Freibad, Tennisplätze oder Aktivitätsprogramme für Kinder. Sogenannte Rekreatieparks haben ein erweitertes Angebot, z.B. Sauna, Bowling, Squash, subtropisches Badeparadies, Restaurant, Lebensmittelgeschäft. Die Häuser sind alle recht komfortabel, praktisch eingerichtet und verfügen über notwendige Einrichtungen wie Kühlschrank, Küchenausstattung, Bettdecken, Fernsehgerät. Bettwäsche muß mitgebracht oder extra bezahlt werden. Ein Verzeichnis ist beim NBT in Köln (s. Auskunftsstellen) erhältlich. Aber auch einzelne Reiseveranstalter haben Ferienhäuser in den Niederlanden im Programm.

Verpflegung unterwegs

Keinerlei Problem stellt die Verpflegung unterwegs dar. Beinahe an jeder der hier beschriebenen Radrouten gibt es zumindest eine Einkehrmöglichkeit, im Sommer manchmal zusätzlich auch Kioske an touristisch interessanten Stellen. Außerdem hat beinahe jedes Dorf einen Laden, in dem es kein Problem darstellt, für ein Picknick geeignete Lebensmittel zu finden.

Fernradwege

LF, das steht für »landelijke fietsroutes«, überregionale Fernradwege, die gleich einem Netz die gesamten Niederlande überziehen. Insgesamt 6000 km Radstrecken, die auf ruhigen Sträßchen oder auf reinen Radwegen verlaufen und so ausgesucht wurden, daß sie vor allem durch landschaftlich reizvolle Landschaften und hübsche Dörfer führen.

Von diesen 6000 km sind 1500 km markiert, und zwar in beiden Richtungen (a und b) durch rechteckige weiß-grüne Radwegweiser bzw. durch Richtungsangaben auf den pilzförmigen Radwegweisern, den »paddestoels«. Folgende Routen sind momentan markiert:
- LF 1 »Noordzeeroute« (Den Helder an der Nordspitze von Holland – Frankreich)
- LF 3 »Maasroute« (Arnhem – Maastricht)
- LF 4 »Midden-Nederlandroute« (Den Haag – Enschede)
- LF 10 »Waddenzeeroute« (Callantsoog – Nieuweschans)
- LF 13 »Schelde-Rheinroute« (Middelburg – Duisburg)
- LF 14 »Saksenroute« (Lauwersoog – Enschede)

Zu diesen Routen werden von De Stichting Landelijk Fietsplatform, einem Verband verschiedener Organisationen und Instanzen, preisgünstige Radführer herausgegeben, mit Karten, Beschreibungen der Sehenswürdigkeiten am Weg und nützlichen Informationen. Diese »gids« sind in den VVV-Büros erhältlich.

Bei den LF-Routen handelt es sich immer um Strecken, z. B. entlang der Westküste (LF 1) oder quer durch die Niederlande (LF 4). Wer also eine mehrtägige Rundstrecke zusammenstellen möchte, muß mehrere LF-Routen miteinander kombinieren (s. Touren 37, 38, 40). Unerläßlich dabei ist der Basisführer »Landelijke Fietsroutes« (s. Karten). Das gesamte Material liegt nur in holländischer Sprache vor.

Einfacher ist es deshalb, eine der durchgängig einheitlich markierten mehrtägigen Rundstrecken zu befahren, von denen es mehrere gibt:
- »Zuiderzeeroute«, 400 km; rund um das IJsselmeer; Radführer vorhanden; abgekürzte Variante s. Tour 39.
- »Fortenroute«, 165 km; im Umkreis von Amsterdam (Westen).
- »Hollandse Waterlinieroute«, 145 km; im Umkreis von Amsterdam; Radführer vorhanden (Westen).
- »Gazelle-Veluweroute«, 400 km, zwischen Arnhem und Zwolle; Radführer vorhanden (Mitte).
- »Kastelenroute«, 350 km; durch Oost-Gelderland (Mitte).
- »Elfstedenroute«, 230 km, durch alle elf friesischen Städte (Norden).

Information über das LF-Netz ist erhältlich bei De Stichting Landelijk Fietsplatform, Postbus 846 (Bergstraat 6), 3800 AV Amersfoort, Tel. 033-4 65 36 56.

Radwandern ohne Gepäck

Wer ganz sorglos radfahren möchte, ohne komplizierte Vorbereitung, ohne die Mühe der Buchung von Unterkünften, ohne Gepäck, für den sind die verschiedenen Arrangements der einzelnen VVV-Büros ideal. Anfragen dort.

Kleiner Sprachführer für Radfahrer

fietspad	–	Radweg
fietsverhuur	–	Radverleih
doodlopende weg	–	Sackgasse
station	–	Bahnhof
paddestoel	–	Radwegweiser
verkeerslichten	–	Ampel
viersprong	–	Kreuzung
voetveer	–	Fähre für Fußgänger und Radfahrer
rijwielstalling	–	Fahrradaufbewahrung
Lampe/Lampenbirne	–	lamp
Bremse	–	rem
Dynamo	–	dynamo
Flickzeug	–	spullen
Schaltung	–	schakeling
Handbremse	–	handrem
Rücktrittbremse	–	terugtraprem
Kette	–	ketting
Luftpumpe	–	luchtpomp
Reifen	–	band
Schlauch	–	binnenband
Schraube	–	schroef
Schraubenschlüssel	–	schroevedraaier
Ventil	–	ventiel, klep
Zange	–	tang
Rahmen	–	frame
Gang	–	versnelling
Schlüssel	–	sleutel

Weitere Tagesrundtouren

Wer sich für weitere Tagesradtouren in einer bestimmten Gegend interessiert, der findet beinahe in jedem VVV-Büro Faltblätter (geringe Gebühr), die Touren in der Umgebung beschreiben, meist nur auf holländisch zwar, doch ist immer auch eine Skizze dabei, so daß man sich orientieren kann. Eine zusätzliche Karte der Umgebung im Maßstab 1:100 000 ist allerdings hilfreich.

Mit diesen vom ANWB herausgegebenen Karten kann man sich problemlos auch eigene Radtouren zusammenstellen: Landschaftlich schöne Strecken sind in den Karten mit einer grünen Linie gekennzeichnet. Grundsätzlich eignen sich alle »dünn« in Gelb eingetragenen Sträßchen (Weg von plaatselijk belang). Außerdem eingetragen sind die Nummern der sogenannten »paddestoelen«, pilzförmige Wegweiser mit Richtungs- und Entfernungsangaben. Da alle eine eigene Nummer haben, kann man sich mit einer Karte gut orientieren. Diese Wegweiser findet man vor allem in den landschaftlich reizvollen und dadurch bei Radfahrern beliebten Gegenden. In urbanen Gebieten helfen häufig rot-weiße Radwegweiser weiter, die jeweils den kürzesten Weg zwischen A und B angeben. Ist die Aufschrift grün und kursiv, weist sie einen etwas längeren, dafür aber interessanteren Weg.

Register

Die gerade stehenden Ziffern verweisen auf die Textseiten, die *kursiven* auf die Seiten mit Abbildungen.

Aalden 142, *143*
Abcoude 74, 75
Achelse Kluis 31, 32
Achterhoek 100, 116, 119
Afsluitdijk 165
Alblasserdam 57, 60, 157
Alkmaar 44, 90, *91*, 94, 164
Allingawier 148, 149, 151
Ameide 157
Ameland 10
Amsterdam 17, 43, 137, 171, 172
Apeldoorn 100
Arcen 19, 28, *28*, 30
Arembergergracht 131, *133*, 134, 166, 173
Arkel 54, 158
Arnhem 100, 114, 116, 162, 169
Asselt 23, 26, 27
Asseltse Plassen 26

Baarn 106, 107, 108
Beesel 23, 26, 27
Beilen 142, 143
Belt-Schutsloot 132, 166
Belterwijde 131, 132, 166
Berg 20, 22, 23
Bergen 90, 93
Bergen aan Zee 92, 164, 169
Bergen op Zoom 39, 40, *40*, 41, 42
Besthmenerberg 180
Besucherzentrum
 De Aanschouw 111, 112, 113
Besucherzentrum
 De Foeke 134, 135, 173, 176
Besucherzentrum
 De Watermolen 115,116

Besucherzentrum Ecomare 95, 98
Besucherzentrum
 Het Zandspoor 92, 94
Besucherzentrum Hollandse Biesbosch 50, 52, 157, 161
Besucherzentrum Mejendel 62, 65
Beulakerwijde 131, 132, *135*, 166
Biesboschmuseum 50, 52, 156, 161
Binnenschelde 41
Bleskensgraaf 60
Blokzijl 131, 132, 134, *134*, 166, 171, 173
Bodegraven 163
Boekelo 178, 180
Borkel 33
Borkeld 178
Boskoop 163
Braassemermeer 67
Breda 10
Brederode 164, 169
Breezand 46
Breukelen 103
Broekhuizen 28, 29, 30
Buggenum 23, 24, 27
Buitenkaag 66
Burger's Zoo 114, 115, 116

Chaam 155, 160
Cothen 110

De Biesbosch (Nationalpark) 49, *50*, 155
De Bollenstreek 70, *71*, 73
De Hoge Veluwe (Nationalpark) 111, 113, *113*
De Koog 95
De Kop van Noord-Holland 14
De Malpie 31, *32*, 33
De Waal 94, 95, 98
De Weerribben 100, 166, 173
De Wieden 100, 131
De Zilk 71
Delden 176, 178, 180
Den Burg 94

Den Haag 17, 43, 164, 169
Den Ham 177
Den Helder 98
Den Hoorn 94, 96
Den Hout 158
Den Oever 165
Denekamp 178, 180
Deventer 17, 99, 101, 122, 123, *123*, 125, 168, 169
Domburg 44, 47, *47*
Doorn 99, 109, 110
Dordrecht 14, 43, 49
Drenthe 136, 137, 138
Drenthe Plateau 12, 136, 141
Drimmelen 155, 158, 161
Drunen 156
Duinrell (Freizeitanlage) 61, 65, 164, 169
Dwarsgracht 134, 166
Dwingerderveld (Nationalpark) 138, 139, 140, 141

Edam 76, 77, 78, 81, 171, 172, *172*
Ede 163
Eemmeer 174
Egmond aan de Hoef 164
Egmond aan Zee 164
Eindhoven 19
Elburg 14, 171, 174, 176
Elsenerbroek 178
Enkhuizen 17, 44, 83, 86, 87, 89, *89*, 171, 173, 176
Enschede 12, 101, 176, 178, 180
Exmorra 148, 149, 151

Ferwoude 148, 149, 151
Flevoland 171, 174
Flevomeer 14
Fort Rijnauwen 163, 169
Friesland 136
Fught 38

Geertruidenberg 155, 158
Geesteren 177
Gelderland 99
Genemuiden 174

Geulhem 22
Giessenberg 54
Giethmen 179
Giethoorn 132, 134, 135, 166, 169
Gooimeer 174
Gorinchem 14, 44, 52, 54, 56, 155, 158, *158*
Gorssel 124
Groet-Camperduin 165
Groningen (Provinz) 12, 136
Groningen (Stadt) 10, 137, 152
Groot Ammers 57, 58, 157
Grubbenvorst 28, 30
Gulpen 20, 21, 23

Haaksbergen 178, 180
Haaren 36
Haarlem 43, 164
Haarzuilens 102, 163
Harderwijk 171, 174, 176
Hardinxveld-Giessendam 53, 55
Hasselt 166
Hattem 17, 99, 126, 127, 128, *128*, 167, 169
Hawelte 139, 140
Heerde 126
Heerderstrand (Freizeitgelände) 126
Hellendoorn 176, 178, 180
Heusden 155, 156
Hierden 174
Hilvarenbeek 160
Hindeloopen 165
Holten 178
Hooger Heide 40
Hoorn 44, 82, *82*, 83, 85, 86, 171, 173, 175
Horn 24, 27
Houthem 20, 22, 23
Huizen 174

IJssel 10, 17, 99, 122, 125, 126, *127*, 128, 129, 174, 176
IJsselmeer 14, 86, 89, 137, 144, 148, 161, 165, 171

Register

IJsselmuiden 174
Ilpendam 80
Ingber 21

Jirnsum 146

Kaager Plassen 66
Kampen 17, 171, 174, 176
Kasteel Arcen 28, 29, 30
Kasteel Beverweerd 110
Kasteel Bramel 120
Kasteel De Haar 102, *103*, 105, 163, 169
Kasteel De Wiersse 120, 121, 122
Kasteel Doorn 109, 111
Kasteel Drakensteyn 106, 107
Kasteel Eerde 129, 130, 177
Kasteel Genhoes 21
Kasteel Geulzicht 22
Kasteel Goudestein 102, 105
Kasteel Groeneveld 106, 107, 108
Kasteel Gunterstein 102, 103
Kasteel Hackfort 120
Kasteel Kiefskamp 121
Kasteel Medler 121
Kasteel Moersbergen 110
Kasteel Molecaten 127
Kasteel Nemelaer 36
Kasteel Nijenrode 102
Kasteel Onstein 120, 121
Kasteel Oost 21, 23
Kasteel Oudaen 102, 103
Kasteel Radboud *84*, 85, 86
Kasteel Rosendael 114, 116
Kasteel Sandenburg 110
Kasteel Schaloen *20*, 21, 23
Kasteel Sibberhuuske 22, 23
Kasteel Singraven 176, 178, 180
Kasteel Sterkenburg 110
Kasteel Vorden *119*, 120, 121
Kasteel Walenburg 110
Kasteel Westhove 44, 46, 48
Kasteel Wildenborch 121
Kasteel Zijpendaal 114, 115, 116
Katwijk aan Zee 44, 60, 61, *61*, 64, 164
Kennemerduinen (Nationalpark) 164
Kessel *12/13*, 23, 25, 27
Keukenhof 70, 71, 73, 169
Kinderdijk *2/3*, *43*, 44, 57, 58, 60, 155, 157, 161

Laaksum 165, 173
Lage Vuursche 106, *106*, 107
Lauwersmeer 137, 144, 152
Lauwersoog 152, 154, *154*
Leerdam 155, 158, 161
Leeuwen 26, 27
Leiden *16*, 43, 44, 65, *68/69*, 69, 163
Lemele 179
Lemelerberg 179
Lemmer 165, 173
Liesveld 58, 155, 157, 161
Limburg 17, 19, 20
Lisse 70, 73
Loenen 103, *104*
Loevestein (Schloß) 52, 53, 55, 56, 155, 156, *156*, 160
Lonneker 178
Looser Dünen 37, *38*, 155
Los Hoes (Freilichtmuseum) 177, 180
Lottum 28, *30*

Maarssen 102, 105
Maastricht 17, 19
Madurodam (Miniaturstadt) 164
Makkum 137, 148, 149, *150*, 151, 165
Mariënberg 130
Marken 44, 76, 78, *79*, 82, 172, 175
Markermeer 87, 171
Medemblik 85, 86
Meppen 142
Middelburg 17, 44, 45, *45*, 48, 83
Monnickendam 76, 80, 82
Muiden 171
Muiderslot 171, 175

Naarden 171, 174, 175, *175*
Natura Docet (Naturkundemuseum) 178, 180
Neer *19*, 23, 25, 27
Niederländisches Freilichtmuseum 18, 114, 115, *115*, 116
Nieuw-Lekkerland 58
Nieuwpoort 155, 157
Nijmegen 10, 99
Nijverdal 178, 179
Noord-Brabant 19, 99, 155
Noord-Holland 10, 14, 18, 43, 76
Noord-Hollands Duinreservaat 92, 93, *93*, 164
Noordwijk aan Zee 70, 72, 164
Noordwijkerhout 70

Oisterwijk 34, 36, 155, 160

Oisterwijkse Vennen 35
Ommen 129, *130*, 131, 176, *177*, 178, 180
Oolderhuuske 23, 24, 27
Oosterbeek 162, 169
Oosterhout 160
Oosterschelde 39
Oostkapelle 46
Ootmarsum 101, 176, 177, 180
Orvelte 18, 142, 144
Ossenzijl 166
Otterlo 112
Oude-Wetering 67
Oudemirdum 173
Ouderkerk aan de Amstel 74, *75*
Oudeschild 95, *97*, 98
Overijssel 99, 100, 131, 176, 178, 179

Palais Soestdijk 106
Piaam 148, 151, 165
Polder De Ronde Hoep 74
Prinses Margriet Kanaal 144, *146/147*, 165, 173
Purmer Polder 44, 76, *80/81*
Purmerend *76*, 77, 80, 81

Raamsdonksveer 155, 158, 161
Randstad Holland 17, 43
Ratum 117, 118
Rijksmuseum Kröller-Müller 111, 112, 113
Rijksmuseum Twente 178, 180
Rijpwetering 67
Roelofarendsveen *66*, 67
Roermond 19, 23, 24, *24*, 27
Rotterdam 17
Ruinen 140, 141

Salland 101, 128, 129
Sallandse Heuvelrug 10, 128, 176, 178
Sassenheim 66, 69
Schaft 31, 32
Scheveningen 44, 60, 62, *63*, *64*, 164
Schin op Geul 20, 21, 23
Schoonhoven 155, 157, 161
Schoorl 44, 92
's-Hertogenbosch 37
Sibbe 20, 22
Sint-Jansklooster 134, 173
Sneek 136, 144, *145*, 147
Sneekermeer 144, 147
Spakenburg 174
Stavoren 165, 173, 176
Stede Broec 88
Stokske 35
Strijp 31, 32

Terblijt 22, *22*
Texel 10, *11*, 14, 44, 94, *95*, 98
Tubbergen 177, 180
Twente 101, 176, 178
Twisk 85

Ulrum 153
Usselerveen 12
Usselo 178
Utrecht (Provinz) 99
Utrecht (Stadt) 10, 17, 99, 163
Utrechtse Heuvelrug 10, 105

Vaalser Berg 19
Valkenburg 19, 20, 21, 22, 23
Valkenswaard 31, 33
Vecht 99, *100/101*, 102
Veere 44, 45
Velden 28, 29, 30
Velsen-Zuid 164
Veluwe 10, 99, 125, 163
Veluwemeer 174
Veluwezoom (Nationalpark) 162
Venhuizen 87
Venlo 19
Vierhuizen 152
Volendam 44, 76, 78, 82, 171, 172, 175
Vollenhove 173
Vorden *119*, 120, 121
Vroomshoop 177
Vrouwenpolder 46

Walcheren 44
Wapserveen 139, *140*
Warmond 68
Wassenaar 61, 164
Werkendam 55
Westerbork 142, 144
Wijk bij Duurstede 109, 110, 111, *111*
Winterswijk 117, 118, *118*, 119
Woensdrecht 41
Woerden 163
Workum 136, 137, 148, 149, *149*, 151, 165
Woudrichem 44, 52, 54, 155, 156, 158, 160
Wouwse Plantage 40

Zandvoort 164
Zeeland 14
Zoutkamp 152, 153, 154
Zuid-Holland 10, 18, 43
Zuiderzee 14, 44, 100
Zuiderzeemuseum 86, *87*, 88, 89, 171
Zutphen 17, 99, 122, 124, 125, 161, *162*, 168
Zwartsluis 131, 166, 173
Zwolle 17, 101, 126, 166, 167, *167*